Berliner Theologische Zeitschrift (BThZ)

34. Jahrgang 2017
Heft 1

Buße

EVANGELISCHE VERLAGSANSTALT
Leipzig www.eva-leipzig.de

BERLINER THEOLOGISCHE ZEITSCHRIFT (BTHZ)
ISSN 0724-6137

Herausgegeben von der Humboldt-Universität zu Berlin, handelnd durch die Theologische Fakultät

Schriftleiter: Jens Schröter
Redaktionsassistentin: Britta Heesing-Rempel
Postadresse: Redaktion der BThZ · Humboldt-Universität zu Berlin · Theologische Fakultät · Unter den Linden 6 · 10099 Berlin
Sitz: Burgstraße 26
Fax (030) 2093-5903
bthz@hu-berlin.de · www.theologie.hu-berlin.de/de/bthz/

Vertrieb: Evangelische Verlagsanstalt GmbH · Blumenstraße 76 · 04155 Leipzig
Bestellservice: Leipziger Kommissions- und Großbuchhandelsgesellschaft (LKG)
Frau Nadja Bellstedt, An der Südspitze 1–12, 04579 Espenhain
Tel. +49 (0)34206–65256, Fax +49 (0)34206–651771 · E-Mail: nadja.bellstedt@lkg-service.de

Bezugsbedingungen: erscheint zweimal jährlich, Frühjahr und Herbst
Preise incl. MWSt.*: Einzelheft: € 18,80; Einzelheft zur Fortsetzung € 16,80 jeweils zuzügl. Versandkosten. Die Fortsetzung läuft immer unbefristet, ist aber jederzeit kündbar.
* gültig ab Januar 2012

Coverentwurf: Kai-Michael Gustmann, Leipzig
Satz: Matthias Müller, Berlin
Druck: Druckerei Böhlau, Leipzig
ISBN 978-3-374-05246-2
www.eva-leipzig.de

Inhalt

Zu diesem Heft

Die BThZ greift mit dem vorliegenden Heft ein Thema auf, das im heutigen Gemeindeleben nur noch selten einen Ort hat: die Buße. Für viele Menschen ist der Begriff negativ besetzt und wird in der Regel als eine Form von Bestrafung verstanden, wie es die Begriffe Bußgeldkatalog und Bußgeldbescheid suggerieren. Gleichwohl handelt es sich bei der Buße um einen Zentralbegriff der christlichen Theologie und Frömmigkeit, der sich durch alle Epochen des Christentums zieht und sowohl als Lebenshaltung als auch als kirchliche Institution seine Ausgestaltung erfährt. Jesu Ruf zur Buße ist eng verbunden mit einem selbstkritischen Umgang hinsichtlich der Beziehung zur Welt und zu Gott. Im Mittelalter entwickeln sich ritualisiert-institutionalisierte Formen der Wiedergutmachung beispielsweise im Beichtsakrament, die für Kirche und Frömmigkeit der Menschen prägend wirken. Und Martin Luther beginnt seine 95 Thesen mit einer Interpretation des Bußrufs Jesu, demzufolge das ganze Leben der Gläubigen Buße sein solle. Als Überschrift betont der Wittenberger Theologe in der 1. These der Disputatio pro declaratione virtutis indulgentiarum: „Als unser Herr und Meister Jesus Christus sagte: ‚Tut Buße etc. [Mt. 4,17]', wollte er, dass das ganze Leben der Glaubenden Buße sei." Überhaupt kann Luthers Fassung des Bußverständnisses geradezu als Ausgangspunkt für die Entwicklung aller weiteren Themen seines reformatorischen Denkens angesehen werden. Anlässlich des 500. Gedenkjahres der Reformation knüpft die BThZ an diese Beobachtung an und bearbeitet das Thema Buße in klassischer Reihenfolge aus der Sicht verschiedener theologischer Disziplinen. Dem ekklesiologischen Umgang mit Schuld und Buße seit 1945 wird dabei anhand von drei Beiträgen besondere Aufmerksamkeit zuteil.

Das Heft eröffnet *Hannes Bezzel* aus Perspektive des Alten Testamentes, indem er sich der Thematik anhand der Entwicklung der prophetischen Bußpredigt als Gerichtsverkündigung und Umkehrruf zuwendet. *Nils Neumann* geht dem Begriff μετάνοια bzw. μετανοεῖν nach und deckt die damit verbundenen neutestamentlichen Handlungsstrukturen auf. Unter Einbeziehung der vorreformatorischen Theologiegeschichte spürt *Martin Ohst* in seinem Beitrag „Vom Leistungsprinzip zum Bildungsgedanken“ Motive und Tendenzen in Martin Luthers Verständnis von Buße nach.

Martin Greschat widmet sich unter dem Titel „Zwischen Verdrängung und Aufarbeitung“ dem Umgang mit Schuld und Buße in der evangelischen Kirche angesichts des Nationalsozialismus. *Ehrhart Neubert* reflektiert die Thematik Schuld und Buße im Horizont der evangelischen Kirchen in der DDR und fragt kritisch nach einem angemessenen Umgang mit Schuld und Schuldverstrickung nach 1989. *Martin Leiner* lenkt schließlich den Blick nach Südafrika und interpretiert die Thematik Buße und Beichte vor dem Hintergrund der dortigen Wahrheits- und Versöhnungskommission (TRC), die von 1996 bis 2002 zur Aufarbeitung der Apartheid tätig war.

In systematisch-theologischer Perspektive greift *Dietrich Korsch* verschiedene, zuvor im Heft gezogene Linien auf, verdichtet sie auf die Frage nach der Erneuerung des Lebens und leistet somit einen Beitrag zum Sinn der Buße. Abschließend geht *Peter Zimmerling* der praktisch-theologischen Sichtweise nach, fragt kritisch nach dem heutigen Stellenwert von Beichte und Buße in der gottesdienstlichen Praxis und zeigt Möglichkeiten der Erneuerung einer verlebendigten Bußpraxis auf.

Es steht zu wünschen, dass dieses BThZ-Heft in der einen oder anderen Weise dazu beiträgt, die Sprachlosigkeit zu überwinden, die den zentralen theologischen Topos Buße derzeit umgibt.

Christopher Spehr (*Jena*)

Hannes Bezzel

„Poenitentiam agite!"

Prophetische Bußpredigt im Alten Testament

1 Der Umkehrprediger – das dominierende Prophetenbild

„Als unser Herr und Meister Jesus Christus sprach: ‚Tut Buße etc.', wollte er, dass das ganze Leben der Glaubenden eine Buße sei."[1] Als Martin Luther 1517 seine *Disputatio pro declaratione virtutis indulgentiarum* mit dieser ersten These eröffnete, griff er mit dem Ruf „*poenitentiam agite!*" nicht nur eine Parole auf, die, wie jeder, der Ecos „Name der Rose" gelesen hat, weiß,[2] spätestens seit der Bewegung der Apostoliker im 13. und 14. Jahrhundert eine gewisse innerkirchliche Sprengkraft barg. Er schloss sich damit auch zielsicher einem Aufruf an, der noch von der modernen Forschung recht übereinstimmend als Kern der Verkündigung des „Historischen Jesus" begriffen wird - zumindest, was das „etc." anbelangt, die Nähe der Gottesherrschaft. Sie freilich kann in der Überlieferung der Evangelien nicht vom Ruf zur Umkehr getrennt werden.[3] Mit beiden Teilen dieser Botschaft machte sich aber auch „unser Herr und Meister" nach der Darstellung des Matthäus bereits einen Ruf seines „Lehrers und Meisters" zu eigen, des Täufers (Mt 3,2).[4] Gerade diese Verkündigung, die mit Blick auf den drohenden Zorn Gottes zur Buße ruft, ist es schließlich, wodurch sich Johannes in der Darstellung der Evangelien als einer aus der Reihe der Propheten Israels erweist. Entsprechend gestaltet das Lukasevan-

1 „Dominus et magister noster Iesus Christus dicendo ‚Penitentiam agite &c.' omnem vitam fidelium penitentiam esse voluit" (WA 1, 233,10f.). In der Übersetzung von Justus Jonas wird aus „penitentiam" dann „ein stete oder vnauffhörliche Busse" (Der erste Teil aller Bücher vnd Schrifften des thewren, seligen Mans Doct: Mart: Lutheri, vom XVII. jar an, bis auff das XXII, Jena: Rödinger 1555 [VD 16 L 3323], 2 v.–6 v.: 2 v.).

2 „Penitenziagite! Vide quando draco venturus est a rodegarla l'anima tua! La mortz est super nos!", ruft dort der nicht ganz zurechnungsfähige Klosterknecht Salvatore und gibt sich dadurch William von Baskerville als ehemaliger Anhänger Fra Dolcinos zu erkennen. (U. Eco, Il Nome Della Rosa, Mailand 2016, 61; zu Fra Dolcino und den Apostolikern vgl. R. Orioli, Art. Dolcino, Fra, v. Novara, in: LMA 3 [1986], 1171f.).

3 Vgl. Mk 1,14f.; Mt 4,17, dazu: J. Becker, Jesus von Nazareth, Berlin 1996, 122; G. Theißen/A. Merz, Der historische Jesus. Ein Lehrbuch, Göttingen ³2001, 232–236.

4 Vgl. Theißen/Merz, Jesus (s. Anm. 3), 192.

gelium die Perikope vom Auftreten des Täufers in Lk 3,1–2 analog zum Anfang eines Prophetenbuches, genauer: in Anlehnung an Jer 1,2f.[5] Die Evangelisten beschreiten dabei, mit Philo, Josephus und dann Aquila und Symmachus,[6] terminologisch – und somit auch theologisch – neue Wege. Statt die in der Septuaginta üblichen Übersetzungen des hebräischen שוב, „umkehren", wie ἐπιστρέφω oder ἀποστρέφω, zu verwenden,[7] rekurrieren sie auf μετανοέω, „umdenken". Damit gebrauchen sie ein Verb, das im hellenistischen Kontext sonst auch zur Beschreibung von Konversionsvorgängen herangezogen wird.[8]

Buße zu predigen, das ist demnach offenbar das, was eines Propheten Amt zuallererst ausmacht. Dieses Bild von Prophetie ist freilich keine Erfindung der Evangelisten. Es begegnet in den Rollen von Qumran – und es prägt die Endgestalt der überlieferten prophetischen Literatur des Alten Testaments. Die Richtung des Umdenkens wie des Umwendens ist dabei, sicher unterschiedlich akzentuiert, grundsätzlich die gleiche.

4Q375,1,I etwa spricht in Bearbeitung von Dtn 13[9] davon, dass Gott durch den Mund des Propheten Satzungen ergehen lässt, auf deren Grundlage das angesprochene „du" zu JHWH umkehren solle, gefasst in die aus Dtn 6 vertraute Formel „mit deinem ganzem Herzen und deiner ganzen Seele", um seinerseits Gott zur Abkehr (ebenfalls שוב) von seinem Zorn zu bewegen.[10] Ein Prophet ist also jemand, der zur Hinwendung, Umkehr, zu Gott aufruft, in Gestalt des durch ihn promulgierten Gotteswillens, der gleichbedeutend mit der Tora ist.

Diese Auffassung wiederum ist nicht weit entfernt von dem Prophetenbild, das die alttestamentlichen Schriften in ihrer Endgestalt selbst prägt. Zwei Varianten können dabei unterschieden werden. Einmal richtet sich, wie in 4Q375 und Mt 3,2, der Blick im Modus der Erwartung in die Zukunft. So erwartet Mal 3,23f. die noch ausstehende Wiederkehr des Propheten Elia, dessen Aufgabe es sein wird, die

5 Vgl. F. Bovon, Das Evangelium nach Lukas. Lk 1,1–9,50 (EKK 3/1), Neukirchen-Vluyn 1989, 167–169.

6 Vgl. J. Behm/E. Würthwein, Art. μετανοέω, μετάνοια, in: ThWNT 4 (1942), 972–1004: 988–991.

7 Vgl. Behm/Würthwein, μετανοέω (s. Anm. 6), 985f.

8 Vgl. J.G. Crossley, The Semitic Background to Repentance in the Teaching of John the Baptist and Jesus, JSHJ 2 (2004), 138–157: 153.

9 Vgl. G.G. Xeravits/P. Porzig, Einführung in die Qumranliteratur. Die Handschriften vom Toten Meer, Berlin 2015, 72.

10 „[alles, was] dein Gott dir befiehlt aus dem Mund des Propheten, und du sollst diese [alle Satzu]ngen bewahren und umkehren zu JHWH, deinem Gott, mit deinem [ganzen Herzen und mit deiner ganze]n Seele. Und dein Gott wird umkehren von seinem großen Zorn" ([את כול אשר]יצוה אלוהיכה אליכה מפי הנביא ושמרْתה [את כול החו]קים האלה ושבתה עד יהוה אלוהיכה בכול [לבבכה ובכו]ל נפשכה ושב אْלוהיכה מחרון אפו הגדול, 4Q375,1,I, DJD 19, 113).

Herzen der Väter zu den Söhnen und umgekehrt zu kehren (השיב), also zur Buße zu bewegen. Mit dem vorangehenden Vers 22 wird diese Umwendung inhaltlich näher bestimmt: Aufgabe des Propheten ist nichts anderes, als eine Rückkehr zur Tora Moses und ihren Satzungen und Rechtssätzen (חקים ומשפטים) zu bewirken.[11] Die Stelle bildet einen wichtigen Referenzrahmen für das Verständnis des Täufers in den Evangelien.

2 Kön 17,13 dagegen blickt zurück. In einem längeren Abschnitt, der die Gründe für den Untergang des sogenannten Nordreichs Israel reflektiert, wird auch Propheten eine Rolle zugeschrieben. Sie seien immer wieder aufgetreten, um Israel und Juda warnend zuzurufen: „Kehrt um (שובו) von euren bösen Wegen und bewahrt meine Gesetze und Satzungen gemäß der ganzen Tora, die ich euren Vätern befohlen habe", doch seien sie damit erfolglos geblieben – die Folgen lägen auf der Hand.

Das Bild des göttlich beauftragten Rufers zur Umkehr im Angesicht des drohenden Gerichts hat also zwei Seiten: Einmal, in der Geschichtsdeutung, vermag es, retrospektiv die eingetretene Katastrophe theologisch zu rechtfertigen und Gott zu entlasten: Nicht seine Schuld war es, dass es so gekommen ist, wie es gekommen ist – lange Zeit hätte es die durch die Propheten allgemein proklamierte Möglichkeit gegeben, das Unheil noch abzuwenden. Modus der Bußpredigt ist der Irrealis der Vergangenheit. Vor diesem Hintergrund erhält zugleich der nach vorne blickende, prospektive, Umkehraufruf seine Kontur: Angesichts des immer noch oder erneut drohenden Gerichts ist eine Verhaltensänderung nötig – und möglich. Modus der Bußpredigt ist der Potentialis.

In diesen beiden Ausprägungen dominiert das Bild der Propheten als Bußprediger die biblische Überlieferung, und es prägt auch das Verständnis dieser Überlieferung durch Luther. So konstatiert der Reformator in der Vorrede zur Bibelausgabe von 1545, „das die Propheten nichts anders sind, denn handhaber und zeugen Mose und seines Ampts, das sie durchs Gesetze jederman zu Christo bringen".[12] Das Ziel der von den Propheten gepredigten Buße und die Funktion des „Gesetzes" dabei sind allerdings andere geworden: Sie dienen dazu, den Angesprochenen ihre Sündhaftigkeit zu verdeutlichen; im Vordergrund steht – retrospektiv – der lutherische *usus elenchticus*,[13] zugleich aber ist – prospektiv – das Evangelium im Blick.

---

11 Vgl. zum Epilog in Mal 3,22–24 jetzt J. Noetzel, Maleachi, ein Hermeneut (BZAW 467), Berlin 2015, 240–253.

12 Luthers Vorrede zur Bibel 1545, WA.DB 8, 29,21–23.

13 R.G. Kratz, Die Propheten Israels, München 2003, 14 sieht bei besagter Lutherstelle die prophetische Christusverheißung im Vordergrund. Mir scheint – an dieser Stelle – mehr der *usus secundus*

Die Prophetenüberlieferungen der biblischen Bücher insgesamt bieten freilich ein differenzierteres Gesamtbild. Neben Aufrufen zur Verhaltensänderung einzelner oder aller stehen Ansagen des unabwendbaren Untergangs. Verheißungen von Zerstörung wie Bekehrung der feindlichen Fremdvölker begegnen ebenso wie Ausblicke auf eine nähere oder fernere Heilszeit, in der, zumindest nach der Vision von Jer 31,33f., Buße und eine entsprechende Predigt ebenso unmöglich wie unnötig sein werden.

Wie passen diese doch recht unterschiedlichen Aspekte schriftprophetischen Kerygmas zueinander? Wie verhält sich der Ruf „*poenitentiam agite*" zu „*venit finis super populum meum Israhel*" (Am 8,2), wie schließlich im deuterojesajanischen Bereich das „kehre dich zu mir" von Jes 44,22bα zu dem „denn ich habe dich erlöst" des folgenden Viertelverses 44,22bβ, beide stehend im Kontext der zugesagten bedingungslosen und umfassenden Sündenvergebung „wie eine Wolke" von 44,22a?

Diesen Fragen nach dem Verhältnis von Gerichts- wie Heilsprophetie zur prophetischen Umkehrpredigt sowie nach deren retrospektiver oder prospektiver theologischer Perspektive soll in der Folge nachgegangen werden.

2 Das prophetisch-biographische Erklärungsmodell

Im Bereich des sogenannten Protojesajabuches Jes 1–39* schien lange Zeit die Biographie des historischen Propheten den Hintergrund dafür bieten zu können, vor dem das Nebeneinander von Aufrufen zur Umkehr und Ankündigungen des Gerichts zu erklären sei. Jesaja selbst habe in seiner langen aktiven Zeit mehrere Wandlungen vollzogen. Habe er anfangs seine Sozialkritik mit dem Ziel einer Veränderung der Verhältnisse vorgebracht, so sei er schließlich, am Ende seines Wirkens, zur Überzeugung gekommen, dass das göttliche Strafgericht umfassend und unabwendbar sein werde.[14] Der – prophetisch-biographische – Weg geht bei dieser Deutung also von der – prospektiven – „Bußpredigt" zur Gerichtsverkündigung.

Mit einem Überblick über die gesamte prophetische Verkündigung, wie sie sich in den entsprechenden Büchern darstellt, konnte man allerdings auch zu

im Blick zu sein: „das sie [sc. die Propheten] durch des Gesetzes rechten verstand, die Leute in jrer eigen untuechtigkeit behalten vnd auff Christum treiben, wie Mose thut" (WA.DB 8, 29,17–20).

14 Vgl. zu dieser Sichtweise und ihren Aporien M. Köckert/U. Becker/J. Barthel, Das Problem des historischen Jesaja, in: I. Fischer/K. Schmid/H.G.M. Williamson (Hg.), Prophetie in Israel. Beiträge des Symposiums „Das Alte Testament und die Kultur der Moderne" anlässlich des 100. Geburtstags Gerhard von Rads (1901–1971) Heidelberg, 18.–21. Oktober 2001 (Altes Testament und Moderne 11), Münster 2003, 105–135: 107f.

einem anderen Ergebnis kommen. So fand Hans Walter Wolff Umkehr bei den Propheten des achten Jahrhunderts, nicht zuletzt bei Jesaja, ausschließlich in Gestalt ihrer Negation. Eine Rückkehr zu JHWH stelle keine Option mehr für die Gegenwart dar, sondern stehe für die in der Vergangenheit nicht genutzte Möglichkeit, die verpasste Chance, deren Erwähnung in der prophetischen Rede nun dem Zweck diene, retrospektiv die Größe der Schuld im Angesicht des – prospektiv – kommenden Strafgerichts vor Augen zu führen: „Darum erscheint das Thema wohl im Schelt- und Drohwort, aber nirgends in einer ermahnenden Bußansprache!"[15] Der eigentliche, gleichsam ernstgemeinte, Umkehrruf ergehe erst ab Jeremia und dann bei Deuterojesaja – und hier abgeleitet nicht aus der Gerichts-, sondern aus der Heilsprophetie. Der oben erwähnte Vers Jes 44,22 in seiner Gänze könne, so Wolff, hierfür exemplarische Geltung beanspruchen: Die Proklamation der Sündenvergebung „wie eine Wolke" ist ihm die Bedingung der Möglichkeit für den Bußruf. Hier zeige sich, „daß der Ruf zur Umkehr ganz von der Verheißung umhüllt und so Lockruf der Liebe, werbende Einladung ist".[16] Der – prophetisch-theologische – Weg geht bei dieser Deutung also – umgekehrt – von der Gerichtsverkündigung zur Bußpredigt. Wolffs Amos, Hosea und Jesaja erscheinen so in ihrer Predigt des „Gesetzes" recht lutherisch, während dieses bei Jeremia und vollends bei Deuterojesaja eher barthianisch als die berühmte „notwendige *Form des Evangeliums*, dessen Inhalt die Gnade ist",[17] erscheint.

3 Das außerbiblische altorientalische Zeugnis

Die Frage, was die Propheten mit ihrer Bußpredigt zu erreichen gedachten, ob sie ihre Hörer zu einer wirklichen Verhaltensänderung bewegen oder ihnen lediglich eine vertane Möglichkeit vor Augen halten wollten, veränderte sich in der Exegese dann, als man verstärkt begann, die vereinzelten Zeugnisse außerisraelitischer altorientalischer Prophetie zur Erklärung des biblischen Phänomens heranzuziehen. Hier zeigte sich schnell: Die Ankündigung unabwendbar eintretenden Unheils als göttliche Strafe für Verfehlungen von König oder Volk, wie sie aus der alttestamentlichen Gerichtsprophetie vertraut ist, sucht man in den Archiven von

15 H.W. Wolff, Das Thema „Umkehr" in der alttestamentlichen Prophetie (1951), in: ders., Gesammelte Studien zum Alten Testament (TB 22), München ²1973, 130–150: 140.

16 Wolff, Umkehr (s. Anm. 15), 145.

17 K. Barth, Evangelium und Gesetz (1935), in: E. Kinder/K. Haendler (Hg.), Gesetz und Evangelium. Beiträge zur gegenwärtigen theologischen Diskussion (WdF 142), Darmstadt 1968, 1–29: 9 (Hervorhebung Barth).

Mari und Ninive vergebens.[18] Auch die in der Diskussion der letzten Jahre[19] verstärkt ins Zentrum gerückte faszinierende Bileaminschrift von Deir 'Alla, deren Lesbarkeit und korrekte Übersetzung kein kleines Problem aufwerfen, ist von einer Theologie, wie sie im „Nein des Amos" von Am 8,2 verdichtet auf den Punkt gebracht wird, deutlich unterschieden.[20] Kritiklos sind die für Divination zuständigen Kultangestellten, die, herkommend von der Lektüre und Begrifflichkeit der Bibel, gerne „Propheten" genannt werden, auch im Mari des 18. und im Ninive des 7. vorchristlichen Jahrhundert freilich nicht. Martti Nissinen hat die zentralen Beispiele für das „kritische Potential in der altorientalischen Prophetie" gesammelt und geordnet. Die Göttin Ištar etwa lässt Asarhaddon auffordern, sie in Zukunft besser zu versorgen, als dies in der Gegenwart der Fall zu sein scheint: „Wahrlich stelle Brot auf in einer Schüssel von einem Seah, ein Trinkgefäß von einem Seah voll guten Bieres!"[21] Das mag man in gewissem Sinne eine Bußpredigt an den König nennen – auf jeden Fall ergeht an ihn ein Imperativ zur Änderung seines bisherigen Verhaltens. „Biblischer" klingt freilich die Ermahnung an den König Zimri-Lim von Mari im Namen des Gottes Adad von Aleppo: „Wenn aber ein Unterdrückter oder eine Unterd[rückte] an dich appelliert, stehe (ihnen zur Seite) und verschaffe ihnen Recht!"[22] Man fühlt sich auf den ersten Blick an die prophetische Sozialkritik erinnert – und entsprechend verweist Karl Arvid Tångberg in seiner Studie von 1987 auch auf Jes 1,19f.[23] als direkte Vergleichsstelle. Gleichermaßen könnte man an Teile der Königsspruchsammlung aus dem Jeremiabuch erin-

18 Nissinen verweist auf das instruktive Beispiel ABL 1217 = SAA 16 59, das von einer Anzeige gegen eine Prophetin berichtet, die den Untergang der Dynastie Sanheribs geweissagt habe (vgl. M. Nissinen, Das kritische Potential in der altorientalischen Prophetie, in: M. Köckert/M. Nissinen (Hg.), Propheten in Mari, Assyrien und Israel [FRLANT 201], Göttingen 2003, 1–32: 24f.). Vorausgesagt wird aber eben gerade nicht der Untergang von Staat und Volk, sondern vielmehr ein göttlich gewollter Putsch (vgl. R.G. Kratz, „Der Zorn Kamoschs und das Nein Jhwhs. Vorstellungen vom Zorn Gottes in Moab und Israel", in: ders., Prophetenstudien. Kleine Schriften II [FAT 74], Tübingen 2011, 71–98: 87, n. 50, der auf die Jehurevolution nach 2 Kön 9 und die Rolle des Propheten Elisa als in der Sache vergleichbar hinweist).

19 Vgl. J. Jeremias, Das Rätsel der Schriftprophetie, ZAW 125 (2013), 93–117; R.G. Kratz, Das Rätsel der Schriftprophetie. Eine Replik, ZAW 125 (2013), 635–639.

20 Vgl. Kratz, Zorn Kamoschs (s. Anm. 18), 93–96, dort auch mit Verweisen zur Problematik der Textrekonstruktion und -interpretation, sowie zu Am 8: U. Becker, Der Prophet als Fürbitter. Zum literarhistorischen Ort der Amosvisionen, VT 51/2 (2001), 141–165; H. Bezzel, Der Prophet als Bleilot. Exegese und Theologie in Amos 7, Bib. 95/4 (2014), 524–545: 530f.

21 SAA9, 3.5 iii, 16–37, zit. nach Nissinen, Potential (s. Anm. 18), 11.

22 A. 1121+, zit. nach Nissinen, Potential (s. Anm. 18), 17.

23 Vgl. K.A. Tångberg, Die prophetische Mahnrede. Form- und traditionsgeschichtliche Studien zum prophetischen Umkehrruf (FRLANT 143), Göttingen 1987, 34f.

nert werden, näherhin an den Abschnitt Jer 22,1–9 mit der vertrauten Ermahnung in 22,3: „So spricht JHWH: Tut Recht und Gerechtigkeit und rettet den Beraubten aus der Hand des Bedrückers und Fremden, Waise und Witwe bedrückt nicht, übt nicht Gewalttat und unschuldiges Blut vergießt nicht an diesem Ort", die im Folgevers mit einer Zusage für den Bestand der davidischen Dynastie verbunden wird. Bei näherem Besehen allerdings stechen die Unterschiede in beiden Fällen stark heraus. Adads Botschaft an Zimri-Lim ist eine Ermahnung an den König, wie sie aus weisheitlicher und rechtstheologischer Paränese vertraut ist. Ihr fehlt die negative Alternative, wie sie in Jer 22,3–5 *nota bene* einer Pluralgruppe[24] und auch in Jes 1 dem ganzen Volk (1,10) vor Augen gestellt wird.

Der Monarch Zimri-Lim dagegen wird ganz klassisch an seine rechtliche Verpflichtung erinnert, die ihm zusammen mit seinem Rang als Statthalter der Gottheit durch die Inthronisation auferlegt worden ist: „Die Sorge für das Wohl der Armen und Unterdrückten gehört bekanntlich als fester Bestandteil zum Idealbild des Königs als *šar kitti u mīšari* ‚König von Recht und Gerechtigkeit' überall in Mesopotamien zu allen Zeiten".[25]

Diese beiden Beispiele aus Ninive und Mari, man mag ihr „kritisches Potential" hoch oder doch eher bescheiden einschätzen, sind auf jeden Fall keine *ex eventu*-Aussagen, um eingetretenes Unheil zu erklären. Sie dienen nicht dem Ziel einer Theodizee, sondern sind „echte" Aufforderungen zu einer Verhaltensmodifikation des Adressaten. Angesprochen ist in allen Fällen, und allein darin liegt ein doch eminenter Unterschied zum Gros der biblischen Belege, nicht das Volk als Gesamtheit, auch nicht der Einzelne als Individuum, sondern kein anderer als der jeweilige Monarch. Der Umkehrschluss, wonach diejenigen biblischen schriftprophetischen Überlieferungen, die das Verhalten des Volks ansprechen, *per se* die Abwesenheit eines regierenden Königs, sprich: das Ende der Monarchie in Juda, implizieren, wäre naheliegend. Er kann aber natürlich auf der Grundlage des überlieferten Materials in Mari und Ninive und seiner Überlieferungsumstände nicht mehr als eine Vermutung bleiben: In Archiven des Königshofs sind keine Aufzeichnungen zu erwarten, die an die Allgemeinheit adressiert worden wären. Gleichwohl hat die Vermutung einer postmonarchischen Datierung der an das Volk gerichteten biblisch-prophetischen Worte und Reden einiges für sich. Zum einen lässt sich annehmen, dass die Gattung des Orakelspruchs in dieser Form, als gleichsam paränetisches Orakel, insgesamt ihren Sitz im Leben nicht in der

24 Der davidische König im Singular kommt nach 22,2 erst wieder in V. 6f. in den Blick – im Kontext einer unbedingten Gerichtsankündigung.

25 Nissinen, Potential (s. Anm. 18), 23.

Alltagswelt des „Volks“, sondern bei Hofe hat. Zum anderen kann umgekehrt beobachtet werden, wie in der biblisch-prophetischen Rede die tief in der Königsideologie verankerte Verantwortung für „Recht und Gerechtigkeit“ auf das Volk übertragen wird. Man könnte das eine Demokratisierung der hergebrachten Vorstellung nennen – eher angemessen wäre vielleicht umgekehrt die Rede von einer Royalisierung des Volks als Gegenüber Gottes. So oder so – unter den Bedingungen einer real existierenden Monarchie erscheint mir eine derartige Konzeption schwer denkbar.

4 Umkehrpredigt und Gerichtsverkündigung im Jeremiabuch: Jer 7,1–15

Sind also sowohl die Gerichtsprophetie des Alten Testaments als auch seine prophetische Bußpredigt im engeren Sinne analogielos im Kontext der bisher bekannten außerbiblischen altorientalischen Überlieferung, so liegt es nahe, für ihre Deutung weniger eine bestimmte Verkündigungssituation im Leben eines historischen Propheten heranzuziehen, sondern sie zuallererst als schriftliche Dokumente prophetentheologischer Reflexion zu betrachten.[26] Die zum Teil enge Verbindung von absoluter Gerichtstheologie und Aufrufen zur Umkehr wirft dann erneut die Frage nach der Pragmatik der letztgenannten auf. Was ist ihre Absicht – mit Blick auf die Leserin oder den Leser?

Ein Beispieltext mag diese Problematik zu erhellen helfen: die sogenannte „Tempelrede“ Jeremias in Jer 7,1–15. In diesem Abschnitt hebt der Prophet an zu predigen, nach dem masoretischen Text, nicht aber nach der an dieser Stelle wahrscheinlich älteren Überlieferung der Septuaginta,[27] am Eingang des Tempels, und eröffnet in V. 3 mit einem geradezu klassisch anmutenden Bußruf: „Bessert eure Wege und eure Taten.“ Diese Aufforderung wird sogleich untermauert, indem eine positive Konsequenz für den Fall ihrer Befolgung verheißen wird: „so werde ich euch wohnen lassen an diesem Ort“ (MT und LXX) – bzw., so die Vulgata, „so werde ich bei euch wohnen an diesem Ort“.[28] Es ist offensichtlich, dass beide Les-

26 Vgl. zu diesem Paradigmenwechsel in der Prophetenforschung U. Becker, Die Wiederentdeckung des Prophetenbuches. Tendenzen und Aufgaben der gegenwärtigen Prophetenforschung, BThZ 21/1 (2004), 30–60.

27 Vgl. W. McKane, A Critical and Exegetical Commentary on Jeremiah. Vol. I. Introduction and Commentary on Jeremiah I–XXV (ICC), Edinburgh 1986, 158f.

28 In der Regel wird die Lesart von MT und LXX als die ältere angesehen (anders freilich u.a. W.H. Schmidt, Das Buch Jeremia. Kapitel 1–20 [ATD 20], Göttingen 2008, 174). Die Variante der Vulgata

arten, die auf je einer anderen Vokalisation des hebräischen Konsonantentextes beruhen, ein unterschiedliches Verständnis davon haben, was hier mit „Ort“ (מקום) gemeint sei – der Tempel, so die Vulgata, oder die Stadt Jerusalem, so MT und LXX.[29] Dieser Aufruf zur Besserung wird, nach einer Warnung vor falschem Vertrauen in die Tempeltheologie (V. 4), in V. 5–7 erneut aufgegriffen und in V. 6 an konkrete ethische Forderungen gekoppelt. Wie in der oben erwähnten Mari-Tafel A 1121+ fällt darunter auch die besondere Verantwortung gegenüber schutzbedürftigen *personae miserae* – als Aufgabe aller, nicht nur des Königs. V. 8 vollzieht nun eine plötzliche Wende. Während V. 4 davor warnte, „Lügenworten“ (דברי השקר) zu vertrauen, wird nun den Angesprochenen vorgeworfen, genau dies zu tun, woraufhin es in V. 9 konkrete Anklagen nur so hagelt. Diese freilich haben kein falsches Vertrauen, sondern verfehltes Verhalten im Blick: „Stehlen, morden, ehebrechen, lügnerisch schwören, dem Baal räuchern und anderen Göttern nachlaufen, die ihr nicht kennt!“ Die Folge dieses Treibens kommt ab V. 13 zur Sprache. Rückblickend auf die vorgebrachten Anklagen – „jetzt aber, weil ihr alle diese Taten tut“ – wird eine zweifache Strafe angekündigt, die zusammengenommen beide Aspekte des in V. 3.7 angesprochenen Schlüsselwortes „Ort“ umfasst: zum einen die Zerstörung des Tempels (V. 14) und zum anderen die Verbannung in die Fremde (V. 15).

Welchen Sinn hat es, dass der literarische Prophet zunächst zur Umkehr aufruft, um im gleichen Atemzug die Vergeblichkeit eines jeden derartigen Unterfangens herauszustreichen? Die gängige Erklärung geht dahin, die Bußpredigt der Verse 3–7 vorrangig im Lichte ihrer Verneinung in den Versen 8–12 zu verstehen. Der ganze Abschnitt erscheint so einmal mehr als eine Art Theodizee, als „ein exilisches Zeugnis, das einen ethischen und moralischen Beweis führt, warum Tempel und Stadt untergehen mußten“.[30] Zu diesem Zweck hätte es freilich auch genügt, auf die Redeeinleitung von 7,3a gleich Vers 9 mit seinen Vorwürfen folgen zu lassen. Einer vorgeschalteten (Schein)alternative bedürfte es zur theologischen Rettung Gottes durch die Katastrophe des Untergangs von Staat und Tempel not-

zielt, beeinflusst von V. 4, wie auch die sekundäre Situierung der Rede in 7,1f. MT, darauf ab, das Stück mehr und mehr eben zu einer „Tempelrede“ werden zu lassen – eine Entwicklung, die bereits durch die innerjeremianische Rezeption von Jer 7 in Jer 26 angestoßen wird.

29 Vers 6aβγ führen mit einem Zitat aus Jer 22,3 noch eine weitere Bedeutung von „Ort“ ein: den königlichen Palast, der an der gebenden Stelle zumindest auch gemeint ist (vgl. C. Maier, Jeremia als Lehrer der Tora. Soziale Gebote des Deuteronomiums in Fortschreibungen des Jeremiabuches [FRLANT 196], Göttingen 2002, 67).

30 T. Seidl, Jeremias Tempelrede. Polemik gegen die joschijanische Reform? Die Paralleltraditionen Jer 7 und 26 auf ihre Effizienz für das Deuteronomismusproblem in Jeremia befragt, in: W. Groß (Hg.), Jeremia und die „deuteronomistische Bewegung“ (BBB 98), Weinheim 1995, 141–179: 158.

wendigerweise nicht. Gewiss, der Abschnitt als ganzer stützt diesen Gedanken durchaus – wie auch der oben erwähnte Reflexionstext in 2 Kön 17,13. Und doch blickt er – und auch dies gilt gleichermaßen für die entsprechenden Verse aus dem Königebuch – nicht bloß zurück. Er hat Leser späterer Zeit vor Augen, denen er am Beispiel der Geschichte rät, Fehler der Vorfahren zu vermeiden, „giving [...] the hope of a better future if they will hear the words of Yahweh, such as they seem to have been taught in earlier times by the prophet Jeremiah“.[31]

Beide Aspekte, retrospektiver Abbruch des Alten und prospektive Begründung des Neuen, sind der Tempelrede in ihrer Endgestalt also inhärent – und man kann fragen, ob dies schon immer so war oder ob nicht einer der beiden Akzente dem anderen im Laufe der Entstehungsgeschichte des Jeremiabuches hinzuwuchs. Auffällig ist jedenfalls, dass auch thematisch in dieser vermeintlichen oder tatsächlichen Bußpredigt zwei Bereiche angesprochen werden, die nicht zwingend zusammengehören müssen: Dies ist einmal das – offenbar falsche – Vertrauen in die Unverwundbarkeit des Jerusalemer Tempels (V. 4.8.10a.[11]); zum anderen ist es das Thema der Ethik (V. 3.5–7.9). Die Stellen, an denen beide zusammengeführt werden, zeigen, dass es legitim sein könnte, sie zunächst auseinanderzuhalten: V. 10b etwa, „um alle diese Gräuel zu tun“, versucht die Verbindung zwischen beiden Bereichen herzustellen, gibt sich aber durch eine deutliche Kohärenzstörung im Zusammenhang von V. 10a.11 als wahrscheinliche Glosse zu erkennen.[32]

Die ältere Forschung, auf der Suche nach „authentischen“ Jeremialogien, fand im tempelkritischen Teil den älteren, gerne jeremianischen, Kern, der sekundär von den Deuteronomisten auf eine Alternativpredigt hin überarbeitet worden sei, so etwa Winfried Thiel in Jer 7,4.9a.10a*.11*.12(?).14*.[33] Neuere Arbeiten zum Thema sind skeptischer. Theodor Seidl unterzieht Thiels Tempelwort einer kritischen Prüfung und kommt zu dem Ergebnis: „Es geht nicht an, mit dem Subtraktionsverfahren ein authentisches Jeremia-Wort daraus zu filtern.“[34]

Entsprechend findet Christl Maier bei ihrer Analyse eine Grundschicht ohne direkten Bezug zum historischen Jeremia, die bereits Mahnung wie Gerichtsansage, Tempelvertrauen wie Moralkritik miteinander kombiniert.[35] Sowohl Thiel

31 E.K. Holt, Jeremiah's Temple Sermon and the Deuteronomists. An Investigation of the Redactional Relationship between Jeremiah 7 and 26, JSOT 36 (1986), 73–87: 79.

32 Vgl. Maier, Jeremia (s. Anm. 29), 67.

33 Vgl. W. Thiel, Die deuteronomistische Redaktion von Jer 1–25, WMANT 41 (1973), 114.

34 Seidl, Tempelrede (s. Anm. 30), 157.

35 Vgl. Maier, Jeremia (s. Anm. 29), 63–89 mit dem Ergebnis „7,2*[nur שמעו דבר־יהוה כל־יהודה].3–4.9–10a.11.12 [ohne אשר בשילו].13 [ohne השכם ודבר].14a[nur ועשיתי לבית אשר נקרא־שמי עליו].14b.15“ (Maier, Jeremia [s. Anm. 29], 89).

als auch Maier – und naturgemäß Seidl, der für literarische Einheitlichkeit votiert – lassen dabei aber außer Acht, dass zwischen V. 11 und V. 12 eine wirkliche Zäsur erfolgt. Diese ist nicht nur dadurch gegeben, dass V. 11 mit einer JHWH-Spruch-Formel das Ende einer Redeeinheit anzeigt, sondern auch durch die unterschiedliche Terminologie in beiden Fällen: V. 11 spricht vom Tempel als „Haus“ (בית), über dem JHWHs Name ausgerufen wird[36] – V. 12 aber vom „Ort“ (מקום) in Schilo – die einzige Stelle, an der im Abschnitt das Wort „Ort“ zweifelsfrei ein Heiligtum bezeichnet – und formuliert die Namenstheologie mit der – in der Tat deuteronomistisch beeinflussten – Metapher des Wohnens.

Die literarischen Verhältnisse von Jer 7,1–15 sind also kompliziert. Im Wesentlichen gibt es zwei Möglichkeiten, mit ihnen umzugehen: Entweder, in Modifikation der These Thiels, wurde ein Gerichtswort über den Tempel, etwa in 7,2^{LXX}.4.8.10a.11 sekundär zu einer ethischen Alternativpredigt umgestaltet und um das geschichtstheologische Argument der Verse 12.14 ergänzt – oder aber andersherum. Dann wäre der Kern bereits in der – vergeblichen – Bußpredigt zu suchen, etwa in 7,2^{LXX}.3.(5–7)[37].13.15, mit dem Inhalt: Der Aufruf zur Besserung der Taten ist ergangen, verbunden mit der Verheißung des Wohnens „an diesem Ort“. Die faktischen Taten entsprechen nicht dem wiederholten Aufruf zur Umkehr. Die Strafe ist daher mit V. 15 die Verbannung aus dem Land – analog zum Geschick des sogenannten Nordreichs (vgl. 2 Kön 17,13). Für diese zweite Möglichkeit spricht, dass das berühmte Wort von der „Räuberhöhle“ in 7,11 bereits eine Verbindung von verfehltem Tempelvertrauen und verfehltem Handeln vorauszusetzen scheint. Der sekundäre Eintrag der Tempelkritik deutet dann den „Ort“ von V. 3.7 neu – und der geschichtstheologische Rekurs auf Schilo kombiniert beide Perspektiven: So spricht V. 14 vom „Haus“, also dem Tempel, *und* dem „Ort, den ich euch und euren Vätern gegeben habe“, also, in Aufnahme von V. 7, einer Größe, die zumindest auch Jerusalem meinen kann.

Ob nun so oder so – die Umwandlung des Abschnitts in eine Erzählung in Kapitel 26 kennt offensichtlich bereits beide Aspekte als miteinander verbunden, denjenigen, der, wenn man so will, Kultkritik übt, und denjenigen, der ethische Kritik vorbringt. Bemerkenswert ist hier, in Jer 26, nun, dass Jeremia keine absolute Gerichtsbotschaft verkündet, sondern in 26,1–6 von JHWH zu einer „echten“ Bußrede beauftragt wird – sie aber von seinen Hörern ausschließlich als Verkün-

36 Zu dieser Wendung vgl. H. Bezzel, Die Konfessionen Jeremias. Eine redaktionsgeschichtliche Studie (BZAW 378), Berlin 2007, 122.

37 Die Verse 5–7 zeigen durch die erweiterte Wiederaufnahme von 3b in 7, dass sie eine – mutmaßlich sekundäre – Erklärung sein wollen, was die abstrakten „Wege und Taten“ von V. 3 konkret meinen (vgl. Maier, Jeremia [s. Anm. 29], 65 f.).

digung des Untergangs wahrgenommen wird: „Warum weissagst du im Namen JHWHs: Wie Schilo wird dieses Haus werden und diese Stadt wird verwüstet werden, dass es keinen Bewohner mehr gibt?“ (Jer 26,9). Die Umkehrpredigt wird gehört, als handle es sich bei ihr um absolute Gerichtsverkündigung, und bereits durch diese selektive Wahrnehmung gibt das Auditorium, „das ganze Volk“ (Jer 26,8.9), in dieser Geschichte seine grundsätzliche Unbußfertigkeit zu erkennen. In dieser Erzählung gilt: Die Umkehrpredigt wird verstanden als Gerichtsverkündigung.

Welche literarkritische Lösung man für Jer 7,1–15 auch favorisieren mag – zum ältesten Kern der Jeremiaüberlieferung wird man in diesem Abschnitt so oder so eher nicht gelangen können. Ihren Ursprung nimmt die Genese des Jeremiabuches vermutlich mit Klagen über kommendes oder bereits eingetretenes Unheil. In einem zweiten Schritt wird dieses Unheil explizit auf JHWH als seinen Urheber zurückgeführt und die Klage schließlich in seinem Mund durch die Stimme des Propheten zur Anklage umformuliert.[38] Ein weiterer Schritt, deutlich etwa in der Vorschaltung von Jer 4,4 vor 4,5, lässt im Rückblick die Unheilsschilderung als Aufruf zur Lebensänderung erscheinen: „Aus dem Unheil ankündigenden Propheten ist schließlich der Buß- und Umkehrprediger geworden.“[39] Diachron betrachtet gilt im Jeremiabuch also: Die Gerichtsverkündigung wird verstanden als Umkehrpredigt.

„Umkehrprediger“ ist Jeremia jedoch wohl bereits von den allerersten Anfängen der Überlieferung an – wenn auch in einem anderen als dem landläufigen Sinne. Sarah Köhler hat für die Deutung der mutmaßlich ältesten Klagen im Jeremiabuch jüngst außerbiblische altorientalische Vergleichstexte herangezogen. Sie erkennt die nächsten Vergleichsstücke nicht im Bereich der Prophetie, sondern in der Welt der kultischen Klagen über bereits eingetretenes Unheil: „Die Jeremia-Texte zeigen enge Parallelen zu den kultischen Emesalklagen des *kalû* [eines Klagepriesters, H. Bezzel].“[40] Deren Zweck aber ist es, die Gottheit zum Einschreiten zu bewegen, um einen als beklagenswert erfahrenen Zustand zu beenden. Der implizite Aufruf zur „Umkehr“ richtet sich daher in der Klage des *kalû* weder an den König noch an das Volk, sondern an die Gottheit. Sie soll „umkehren“ und

38 Vgl. K.-F. Pohlmann, Die Ferne Gottes – Studien zum Jeremiabuch. Beiträge zu den „Konfessionen“ im Jeremiabuch und ein Versuch zur Frage nach den Anfängen der Jeremiatradition (BZAW 179), 1989, 129–142.

39 Pohlmann, Ferne Gottes (s. Anm. 38), 120.

40 S. Köhler, Jeremia. Fürbitter oder Kläger? Eine religionsgeschichtliche Studie zur Fürbitte und Klage im Jeremiabuch, Diss. masch. Jena 2015, 147.

ihre heilvolle Gegenwart erneut wirksam werden lassen.[41] In der Überlieferung des Jeremiabuches kehrt sich – über einige gedankliche Zwischenschritte – das Verhältnis schließlich um: Aus der impliziten Bitte durch den Mund des Klagepriesters an JHWH umzukehren, wird der Aufruf JHWHs durch den Mund des Propheten an sein Volk umzukehren – bzw. der Vorwurf, diese Umkehr unterlassen zu haben.

5 Heilsprophetie und Umkehrpredigt im Deuterojesajabuch

Eine scheinbar andere Geschichte hat der prophetische Ruf zur Buße im Deuterojesajabuch. Anders ist sie, weil, ganz wie Wolff das beschrieben hat,[42] die Aufforderung umzukehren hier nicht aus der Gerichtsverkündigung erwächst, sondern aus einem Kontext heraus entwickelt wird, der vom Ende des Elends und dem Beginn einer neuen, heilvollen Zeit kündet.

Nur scheinbar anders ist sie aber, weil sich die diachrone Entwicklung des deuterojesajanischen Schrifttums durchaus als eine theologische Fortsetzung der Bewegungen von abwenden und zuwenden, von Abkehr und Umkehr lesen lässt, wie sie das Jeremiabuch von Beginn seiner Überlieferung an prägen. Das Thema der Umkehr, manifest in der Wurzel שוב, wird in DtJes vielfältig variiert, und diese Varianten können als Hinweis auf die komplizierte Entstehungsgeschichte dieses Buches oder Buchteiles hin ausgelegt werden. So ist, nach einem weitreichenden Konsens neuerer Studien, das große Thema, das eine erste Buchgestalt des deuterojesajanischen Korpus umfasst, die Rückkehr (שוב) JHWHs zum Zion[43] (Jes 52,8) – es ist, als wäre hier von der Erhörung der älteren Klagen aus dem Jeremiabuch die Rede, die genau diese heilvolle Wendung, die Rückwendung Gottes als Helfer in der Not, im Sinn hatten. Auf einer späteren Ebene erst wird diese Heimkehr JHWHs dann mit der Rückkehr des verbannten Volkes aus dem Exil verbunden. Die angesprochene Frau Zion soll nun sehen: „Sie alle haben sich versammelt, sie kommen zu dir. Deine Söhne werden von ferne kommen und deine Töchter wer-

41 Vgl. S. Köhler, Jeremia (s. Anm. 40), 93–96.

42 Vgl. oben S. 11.

43 Vgl. R.G. Kratz, Kyros im Deuterojesajabuch. Redaktionsgeschichtliche Untersuchungen zu Entstehung und Theologie von Jes 40–55 (FAT 1), Tübingen 1991, 148–152; J. van Oorschot, Von Babel zum Zion. Eine literarkritische und redaktionsgeschichtliche Untersuchung (BZAW 206), Berlin 1993, 123f.; sowie jetzt A. Weidner, Das Ende Deuterojesajas, Diss. masch. Jena 2016, 13f. 74–79.

den auf dem Arm herbeigetragen werden“ (Jes 60,4).[44] Dieser Gedanke ist nichts anderes als die Aufhebung des gerichtsprophetischen Urteilsspruches, wie er in der Tempelrede in Jer 7,15 formuliert worden war: „ich werde euch wegschicken von meinem Angesicht“.

Von hier, von der Vision des Aufbruchs des Volks zum Zion, von der Rückkehr *in das Land*, ist es nur noch ein kleiner Schritt hin zu dem Gedanken, es sei nun auch die Umkehr des Volkes *im Land* nötig. Dem Aufruf „ihr sollt in Freuden ausziehen“ (Jes 55,12) wird eine kleine Bußpredigt vorgeschaltet: „Es verlasse ein Frevler seinen Weg und ein Mann von Unheil seine Pläne. Er kehre um (וישב) zu JHWH, und der wird sich seiner erbarmen, und zu seinem Gott, denn er ist reich an Vergebung“ (Jes 55,7).[45]

Angesprochen ist nun nicht das Volk, wie in Jer 7, auch nicht Frau Zion, wie in Jes 60,4, und auch nicht die Kollektivperson Jakob/Israel, wie im oben erwähnten Vers Jes 44,22, sondern, wie auch in Ez 18,[46] der einzelne „Frevler“ als Individuum. Ausgehend von der Kommunikationssituation von Prophetie im Alten Orient, wie sie oben kurz angedeutet wurde, kann man sagen: Als direktes Gegenüber für die Ansprache Gottes im Ruf zur Umkehr rückt selbst der Frevler in eine quasikönigliche Position – freilich verbunden mit einer quasiköniglichen Verantwortung, nämlich das „kritische Potential“ der an ihn nun direkt gerichteten Forderung auch zu verstehen und in sein Handeln zu überführen.

Mit Blick auf das Deuterojesajabuch – in diachroner wie in synchroner Betrachtung – ist Wolff also rechtzugeben, wenn er den Ruf zur Buße aus der Heilsverkündigung ableitet. Der Zusammenhang ist freilich ein dialektischer. Wie in der Rückkehr JHWHs zum Zion seine Abkehr aufgehoben wird und aufgehoben bleibt, so umfasst auch die „Bußpredigt“ von Jes 55,7 Heil wie Gericht in Beziehung auf- und zueinander.

---

44 Für die Einschätzung von Jes 60* mit einer Grundschicht von 60,1f.3–6bα.7a.10a.11.14* (ohne בני מענין) als das Ende eines fortgeschriebenen Deuterojesajabuches vgl. nun Weidner, Ende (s. Anm. 43), 189f.

45 Jes 55,7 ist spätestens seit Bernhard Duhm als gegenüber seinem Kontext sekundär erkannt, vgl. B. Duhm, Das Buch Jesaja, Göttingen [5]1968, 415f., mit explizitem Hinweis auf die Nähe zur neutestamentlichen Umkehrpredigt. Weidner differenziert noch zwischen Vers 7a und 7b (vgl. Weidner, Ende [s. Anm. 43], 41f.).

46 Zu Ez 18 vgl. K.-F. Pohlmann, Das Buch des Propheten Hesekiel (Ezechiel). Kapitel 1–19 (ATD 22/1), Göttingen 1996, 261; H. Bezzel, Saul. Israels König in Tradition, Redaktion und früher Rezeption (FAT 97), Tübingen 2015, 94f.

6 Gerichtsverkündigung als Umkehrpredigt: Jona

An der Aufnahme von Jer 7 in der Erzählung von Jeremias Auftritt am Tempel in Jer 26 konnte oben gezeigt werden,[47] wie die prophetische Umkehrpredigt als Unheilsverkündigung verstanden wird und sich *de facto* dann auch als solche auswirkt: Aus dem „vielleicht werden sie hören und umkehren“ (אולי ישמעו וישבו, Jer 26,3) im Auftrag Gottes an den Propheten wird in der Wahrnehmung der Hörer eine Weissagung von Untergang und Zerstörung (26,9). Das Volk macht auf diese Weise in dieser Geschichte aus dem Bußprediger Jeremia einen Untergangspropheten. Durch die selektive Wahrnehmung seiner Rede wird offensichtlich, dass sie eben nicht hören – und entsprechend auch nicht umkehren werden.

Der genau umgekehrte Fall wird in einer anderen Prophetenlegende erzählt, in der des Buches Jona. Jona erscheint als der erfolgreiche Bußprediger *par excellence* und wird in dieser Rolle auch in Lk 11,30–32 (anders als in Mt 12,40)[48] und der mutmaßlich im zweiten nachchristlichen Jahrhundert verfassten jüdischen Homilie „De Jona“ präsentiert.[49] Obwohl nur ein Drittel der Großstädter die Verkündigung des ausländischen Predigers überhaupt zur Kenntnis nehmen kann (Jona 3,3f.), bekehren sich auf seine Worte hin restlos alle, sowohl aus Eigeninitiative wie auf königlichen Befehl (Jona 3,5–9). Dem „vielleicht“ von Jer 26,3, der von Gott angesprochenen Möglichkeit zur Umkehr, korrespondiert hier, in Aufnahme von Joel 2,14, das „wer weiß“ (מי־יודע) im Munde des Herrschers.[50] Fraglich ist nun, in Jona 3, aber nicht wie in Jer 26 die Umkehr des Volks – diese ist ja offensichtlich – sondern die Umkehrbereitschaft Gottes: „Wer weiß? Gott mag umkehren (ישוב) und es sich gereuen lassen und umkehren von seinem Zorn, und wir werden nicht verderben“ (Jona 3,9). Diese Hoffnung wird bekanntlich nicht enttäuscht werden.

Enttäuscht ist im Jonabuch allerdings ein anderer: der Prophet (Jona 4,2). Er hat auch Grund dazu. Denn während Jeremias Bußrede in Jer 26 als die Ankündigung eben jenes Gerichts gehört wird, als das die Katastrophe von 587 verstanden wird und deren tatsächliches Kommen ihrem Ankündiger im Nachhinein somit

47 Vgl. oben S. 17f.

48 Vgl. hierzu H. Bezzel, Jona und sein Geschick, in: B. Kollmann (Hg.), Die Verheißung des Neuen Bundes. Wie alttestamentliche Texte im Neuen Testament fortwirken (BThS 35), Göttingen 2010, 246–258: 255f.

49 Vgl. De Jona 195f., bei F. Siegert, Drei hellenistisch-jüdische Predigten. Ps-Philon, „Über Jona“, „Über Simson“ und „Über die Gottesbezeichnung ‚wohltätig verzehrendes Feuer‘“. I. Übersetzung (WUNT 20), Tübingen 1980, 43f.

50 Zur Verbindung des Jona- mit dem Joelbuch an dieser Stelle vgl. J. Jeremias, Die Propheten Joel, Obadja, Jona, Micha (ATD 24/3), Göttingen 2007, 107.

rechtgibt, ist es ausgerechnet JHWHs Umkehr, sein Erbarmen, das Jona als einen Falschpropheten dastehen lässt.[51] Die kurze, nicht mehr als fünf Wörter umfassende Predigt des Propheten hatte schließlich gerade nicht im Aufruf „*poenitentiam agite*“ gelegen, sondern im Gegenteil aus einer absoluten Gerichtsansage *à la* Am 8,2 bestanden: „Noch 40 Tage, und Ninive wird zerstört werden.“ Diese Voraussage erfüllt sich nicht – Jona muss aussehen wie ein Pseudoprophet (vgl. Dtn 18,22).

Die Homilie „De Jona“ zeigt, dass dieses Problem schon früh erkannt wurde. Die Schrift rettet Gottes Treue zu seinem Wort und Jonas Ehre durch Exegese: Des Propheten Verkündigung muss schlicht richtig verstanden werden – und der Schlüssel dazu ist die Bedeutungsvielfalt von „umkehren“, in der mutmaßlich auf Griechisch abgefassten Schrift[52] καταστρέφειν:[53] „‚Aber die Stadt wurde doch nicht zerstört‘, sagst du, ‚weder die Häuser noch die Stadtmauer!‘ – Das Herz aber und das Leben (wurden gewendet) [...] Das Umwerfen von Mauern wäre [...] eine verhältnismäßig leicht (herbeizuführende) Wandlung [...]. Boshafte Gesinnung hingegen zum Guten zu wenden – dieser Umschlag ist das Werk einer göttlichen Hand“.[54]

Mit dem Buch Jona kann in der Entwicklung der prophetischen Umkehrtheologie ergänzend zur Darstellung Wolffs[55] somit ein dritter Schritt gesehen werden, der das Bild vervollständigt und abrundet.

7 Fazit

Als Zusammenfassung lassen sich so – synchron wie diachron – drei Aspekte prophetischer Bußpredigt im Alten Testament voneinander unterscheiden:

(1) Entwickelt aus der prophetentheologischen Gerichtsverkündigung dient die Bußpredigt demnach zunächst im Rückblick der Rechtfertigung Gottes. Ihr Modus ist der Irrealis der Vergangenheit: Es hätte die Möglichkeit gegeben, das

51 Vgl. J.-D. Döhling, Der bewegliche Gott. Eine Untersuchung des Motivs der Reue Gottes in der Hebräischen Bibel (HBS 61), Freiburg 2009, 451f.

52 Vgl. F. Siegert, Einleitung in die hellenistisch-jüdische Literatur. Apokrypha, Pseudepigrapha und Fragmente verlorener Autorenwerke, Berlin 2016, 326f.

53 Vgl. F. Siegert, Drei hellenistisch-jüdische Predigten. Ps.-Philon, „Über Jona“, „Über Jona“ (Fragment) und „Über Simson“ und „Über die Gottesbezeichnung ‚wohltätig verzehrendes Feuer‘“. II. Kommentar nebst Beobachtungen zur hellenistischen Vorgeschichte der Bibelhermeneutik (WUNT 61), Tübingen 1992, 211.

54 De Jona 195f., nach Siegert, Predigten (s. Anm. 29), 43f.

55 Vgl. oben S. 11.

Unheil zu verhindern, und diese Möglichkeit hätte auch allgemein bekannt sein können (2 Kön 17,13f.). Ausgedrückt mit der Wurzel „umkehren“, שוב: Nach dieser Auffassung entsprach der fehlenden Hinwendung zu Gott seine Abwendung – oder umgekehrt unterlassene Abkehr von seinem Zorn (2 Kön 24,26). Die Predigt der Umkehr dient, so verstanden, zu allererst dem Aufweis der Schuld. Lutherisch gesprochen: Es dominiert der *usus elenchticus legis*.

(2) Unter der Voraussetzung des Gedankens der Rückkehr Gottes zum Zion, wie er besonders im Deuterojesajabuch artikuliert wird, erfährt auch die Bußtheologie eine Wendung. Der Blick geht in die Zukunft: Der erneuten Zuwendung Gottes soll nun die Umkehr des Volks oder – Ez 18 – des einzelnen religiösen Subjekts entsprechen. Die Predigt dient der Mahnung der Erlösten – man könnte hier von einem *tertius usus legis* sprechen.

(3) Das Buch Jona führt nun beides zusammen. Nach seiner Sicht ist nicht die Umkehrpredigt implizite Gerichtsverkündigung und auch nicht Folge und Konkretion einer erneuten heilvollen Zuwendung Gottes. Im Gegenteil: Selbst die absolute Unheilsansage des Propheten dient eigentlich dem Willen Gottes zur Rettung, ist implizit Aufruf zur Buße.

Ob also ein Prophet sagt „*venit finis*“, „das Ende ist gekommen“, wie Amos (Am 8,2) oder „*redemi te*“, „ich habe dich erlöst“, wie Deuterojesaja (Jes 44,22) – was Gott durch ihn damit eigentlich sagen möchte, ist nun, nach Jona, nichts anderes als die Botschaft des Täufers und „unseres Herrn und Meisters Jesus Christus“: „*Poenitentiam agite*“.

Zusammenfassung

Das dominierende Prophetenbild um die Zeitenwende ist das des Bußpredigers. Dieses lässt sich kaum aus dem „kritischen Potential“ (Nissinen) altorientalischer Prophetie ableiten, sondern entstammt prophetentheologischer Reflexion innerhalb der alttestamentlichen Schriften. Aus gerichtsprophetischer Perspektive dient die Bußpredigt retrospektiv dem Schuldaufweis. Unter dem Vorzeichen der Heilsverkündigung dient sie prospektiv der Paränese. Im Jonabuch schließlich ist selbst die absolute Untergangsansage de facto Aufruf zur Umkehr.

Around the turn of the eras, the dominating view of what a prophet should be is a penitential preacher. This image can scarcely be derived from the “critical potential” (Nissinen) of Ancient Near East prophecy but rather stems from prophetic-theological reflexion in the context of the Old Testament writings. From the point of view of a prophecy of doom, penitential preaching retrospectively serves to substantiate the people's guilt. From the perspective of a prophecy of salvation it is prospectively parenetic. Finally, in the Book of Jonah even the absolute announcement of destruction in fact appears to be an appeal to repentance.

Nils Neumann

Μετάνοια in neutestamentlichen Handlungsstrukturen

Prominente reformatorische Aussagen zur Buße finden sich in Luthers 95 Thesen oder auch in der Confessio Augustana. Ihrem disputativen bzw. konfessorischen Charakter entsprechend neigen diese Texte dazu, zentrale theologische Aussagen in substantivische Wendungen zu kleiden. Das Substantiv „Buße" (*poenitentia*) dominiert sowohl CA 12 als auch die ersten von Luthers berühmten Thesen. In den Schriften des Neuen Testaments findet sich im Kontrast dazu neben dem Substantiv μετάνοια auch häufig das entsprechende Verbum μετανοέω. Mit 22 Belegen für das Substantiv und 34 Belegen für das Verb ist letzteres sogar häufiger vertreten.[1] Dieser Befund verdeutlicht, dass es sich bei der μετάνοια nach der Darstellung neutestamentlicher Schriften nicht in erster Linie um einen starren Lehrgegenstand, sondern vielmehr um ein Geschehen handelt.[2]

1 Methodische Erwägungen

Um den dynamischen Aspekt von μετάνοια beschreiben zu können, soll im Folgenden ein narratologisch orientierter Blick auf ausgewählte neutestamentliche Textstellen geworfen werden. Dabei besteht die Zielsetzung darin, nach einer Tie-

1 Vgl. auch J. Behm/E. Würthwein, Art. μετανοέω, μετάνοια, in: ThWNT 4 (1942), 972–1004: 994. Die Belegstellen lauten für das Verb Mt 3,2; 4,17; 11,20.21; 12,41; Mk 1,15; 6,12; Lk 10,13; 11,32; 13,3.5; 15,7.10; 16,30; 17,3.4; Apg 2,38; 3,19; 8,22; 17,30; 26,20; 2 Kor 12,21; Offb 2,5 (2×).16.21 (2×).22; 3,3.19; 9,20.21; 16,9.11 und für das Substantiv Mt 3,8.11; Mk 1,4; Lk 3,3.8; 5,32; 15,7; 24,47; Apg 5,31; 11,18; 13,24; 19,4; 20,21; 26,20; Röm 2,4; 2 Kor 7,9.10; 2 Tim 2,25; Hebr 6,1.6; 12,17; 2 Petr 3,9. Vgl. auch die Verwendung von ἀμετανόητον in Röm 2,5.

2 Auch in der Behandlung der Buße in CA 12 ist dieser Aspekt nicht abwesend, jedoch kommt er durch die dort gewählte Sprache weniger klar zur Geltung. Mit dem Vulgata-Zitat *poenitentiam agite*, welches ja auf den griechischen Imperativ μετανοεῖτε zurückgeht, schlägt sich gleich in Luthers erster These diese Akzentverschiebung nieder, die mit dem Wechsel der theologischen Hauptsprache vom Griechischen zum Lateinischen zusammenhängt.

fenstruktur[3] der Texte zu fragen. Zu ergründen ist nicht nur, auf welche Weise bestimmte Textstellen des Neuen Testaments μετάνοια als Geschehen darstellen, sondern darüber hinaus eben auch, inwieweit hinter diesen Darstellungen ein über den Einzeltext hinausgehendes Muster erkennbar wird. Nur wenn es gelingt, hier wiederkehrende Züge ausfindig zu machen, ist die Annahme gerechtfertigt, dass die betreffenden Schriften über eine veritable μετάνοια-Konzeption verfügen. Ein solches exegetisches Arbeitsergebnis ließe sich sodann wiederum in den übergreifenden theologischen Diskurs einspeisen.

Im Bereich der Literaturwissenschaft haben Vladimir Propp und Umberto Eco aufschlussreiche Studien vorgelegt, in denen sie feste Handlungsschemata in bestimmten literarischen Corpora nachweisen. Propp untersucht russische Zaubermärchen und abstrahiert daraus einen Katalog von insgesamt 31 sog. „Funktionen",[4] d.h. typischen Aktionen der handelnden Figuren. Die Funktionen als Komponenten des Geschehens fügen sich wie Bausteine zum gesamten Handlungsverlauf des Märchens zusammen. Die Bezeichnungen seiner Funktionen formuliert Propp so, dass hier jeweils eine Hauptfigur des Märchens im Zentrum steht und bestimmte Handlungen ausführt: „Einem Familienmitglied fehlt irgend etwas",[5] „der Held verlässt das Haus",[6] „der Held gelangt in den Besitz des Zaubermittels"[7] etc.[8] Eco befasst sich mit den James-Bond-Romanen von Ian Fleming und findet dort ähnlich wie Propp ein festes Schema von „Zügen"[9] vor. Anders als Propp hebt er dabei jedoch hervor, dass die Hauptfiguren in wechselnden Konstellationen miteinander interagieren, und zwar dergestalt, dass jeweils zwei von ihnen in einem „oppositionellen"[10] Verhältnis zueinander stehen: „M ...

3 Vgl. J.-Ph. Busse, Zur Analyse der Handlung, in: P. Wenzel (Hg.), Einführung in die Erzähltextanalyse. Kategorien, Modelle, Probleme, Trier 2004, 23–49: 37.

4 V. Propp, Morphologie des Märchens, K. Eiermacher (Hg.), München 1972, 27. Vgl. dazu auch Busse, Analyse (s. Anm. 3), 38.

5 Propp, Morphologie (s. Anm. 4), 39f.

6 Propp, Morphologie (s. Anm. 4), 43.

7 Propp, Morphologie (s. Anm. 4), 47f.

8 Eine Reihe der Bezeichnungen gibt dabei implizit zu erkennen, dass hier eine Interaktion zwischen mehreren Handlungsträgern erfolgt: „Dem Helden wird ein Verbot erteilt" (Propp, Morphologie [s. Anm. 4], 32f.), „der Gegenspieler versucht, Erkundigungen einzuziehen" (33f.) etc.

9 Durch den Begriff nimmt Eco den Bildbereich des Schachspiels auf, denn seiner Ansicht nach lässt sich der Handlungsverlauf von Bond-Romanen mit einer Partie vergleichen. Vgl. U. Eco, Die Erzählstrukturen bei Ian Fleming, in: J. Vogt (Hg.), Der Kriminalroman, Bd. 1. Zur Theorie und Geschichte einer Gattung, München 1971, 250–293: 267f. Vgl. dazu auch Busse, Analyse (s. Anm. 3), 39f.

10 Vgl. dazu Eco, Erzählstrukturen (s. Anm. 9), 254.

beauftragt Bond", „Bond vereinnahmt die Frau", „der Böse nimmt Bond gefangen", „Bond schlägt den Bösen" etc.[11] Während Propp damit je eine Hauptfigur der Handlung fokussiert, nimmt Eco die Figuren durchweg in Paaren als Interagierende wahr. Sowohl bei Propp als auch bei Eco weisen die Schemata eine gewisse Variabilität auf. Zwar folgen alle der untersuchten einzelnen Erzählungen erkennbar den jeweiligen Schemata, jedoch geschieht dies nicht immer in identischer Weise. Die Märchen müssen bei Propp nicht immer alle der 31 Funktionen aktualisieren; dennoch bleibt die Reihenfolge der Funktionen durchweg konstant.[12] Bei den Bond-Romanen verhält es sich nach Eco anders herum: Alle Züge sind in jedem der Romane enthalten – einige können sogar mehrfach vorkommen –, ihre Reihenfolge variiert allerdings.[13]

Auch die Untersuchung neutestamentlicher μετάνοια-Texte muss sich vor diesem Hintergrund nicht von der Erwartung leiten lassen, eine identische Abfolge von Komponenten werde immer umfassend vorhanden sein, wo μετάνοια geschieht. Vielmehr können Handlungsschemata innerhalb gewisser Grenzen als flexibel angesehen werden, ohne dass dies den Wiedererkennungswert des Schemas gefährdet. In der Analyse sind zwei grundlegende Perspektiven angebracht: Einerseits ist mit Eco die Frage nach der Interaktion zu stellen. Leitfragen lauten unter dieser Hinsicht: Welche Handlungsträger interagieren dort, wo μετάνοια geschieht? Und was genau spielt sich zwischen diesen Handlungsträgern ab? Andererseits können die Handelnden mit Propp aber auch je für sich ins Auge gefasst werden. Es ergeben sich die Leitfragen: Wie verhält sich die einzelne Figur innerhalb des μετάνοια-Geschehens? Und welche Veränderungen stellen sich bei ihr ein? Beide Arten von Leitfragen dienen den folgenden Analysen als Orientierung.

2 Μετάνοια in wesentlichen neutestamentlichen Zusammenhängen

Nicht in allen Schriftengruppen des Neuen Testaments kommt der μετάνοια eine theologisch zentrale Bedeutung zu. Die Belege für die beiden Signalvokabeln μετάνοια und μετανοέω verteilen sich so über die Texte, dass nur im lukanischen Doppelwerk und in der Johannesoffenbarung eine signifikante Häufung erkennbar wird. In diesen Schriften ist daher mit einer dezidierten μετάνοια-Konzeption

11 Eco, Erzählstrukturen (s. Anm. 9), 268f.

12 Propp, Morphologie (s. Anm. 4), 28.

13 Eco, Erzählstrukturen (s. Anm. 9), 269.

zu rechnen, während die Rede von der μετάνοια in allen weiteren Schriften zur theologischen Peripherie gehört.[14] Dem Werk des Lukas und der Offenbarung des Johannes muss daher als Hauptkomplexen bei der Frage nach der erzählerischen Tiefenstruktur von μετάνοια die größte Beachtung gelten. Dennoch sollen wenigstens kurz auch Paulus und der Hebräerbrief behandelt werden, sodass Entwicklungen und Kontraste sich deutlicher abzeichnen. Um eine voreilige Interpretation zu vermeiden, bleiben die Worte μετανοέω und μετάνοια hier zunächst unübersetzt.

2.1 Paulus

Paulus verwendet die beiden Signalvokabeln im 2. Korintherbrief (2 Kor 7,9f.; 12,21) sowie im Römerbrief (Röm 2,4; vgl. auch 2,5). Im zweiten Brief an die Korinther stehen die betreffenden Aussagen zur μετάνοια im Kontext der persönlichen Auseinandersetzung, die Paulus mit der korinthischen Gemeinde führt: Beim letzten Besuch des Paulus in Korinth ist es zu einem Zwischenfall gekommen; ein Mann aus der Gemeinde hat Paulus beleidigt. Nach seiner Abreise hat Paulus sich daraufhin mit dem sog. „Tränenbrief" schriftlich an die Gemeinde gewandt und durch diese Initiative wenigstens einen Teil der Gemeindeglieder dazu veranlasst, ihre Haltung zu ändern. Der Delinquent ist für sein Verhalten bestraft worden (2 Kor 2,1–11). Diesen Gedanken nimmt Paulus in 2 Kor 7,8–13a erneut auf.[15] Über den Hinweis auf den „Tränenbrief", mit dem er die Korinther traurig gemacht hat (ἐλύπησα u. ä.), stellt Paulus einen deutlichen Rückbezug her (7,8). Überhaupt fällt auf, dass Paulus hier wie schon in 2,1–11 stark auf die affektive Seite seines Verhältnisses zu den Gemeindegliedern eingeht.[16] So, wie der korinthische Delinquent Betrübnis verursacht hat (2,5), hat Paulus mit seinem vorigen Brief wiederum die Gemeinde betrübt (7,8). Auch wenn dies nicht seine Absicht war,[17] kann Paulus sich nun jedoch freuen (χαίρω), da seine Initiative letztlich dazu geführt hat, dass die Korinther ihre Haltung geändert haben (V. 9). Ihre Betrübnis leistete der μετάνοια Vorschub (ἐλυπήθητε εἰς μετάνοιαν). Wegen dieser erfreulichen Kon-

14 So auch G.D. Nave, The Role and Function of Repentance in Luke-Acts (SBLABib 4), Atlanta 2002, 135f.; vgl. auch H. Merklein, Die Umkehrpredigt bei Johannes dem Täufer und Jesus von Nazaret, BZ Neue Folge 25 (1981), 29–46: 29.

15 So auch Th. Schmeller, Der zweite Brief an die Korinther. 2 Kor 7,5–13,13 (EKK 8/2), Neukirchen-Vluyn/Ostfildern 2015, 12.21; Ch. Wolff, Der zweite Brief des Paulus an die Korinther (ThHK 8), Berlin 1989, 158.

16 Vgl. hierzu auch Nave, Role (s. Anm. 14), 121.

17 So auch Wolff, Brief (s. Anm. 15), 158.

sequenzen seines Schreibens kann Paulus sagen, dass ihn der „Tränenbrief“ nicht gereut (V. 8), obwohl er die Betrübnis der Gemeinde als solche nicht intendiert hat.[18] Die μετάνοια der korinthischen Gemeindeglieder wird hier somit durch die Aktivität des Paulus veranlasst. Durch sein Schreiben hat Paulus den Affekt der Trauer bei seiner Adressatenschaft geweckt, und dies wiederum gab der Gemeinde Anlass zur μετάνοια. Μετάνοια ist hier die Wiedergewinnung eines positiven Verhältnisses zwischen Paulus und seiner Gemeinde, nachdem dieses Verhältnis durch den Zwischenfall getrübt worden war. Dieser Vorgang der Restitution von gelingender Gemeinschaft zwischen dem Apostel und seiner Gemeinde liegt nach Paulus ganz klar auch im Sinne Gottes.[19] Insofern handelt es sich bei der Betrübnis, die die Korinther durchlebt haben, um eine κατὰ θεὸν λύπη (V. 10). Dennoch erscheint die μετάνοια der Gemeinde hier nicht in erster Linie als Hinwendung zu Gott, sondern als Hinwendung zu Paulus.[20] Dass Paulus seine eigene Intention dabei in großer Nähe zu derjenigen Gottes sieht, macht dann auch die folgende Bemerkung über die soteriologische Dimension der μετάνοια deutlich, die unmittelbar auf die Erwähnung der Gott gemäßen Traurigkeit folgt (V. 10). Mit der Formulierung von der μετάνοια εἰς σωτηρίαν unterscheidet Paulus zwischen Heil und μετάνοια so, dass die σωτηρία aus der μετάνοια resultiert.[21] Auch auf der zwischenmenschlichen Ebene zeitigt die μετάνοια erfreuliche Folgen: Paulus plant, bald wieder nach Korinth zu kommen (ἔρχομαι: 2,1–3; vgl. 12,21) und kann nun erwarten, dass dieser Besuch bei ihm Freude und nicht so sehr erneute Trauer auslösen werde, sofern die Gemeindeglieder ihre Haltung ändern (12,21: μετανοέω).

Der zweite Kontext, in welchem Paulus den Begriff der μετάνοια gebraucht, ist Röm 2,1–10. Hier wendet er sich gegen das Richten und spricht erstmals seinen imaginären jüdischen Gesprächspartner an, den er gegen die nichtjüdischen Menschen (Röm 1,18–32) kontrastiert, und der über den gesamten ersten Hauptteil des Römerbriefs hinweg präsent bleiben wird. Die Pointe des Absatzes besteht in der Aussage, dass unter soteriologischer Perspektive Juden wie Nichtjuden grundsätzlich erst einmal nichts Gutes von Gott erwarten dürfen, weil sie durch ihr Handeln Gottes Zorn und Verurteilung auf sich ziehen.[22] Vor dieser Folie wird Paulus dann in Röm 3 Gottes Gnade und den Christusglauben ins Spiel bringen. In 2,1–5 weist er seinen Adressaten aber zunächst darauf hin, dass es unangebracht ist, die

18 Vgl. auch Schmeller, Brief (s. Anm. 15), 15f.

19 Noch entschiedener Schmeller, Brief (s. Anm. 15), 17; vgl. auch Wolff, Brief (s. Anm. 15), 158.

20 Dagegen Wolff, Brief (s. Anm. 15), 158.

21 Wolff, Brief (s. Anm. 15), 159 deutet dies im Sinne des eschatologischen Heils.

22 Ähnlich Nave, Role (s. Anm. 14), 123.

Nichtjuden aufgrund ihres Tuns zu verurteilen (2,1), da das eigene Tun doch als ebenso schlecht zu bewerten ist. Der Gesprächspartner soll sich nur ja nicht zu dem Irrtum verleiten lassen, Gottes ausbleibende Intervention sei ein Beleg dafür, dass er ein wohlgefälliges Leben führt. Vielmehr, so korrigiert Paulus, lässt Gott Geduld walten, um ihm die Möglichkeit zur μετάνοια einzuräumen (V. 4).[23] So soll der Angesprochene angesichts der anderen entgegengebrachten Kritik nicht blind für die eigenen Vergehen werden. Soweit Paulus hier seine Leserschaft an die Notwendigkeit der μετάνοια erinnert, kommt ihm – ähnlich wie in 2 Kor 7 – die Rolle dessen zu, der zur μετάνοια ermahnt. Die μετάνοια selbst besteht hier allerdings nicht in einer Hinwendung zu Paulus, sondern vielmehr in einer Veränderung der Lebensführung hin zu einer praktischen Einwilligung in den Willen Gottes, wie die Tora ihn artikuliert (vgl. insbes. 2,7.10.12),[24] d.h. im guten Handeln am Mitmenschen.[25] Mehrere Hinweise unterstreichen dabei den Aspekt, dass das Tun des göttlichen Willens hier als Ausdruck der Gottesbeziehung verstanden werden will. Denn die Pointe von 2,1–5 liegt ja in der soteriologischen Gleichrangigkeit des jüdischen Gesprächspartners mit seinem nichtjüdischen Gegenüber. Dessen Vergehen gegen die Erkenntnis Gottes bedeutet, Gott nicht zu loben und ihm nicht zu danken (1,21). Somit identifiziert Paulus die μετάνοια zum guten Tun (2,7) letztlich mit einem Verhalten, das der Erkenntnis Gottes entspricht. Μετάνοια ist hier ein relationales Phänomen. Wiederum zieht sie soteriologische Konsequenzen nach sich. Während Paulus in 2 Kor 7,10 unspezifisch vom Heil bzw. vom Tod gesprochen hat, zeichnet er die soteriologischen Aussagen in Röm 2,1–10 deutlicher

---

23 Eine Parallele zu diesem Gedanken bietet Sir 5,4–7. Vgl. M. Wolter, Der Brief an die Römer. Röm 1–8 (EKK 6/1), Neukirchen-Vluyn/Ostfildern 2014, 169f. Wolter nimmt hinter den Worten des Paulus darum einen „Topos jüdischer Umkehrpredigt" an. Freilich formuliert Sir 5,7 dabei, anders als Röm 2,4, mit ἐπιστρέφω und nicht mit μετανοέω. Von E. Norden, Agnostos Theos. Untersuchungen zur Formengeschichte religiöser Rede, Leipzig 1913, 135 stammt die bekannte These, dass zwischen der paganen und der christlichen Verwendung von μετάνοια ein diametraler Gegensatz bestehe: Während Paulus die μετάνοια als etwas Wünschenswertes betrachtet, werde sie insbes. von den Stoikern als πάθος negativ bewertet. Norden stützt seine These auf Epict., Diss 2,22,25. Dass diese Sicht zu einseitig ist, beweisen zahlreiche anderslautende Quellen. Eine Übersicht bietet etwa Nave, Role (s. Anm. 14), 40–70.

24 Zumindest legt der engere Kontext, der vom Verstoß von Juden wie Nichtjuden gegen die Tora handelt, diesen Schluss nahe. Der weitere Kontext macht dann wiederum deutlich, dass Paulus diese Variante als eine unmögliche erachtet, sodass schließlich allein der Glaube den Weg zum Heil eröffnet. Bei einer wiederholten Lektüre des Römerbriefs könnte die Leserschaft die μετάνοια von Röm 2,4 daher auch in dem Sinne verstehen, dass die zur μετάνοια Aufgerufenen die πίστις als Weg zur Gerechtigkeit ergreifen sollen (vgl. etwa 3,28).

25 Dafür spricht, dass der Schwerpunkt der Lasterkataloge in Röm 1 f. auf dem schlechten Verhalten gegenüber den Mitmenschen liegt (1,29–31; 2,8f.).

in ein eschatologisches Koordinatensystem ein. Indem er von der ἡμέρα ὀργῆς und der δικαιοκρισία spricht, lässt Paulus keinen Zweifel daran aufkommen, dass er das eschatologische Gericht vor Augen hat, wenn er seinem Gesprächspartner die Konsequenzen von μετάνοια bzw. mangelnder μετάνοια beschreibt: Denen, die im Herzen hart und darum nicht zur μετάνοια bereit sind (V. 5: κατὰ δὲ τὴν σκληρότητά σου καὶ ἀμετανόητον καρδίαν), blüht Gottes Zorn und Wut (V. 8).[26] Hingegen empfangen die, die geduldig mit guten Werken nach Gottes Herrlichkeit suchen, ewiges Leben (V. 7). Die Folgen der μετάνοια beschreibt Paulus hier somit in einer ähnlichen dualistischen Alternative wie in 2 Kor 7.

2.2 Das lukanische Doppelwerk

Der Evangelist Lukas findet die Tradition, der zufolge Johannes der Täufer in seiner Predigt zur μετάνοια aufgerufen hat, bereits in seinen schriftlichen Quellen vor (Mk 1,4; Q 3,8), ebenso wie die Aufnahme dieser Botschaft durch Jesus (Mk 1,15). Die vorgegebene Tradition baut der Verfasser des dritten Evangeliums aber sehr deutlich aus. Darin spiegelt sich seine theologische Vorliebe für die Rede von der μετάνοια.[27]

Innerhalb der Beschreibung über das Wirken des Täufers (Lk 3,1–14) setzt der Evangelist Lukas bereits in der Einleitung charakteristische Akzente: Über die Bezugnahme auf die regierenden Machthaber verankert er die folgende Szene im Rahmen der Weltgeschichte (V. 1f.). Dass Johannes die Menschen tauft und zur μετάνοια animiert, ist ihm durch die Tradition vorgegeben. Ebenso das Schriftzitat Jes 40,3–5, welches den Täufer als prophetische Figur von Gott her autorisiert.[28] Lukas übernimmt die markinische Zusammenfassung über das Wirken des Täufers mit der Wendung κηρύσσων βάπτισμα μετανοίας εἰς ἄφεσιν ἁμαρτιῶν (Mk 1,4//Lk 3,3),[29] die gleich zwei Stichworte verbindet, welche zu den Lieblingsmoti-

26 Vgl. hierzu auch Wolter, Brief (s. Anm. 23), 172f.

27 Nicht alle relevanten Stellen des lukanischen Doppelwerks können im Rahmen dieser kurzen Betrachtung diskutiert werden. Daher beschränkt sich die folgende Auswahl auf je zwei Abschnitte aus dem Lukasevangelium und aus der Apostelgeschichte, die hinsichtlich des narrativen Spektrums, in welchem Lukas die μετάνοια verortet, als repräsentativ gelten können.

28 Nave, Role (s. Anm. 14), 31 nimmt dabei eine Akzentverschiebung von Markus zu Lukas wahr: Während das Zitat bei Markus den Täufer als Person legitimiere, setze Lukas es stärker mit dessen Botschaft in Verbindung.

29 M. Wolter, Das Lukasevangelium (HNT 5), Tübingen 2008, 157 liest die Formulierung βάπτισμα μετανοίας als *Genitivus qualitatis* und geht deswegen davon aus, dass diese Taufe und mit ihr also auch die μετάνοια einen einmaligen Vorgang darstelle. Ebenso Behm, μετανοέω (s. Anm. 1), 995f. So exakt geht dies aus dem Text jedoch nicht hervor. Natürlich ist es wünschenswert, wenn

ven lukanischer Theologie zählen, nämlich neben dem Motiv der μετάνοια noch das der Sündenvergebung (vgl. insbes. Lk 1,77; 24,47; aber auch 7,48f.).[30] Anschließend orientiert sich der Evangelist an der Q-Tradition über die Predigt des Täufers. Innerhalb dieser harschen Worte gibt es eine schwerwiegende Differenz zwischen Matthäus und Lukas. Denn während der matthäische Johannes seine Hörerschaft dazu auffordert, „der μετάνοια entsprechende Frucht" hervorzubringen (Mt 3,8: ποιήσατε οὖν καρπὸν ἄξιον τῆς μετανοίας), hat die lukanische Fassung den Plural καρποὺς ἀξίους.[31] Anders als die Version bei Matthäus, die somit pauschal an die gesamte Lebensführung als „Frucht der μετάνοια" denken lässt, weckt die Rede von den „Früchten der μετάνοια" eher die Assoziation von einzelnen Verhaltensweisen oder Taten, die der μετάνοια entsprechen sollen. Bereits Q stellt heraus, dass das Vorhandensein oder Ausbleiben von Frucht bzw. Früchten ein entscheidendes Kriterium für Gottes Gericht darstellt.[32] Mit dem Hinweis auf die Axt, die den Bäumen an die Wurzel gelegt ist, knüpft der Text an die komplexe Metapher von der Frucht[33] an. Die Annahme, dass Lukas die Aufmerksamkeit seiner Leser-

---

die Menschen, die sich zur Änderung entschlossen haben, nicht gleich wieder rückfällig werden und sodann erneut zur μετάνοια aufgerufen werden müssen. Ausgeschlossen scheint so etwas innerhalb der Logik von Lk 3,1–14 allerdings nicht. Als Argument dafür, dass es nach lukanischer Auffassung „auch nach der Taufe noch eine Gelegenheit zur Umkehr gibt", verweist I. Čabraja, Der Gedanke der Umkehr bei den Synoptikern. Eine exegetisch-religionsgeschichtliche Untersuchung, St. Ottilien 1985, 204 auf die Episode von Simon Magus aus Apg 8,9–24. Vgl. zu dieser Frage auch J.-W. Taeger, Der Mensch und sein Heil. Studien zum Bild des Menschen und zur Sicht der Bekehrung bei Lukas (StNT 14), Gütersloh 1982, 141. Ähnlich für den Kontext des hellenistischen Judentums auch E.K. Dietrich, Die Umkehr (Bekehrung und Buße) im Alten Testament und im Judentum bei besonderer Berücksichtigung der neutestamentlichen Zeit, Stuttgart 1936, 278.

30 Insgesamt findet sich die Rede von der Sündenvergebung auffällig oft an lukanischen Schlüsselstellen: Von der Ankündigung über das Wirken des Täufers (Lk 1,77) über die lukanische Beauftragung der Jünger durch Jesus (24,47) und die Pfingstpredigt des Petrus (Apg 2,38) bis hin zum Prozess des Paulus (26,18). Zur Vorliebe, mit der Lukas die Motive von μετάνοια und Sündenvergebung kombiniert, vgl. Čabraja, Gedanke (s. Anm. 29), 233.237.

31 Vgl. Čabraja, Gedanke (s. Anm. 29), 28; H. Conzelmann, Die Mitte der Zeit. Studien zur Theologie des Lukas, Tübingen [3]1960, 91; Wolter, Lukasevangelium (s. Anm. 29), 159.

32 Vgl. hierzu auch Wolter, Lukasevangelium (s. Anm. 29), 160. Die Dringlichkeit der Umkehr angesichts des Eschaton betont unter Berufung auf das Gleichnis vom Feigenbaum auch K. Haacker, Zeit zur Umkehr! Jesu Gleichnis vom unfruchtbaren Feigenbaum (Lk 13,6–9), ThBeitr 40/5 (2009), 338–344. Explizit predigt der lukanische Täufer nur die negative Seite des Gerichts. Vgl. dazu J. Liebenberg, The Function of the Standespredigt in Luke 3:1–20. A Response to E.H. Scheffler's ‚The Social Ethics of the Lucan Baptist (Lk 3:10–14)', in: Neotest. 27/1 (1993), 55–67; ferner Merklein, Umkehrpredigt (s. Anm. 14), 33.

33 Diese kommt noch ein weiteres Mal in Q vor, nämlich in Q 6,43f.

schaft gezielt auf die Ethik lenkt,[34] findet im Fortgang der Szene Bestätigung, denn die Verkündigung des Täufers endet mit der sog. „Standespredigt“, die zum lukanischen Sondergut zählt und expliziert, wie Lukas sich die „Früchte der μετάνοια“ konkret vorstellt.[35] Zwar könnte man annehmen, dass Lukas hier weiterhin Q folge, während Matthäus redaktionell in die Vorlage eingreife.[36] Jedoch entspricht zumindest die Standespredigt so gut lukanischen Vorlieben, dass sie sich eher als Ergänzung durch den Evangelisten plausibel machen lässt.[37] Auf die Frage „Was sollen wir tun?“ (V. 10; vgl. auch 10,25; 16,4) hin weist der Täufer die Volksmengen an, mit den Besitzlosen Kleidung und Nahrung zu teilen. Ebenso fragen nun auch zwei Personengruppen, denen das lukanische Doppelwerk auch an anderen Stellen besondere Beachtung schenkt, nämlich die Zöllner und die Angehörigen der Armee (VV. 12.14). Sie erhalten die Aufforderung, andere nicht zu übervorteilen. Interessant ist, dass damit neben der Menge und den Zöllnern als mutmaßlich jüdischen Adressaten mit den Soldaten auch Nichtjuden zur μετάνοια aufgefordert werden. Der lukanische Täufer benutzt das Verbum μετανοέω absolut, d.h. eine Zielrichtung des Geschehens wird nicht direkt in die Formulierung einbezogen. Wenn die μετάνοια hier nun allerdings als μετάνοια εἰς ἄφεσιν ἁμαρτιῶν präsentiert wird, liegt es nahe, in ihr eine Hinwendung zu demjenigen zu sehen, der Sünden vergeben kann (vgl. dazu insbes. Lk 5,20–24). In diesen Punkten stimmt Lukas mit seiner markinischen Vorlage überein. Neu hinzu kommt bei ihm der Akzent, dass die μετάνοια konkrete Folgen auf der zwischenmenschlichen Ebene haben müsse, welche als „Früchte“ von der μετάνοια selbst unterschieden werden.[38]

In den Gleichnissen vom Verlorenen (Lk 15) nehmen erneut die Zöllner eine prominente Position ein. An der Gemeinschaft Jesu mit Zöllnern und Sündern entzündet sich die Auseinandersetzung, welche Jesus dazu veranlasst, die drei Gleichnisse zu erzählen (V. 1f.). Das erste dieser Gleichnisse, das vom verlorenen Schaf, entnimmt Lukas seiner Quelle Q (Lk 15,3–7//Mt 18,12–14). Das Motiv

34 So auch Wolter, Lukasevangelium (s. Anm. 29), 158f.

35 So auch Liebenberg, Function (s. Anm. 32), 59f.

36 So F. Méndez-Moratalla, The Paradigm of Conversion in Luke, London 2004, 82. Dafür spricht die Beobachtung, dass der Plural „Früchte“ auch an der anderen Q-Stelle 6,43f. steht. Damit ist die Schlussfolgerung nicht ganz abwegig, Q habe den Plural „Früchte“ plus die Standespredigt enthalten und sei von Matthäus um die Standespredigt gekürzt worden.

37 Damit wäre es auch denkbar, dass sowohl Matthäus als auch Lukas sich von Q lösen: Matthäus, indem er die „Früchte“ in den Singular setzt, und Lukas, indem er durch die Standespredigt erläutert, wie man sich solche Früchte genau vorzustellen hat.

38 Dagegen tendiert Nave, Role (s. Anm. 14), 147 dazu, die μετάνοια und ihre Früchte als sachliche Einheit aufzufassen.

der Freude findet er bereits in der Vorlage (vgl. Mt 18,13); er spitzt es jedoch zu auf die himmlische Freude, die dort entsteht, wo ein Sünder die μετάνοια vollzieht (Lk 15,7). Der Rahmen, innerhalb dessen Lukas das Gleichnis verankert, lädt dazu ein, die μετάνοια des Sünders genau dort zu erblicken, wo die Szene ihren Ausgang nimmt, und zwar in der Tischgemeinschaft Jesu mit den Zöllnern und Sündern (vgl. auch 5,32).[39] Sie ist nach der lukanischen Logik das Resultat erfolgter μετάνοια. Das Gleichnis von der verlorenen Münze, durch welches Lukas seine Quelle erweitert, unterstreicht noch einmal die im ersten Gleichnis bereits gesetzte Pointe und endet ganz parallel mit dem Hinweis auf die Freude im Himmel über die μετάνοια eines Sünders (V. 10). Das Gleichnis vom verlorenen Sohn geht sodann im Textumfang deutlich über die beiden ersten Gleichnisse hinaus. Während die Gleichnisse vom Schaf und von der Münze die Freude über das Wiederfinden betonen und keine eigenen Bemühungen des Schafs oder geschweige denn der Münze erkennen lassen, gefunden zu werden, erblicken viele Auslegerinnen und Ausleger im Gleichnis vom verlorenen Sohn durchaus allegorische Züge, die es erlaubten, am Verhalten des jüngeren Sohnes abzulesen, wie der Evangelist Lukas sich den Prozess der μετάνοια idealtypisch vorstellt.[40] Wenn dies stimmt, verdienen die Verse 17–21 besondere Beachtung. Sie schildern, wie der Sohn zur Einsicht gelangt, indem er in sich geht (V. 17: εἰς ἑαυτὸν δὲ ἐλθών).[41] Durch Nachdenken wird ihm bewusst, dass es ihm bei seinem Vater besser ging als nun in der Fremde. Er entschließt sich, seine Sünde zu bekennen und sich auf den Weg zu machen (V.

---

39 Vgl. hierzu auch Merklein, Umkehrpredigt (s. Anm. 14), 43. Zu Recht hält Wolter, Lukasevangelium (s. Anm. 29), 526 fest, dass der Text damit einen christologischen Akzent setzt. Natürlich ist es sogar wahrscheinlich, dass das Phänomen der μετάνοια bei Lukas auch an solchen Stellen auftaucht, an denen die betreffenden Signalvokabeln gar nicht stehen. Vgl. dazu auch M. Kim-Rauchholz, Umkehr bei Lukas. Zu Wesen und Bedeutung der Metanoia in der Theologie des dritten Evangelisten, Neukirchen-Vluyn 2008, 38. Die Motive von der Gemeinschaft Jesu mit den Zöllnern und vom „Murren" der Pharisäer verbinden die vorliegende Episode etwa neben der Berufung des Levi (Lk 5,27–32) auch mit der Begegnung zwischen Jesus und Zachäus (Lk 19,1–10). Folglich könnte nach lukanischer Logik auch das Verhalten dieser beiden Zöllner als μετάνοια betrachtet werden. Zu Levi vgl. auch Čabraja, Gedanke (s. Anm. 29), 123f.; Kim-Rauchholz, Umkehr, 99. Den Zusammenhang zwischen Lk 15,1–2 und Lk 5,27–32 hebt Nave, Role (s. Anm. 14), 179 hervor.

40 So Kim-Rauchholz, Umkehr (s. Anm. 39), 125; Méndez-Moratalla, Paradigm (s. Anm. 36), 140; Nave, Role (s. Anm. 14), 181. Zurückhaltend denkt auch Wolter, Lukasevangelium (s. Anm. 29), 522 in diese Richtung. Dezidiert dagegen G.W. Ramsey, Plots, Gaps, Repetitions, and Ambiguity in Luke 15, PRSt 17/1 (1990), 33–42: 40, der die Auffassung vertritt, heuchlerische Motive bewögen den jüngeren Sohn zur Rückkehr.

41 Dass ein Mensch seinen Sinn ändern kann, indem er „in sich geht" ist im antiken Kontext geläufig. Wolter, Lukasevangelium (s. Anm. 29), 533f. führt dazu eine Reihe von Belegen an.

18).[42] So rücken erneut die Themen Sünde und μετάνοια in ein nahes Verhältnis zueinander. Anders als in der Predigt des Täufers, die die Sündenvergebung als Resultat der μετάνοια behandelt, wäre die μετάνοια im Gleichnis vom verlorenen Sohn eher als aktive Abwendung des Individuums von der Sünde zu betrachten. Auf der positiven Seite korrespondiert dieser Dynamik eine Rückkehr zum Vater; das Geschehen findet hier also deutlich als Bewegung im Raum statt. Die freudige Reaktion des Vaters deutet diesen Prozess dann nicht mehr nur mit den beiden ersten Gleichnissen als Vorgang des Wiederfindens, sondern gleich zweimal auch als Rückkehr aus dem Tod ins Leben (VV. 24.32). Damit erhält eine soteriologische Komponente Einzug,[43] die in der Verwendung der Stichworte „Tod" und „Leben" dem dualistischen Umgang des Paulus mit dem Motiv der μετάνοια ähnelt (s.o. Röm 2,6–8).

Wie die Zuhörer Johannes des Täufers fragen auch diejenigen, die die Pfingstpredigt des Petrus gehört haben: τί ποιήσωμεν; (Apg 2,37). Die kurze folgende Szene beschreibt das Anwachsen der Jerusalemer Gemeinde infolge des Aufrufs zur μετάνοια. Wie bereits in Lk 3 rückt die wörtliche Rede des Petrus μετάνοια, Taufe und Sündenvergebung in einen engen Zusammenhang zueinander.[44] Doch während Johannes die Taufe der μετάνοια zur Sündenvergebung verkündigt (Lk 3,3), antwortet Petrus den Fragenden μετανοήσατε … καὶ βαπτισθήτω ἕκαστος ὑμῶν … εἰς ἄφεσιν ἁμαρτιῶν (Apg 2,38). Es bietet sich hier an, das καί in dieser Formulierung als καί *epexegeticum* aufzufassen. Die Taufe tritt nicht als zusätzliches Moment neben die μετάνοια, sondern zwischen beiden besteht eine inhaltliche Verknüpfung: Taufe illustriert die geschehene μετάνοια, ähnlich wie in Lk 3. In der Folge dieses Vorgangs stellt sich die Vergebung der Sünden ein. Ein logisches Subjekt der ἄφεσις muss der Verfasser nicht angeben, da ihm und sei-

42 Dass hier damit die Initiative vom umkehrenden Menschen ausgeht, betont auch G. Forbes, Repentance and Conflict in the Parable of the Lost Son (Luke 15:11–32), JETS 42/2 (1999), 211–229: 226. Sehr entschieden auch Taeger, Mensch (s. Anm. 29), 205. Skeptisch dagegen Kim-Rauchholz, Umkehr (s. Anm. 39), 136–139. Anders auch Merklein, Umkehrpredigt (s. Anm. 14), 44. Seiner Meinung nach folgt die Umkehr erst auf die Vergebung.

43 Roose zeigt eine Reihe inhaltlicher Parallelen zum Gleichnis vom reichen Mann und armen Lazarus auf. In diesem Licht wird klar, dass die Frage nach Tod und Leben im lukanischen Kontext eine eschatologische Frage ist. Vgl. H. Roose, Umkehr und Ausgleich bei Lukas. Die Gleichnisse vom verlorenen Sohn (Lk 15.11–32) und vom reichen Mann und armen Lazarus (Lk 16.19–31) als Schwestergeschichten, NTS 56/1 (2009), 1–21.

44 Dies entspricht dem Auftrag Lk 24,46f.; vgl. ferner Apg 3,19; 5,31; 8,22. U. Wilckens, Die Missionsreden der Apostelgeschichte. Form- und traditionsgeschichtliche Untersuchungen (WMANT 5), Neukirchen-Vluyn [3]1974, 178f. erkennt hinter Apg 2,38–40 ein festes Schema der frühchristlichen Verkündigung.

ner Leserschaft klar ist, dass die Sündenvergebung allein von Gott bzw. von Jesus Christus gewährt werden kann. Hinzu kommt dann auch die Gabe des Heiligen Geistes, deren Geber ebenso als bekannt vorausgesetzt wird. Stärker noch als die ähnliche Szene in Lk 3 betont Apg 2,37f., dass es eines Aufrufes zur μετάνοια bedarf. Von selbst kommen die Hörenden nicht auf die Idee, dass nun für sie die μετάνοια erforderlich ist. Sie haben zwar begriffen, dass es an ihnen ist, etwas zu unternehmen, aber Petrus muss ihnen erst mitteilen, was genau sie tun sollen. Dies unterscheidet die Fragenden aus Apg 2 vom verlorenen Sohn im Gleichnis, der durch eigene Überlegungen zu der Überzeugung gelangt, eine Änderung vorzunehmen. Das Publikum der Pfingstpredigt besteht aus jüdischen Hörerinnen und Hörern, die anlässlich des Fests aus vielen verschiedenen Gegenden nach Jerusalem gekommen sind (vgl. 2,9–11). Neben gebürtigen Juden sind auch Proselyten anwesend (2,11). Obwohl Vers 38 den Imperativ μετανοήσατε absolut einsetzt, bietet es sich einerseits an, den Zielpunkt der μετάνοια in Gott zu sehen, denn er ist es ja, der die angesprochenen Menschen nach der Auskunft des Petrus zu sich rufen wird (V. 39: προσκαλέσηται). Andererseits hat aber die längere Rede zuvor mit dem drastischen Vorwurf an die Anwesenden geendet, sie seien für die Kreuzigung Jesu verantwortlich (V. 36). Gott jedoch habe ihn durch die Auferweckung (vgl. V. 32) zum κύριος und χριστός gemacht. Wenn die Zuhörerschaft nun angesichts dieser Konfrontation fragt: „Was sollen wir tun?", so kann die μετάνοια zu der Petrus animiert, auch als Einnahme einer zugewandten Haltung anstelle der vorherigen Ablehnung gegenüber dem Herrn und Christus Jesus verstanden werden. In jedem Fall liegt der Kern der μετάνοια an dieser Stelle in einem komplexen Beziehungsgeschehen.[45]

Noch deutlicher ist dies in Apg 26,15–23 der Fall. Die Sequenz schließt die Verteidigungsrede ab, welche Paulus vor König Agrippa hält. Hier verweist der lukanische Paulus auf sein Damaskuserlebnis zurück und schildert in wenigen Worten den Gegenstand und die Auswirkungen seines Auftrags, den der Herr Jesus ihm erteilt hat (vgl. 26,15–18). Paulus hat nicht aus eigenen Stücken beschlossen, die ihm aufgetragene Botschaft weiterzugeben, sondern seine Legitimation stammt vom erhöhten Jesus selbst. Seine Verkündigung hat er sodann nicht nur den Juden, sondern eben auch den Völkern (ἔθνη: V. 20; vgl. auch V. 17) zu Gehör gebracht. Sie besteht in der Aufforderung, dass die Hörenden die μετάνοια vollziehen sollen. Ganz deutlich macht der Text hier keinen Unterschied zwischen Juden und

45 Ethische Konsequenzen verbinden sich im engsten Kontext nicht mit der μετάνοια-Forderung des Petrus. Die weitere Beschreibung über die Entwicklung der Jerusalemer Gemeinde hebt aber doch den Umgang mit dem Besitz als ein Charakteristikum der christlichen Gemeinschaft hervor (V. 44f.).

Nichtjuden. Alle hören gleichermaßen die μετάνοια-Forderung aus dem Munde des Paulus.[46] Das epexegetische καί erläutert hier den Vorgang des μετανοεῖν als Umkehr auf Gott hin (ἐπιστρέφειν ἐπὶ τὸν θεόν).[47] Auch wenn damit sowohl Juden wie auch Nichtjuden zur μετάνοια aufgerufen werden, weiß der Text doch durchaus auch zwischen beiden Gruppen zu differenzieren. Der primäre Auftrag an Paulus gilt der Verkündigung unter den Völkern (V. 17). Aus deren Sicht kommt die Umkehr (ἐπιστρέφω), auf welche der bereits angesprochene V. 20 kurz später zurückgreift, einer Bewegung aus der Finsternis ins Licht und aus dem Bereich der Macht Satans zu Gott hin gleich (V. 18).[48] Gott wiederum gewährt ihnen Sündenvergebung (ἄφεσις ἁμαρτιῶν). Der Hinweis auf das Erbe fügt dieser soteriologischen Aussage eine eschatologische Komponente hinzu. In Vers 20 präzisiert der lukanische Paulus mit einer partizipialen Konstruktion den Modus, durch welchen die μετάνοια sich zuträgt: indem nämlich der angesprochene Mensch der μετάνοια würdige bzw. entsprechende Werke tut (ἄξια τῆς μετανοίας ἔργα πράσσοντας). Anders als in der Vorstellung von den Früchten der μετάνοια (Lk 3), welche zwischen μετάνοια und dem menschlichen Tun unterscheidet, sind hier die Werke eher als konkreter Vollzug der μετάνοια zu denken, und gleichzeitig erscheint die μετάνοια als Zuwendung zu Gott, die der Mensch in seinem Tun voll-

46 Darin sieht auch Čabraja, Gedanke (s. Anm. 29), 233 einen entscheidenden Punkt der lukanischen μετάνοια-Konzeption.

47 In Apg 20,21 ist ähnlich von der εἰς θεὸν μετάνοια die Rede. Anders als ich fasst Conzelmann, Mitte (s. Anm. 31), 91 das καί von Apg 26,20 als additives καί auf, sodass hier seiner Ansicht nach ein zwei Komponenten umgreifender Vorgang beschrieben wird. Die Neuausrichtung des Menschen beinhalte erstens eine Änderung der „Gesinnung", d.h. „Reue" (μετανοεῖν), und zweitens auch eine Änderung der „Werke", d.h. „Bekehrung" (ἐπιστρέφειν). Ähnlich auch Čabraja, Gedanke (s. Anm. 29), 152.232.240. Die in den Schriften der hebräischen Bibel verbreitete Forderung zur Umkehr (hebr. *šub*) gibt die Septuaginta konsequent durch ἐπιστρέφω wieder. Vgl. Behm, μετανοέω (s. Anm. 1), 986; Dietrich, Umkehr (s. Anm. 29), 218; vgl. auch J. Ebach, Umkehr. schuv, tschuva, metanoia, in: K. Schiffner/K. Wengst/W. Zager (Hg.), Fragmentarisches Wörterbuch. Beiträge zur biblischen Exegese und christlichen Theologie. H. Balz zum 70. Geburtstag, Stuttgart 2007, 393–402: 394; Nave, Role (s. Anm. 14), 112. Daher ist es schwierig, die neutestamentliche μετάνοια einlinig auf die Umkehrforderung der alttestamentlichen Prophetie zurückzuführen. Vgl. Čabraja, Gedanke (s. Anm. 29), 234. Es darf jedoch im Einzelfall diskutiert werden, wie nah oder fern beide Motive einander stehen. Dass es in der Literatur des hellenistischen Judentums zahlreiche Stellen gibt, an denen μετανοέω als Entsprechung zum hebräischen *šub* begriffen werden kann, stellt Dietrich, Umkehr (s. Anm. 29), 230.235 fest. Die synoptischen Evangelien setzen diese Linie seiner Meinung nach fort (308).

48 Ähnlich führt nach Apg 11,18 die μετάνοια zum „Leben".

zieht.[49] Wie genau diese der μετάνοια angemessenen Werke auszusehen haben, bleibt jedoch unausgesprochen. Prinzipiell lässt die Formulierung den Gedanken an gute Taten am Mitmenschen ebenso zu, wie die Vorstellung, dass diejenigen, welche die μετάνοια praktizieren, auch für sich – ohne direkten Kontakt zum Nächsten – gut handeln. Diese zweite, ohnehin schon recht hypothetische Option wird allerdings vollends unwahrscheinlich, wenn man die Betonung in Rechnung stellt, mit welcher der Verfasser des lukanischen Doppelwerks insgesamt das gute Handeln am Mitmenschen versieht (vgl. etwa Lk 10,25–37).[50]

2.3 Der Hebräerbrief

Als theologiegeschichtlich bedeutsam haben sich auch die Aussagen zur μετάνοια erwiesen, die sich in Hebr 6 finden. Der auffällige Umgang des Hebräerbriefs mit dem Thema verdankt sich der spezifischen Entstehungssituation des Texts. Anders als in der erzählten Welt der Apostelgeschichte, in der die zur μετάνοια Aufgerufenen erstmalig mit der christlichen Verkündigung in Berührung kommen, richtet sich die predigtartige Schrift, die wir traditionell als „Hebräerbrief" bezeichnen, an ein Publikum, welchem der Christusglaube schon seit längerer Zeit bekannt ist. Diese Situation bringt nun aber ein neues Problem mit sich, das sich für Paulus oder den Verfasser des lukanischen Doppelwerks so noch nicht stellt: Der Autor des Hebräerbriefs wittert bei seiner Leserschaft einen nachlassenden Glauben (Hebr 3,12; 5,11). Eine regelrechte Glaubensmüdigkeit greift um sich, und einzelne Gemeindeglieder erscheinen nicht mehr zu den gottesdienstlichen Treffen (10,25). Hier versucht der Hebräerbrief zu intervenieren, indem er nachdrücklich dazu ermahnt, am Glauben festzuhalten (10,22f.35; 12,1f.). Ein rhetorisches bzw. theologisches Mittel, das er dazu einsetzt, dieses Ziel zu erreichen, besteht in der exklusiven Verbindung von μετάνοια mit dem Eintritt in die christliche Glaubensgemeinschaft (Hebr 6,1–6). Die Lehre von der μετάνοια rechnet der Verfasser zum kleinen Einmaleins der christlichen Unterweisung (V. 1f.) und verzichtet aus argumentations-strategischen Gründen darauf, sie nochmals ausführlich darzulegen.[51] Dennoch wird deutlich, dass die μετάνοια nach der Auffassung des Hebräerbriefs einzig am Beginn des Christseins anzusiedeln ist. Dort beschreibt

---

49 So für den Gebrauch von μετανοέω im hellenistischen Judentum auch Dietrich, Umkehr (s. Anm. 29), 235.

50 Vgl. hierzu etwa auch J.B. Green, The Theology of the Gospel of Luke, Cambridge 1995, 116f. Im Zusammenhang mit der Umkehr betont Green die lukanische Schwerpunktsetzung auf den rechten Umgang mit materiellem Besitz (107f.).

51 Vgl. hierzu auch E. Gräßer, An die Hebräer. Hebr 1–6 (EKK 17/1), 1990, 332f.

sie eine Bewegung weg von (V. 1: ἀπό) „toten Werken“[52] hin zu einem Vertrauen auf Gott (πίστις ἐπὶ θεόν).[53] Diese grundlegende Richtungsänderung der menschlichen Existenz mit der Zuwendung zu Gott wird in der Taufe (V. 2) physisch erfahrbar und hat eschatologische Auswirkungen, die der Text durch die Nennung von der Auferstehung der Toten und dem ewigen Gericht anreißt. So sehr verortet der Verfasser die μετάνοια nun bei diesem einmaligen Anfangsdatum des Christseins, dass es für ihn einen erneuten Anfang von gleicher Qualität schlechterdings nicht geben kann (V. 4–6).[54] Daraus erwächst nach der Auffassung des Hebräerbriefs die Konsequenz, dass es für diejenigen, die einmal die μετάνοια vollzogen haben und dann doch wieder vom Glauben abgefallen sind (V. 6: παραπίπτω), kein Zurück mehr geben kann. Bevor sie der Erleuchtung und dem Geschenk Gottes (V. 4) den Rücken kehren, sollten die Lesenden es sich also lieber zweimal überlegen. Deutlich dient die Rede von der μετάνοια im Hebräerbrief damit dem paränetischen Gesamtanliegen der Schrift.[55] Es geht darum, die Leserschaft zum Festhalten am Christusglauben zu ermahnen. Diese Ermahnung erfolgt gerade nicht durch einen Appell zur μετάνοια, sondern indem der Text darlegt, dass es eine zweite μετάνοια nicht geben kann.

2.4 Die Johannesoffenbarung

Mit 12 Belegen ist der Wortstamm μετανο- in der Johannesoffenbarung besonders präsent. Auffälligerweise kommt jedoch ausschließlich das Verbum vor. In den sieben sog. „Sendschreiben“ an die Gemeinden der Provinz Asia im ersten Haupt-

---

52 Gräßer, Hebräer (s. Anm. 51), 338f. versteht darunter die Abkehr von der Verehrung paganer Götter.

53 Das wird besonders gut ersichtlich unter Berücksichtigung der Gesamtstruktur der Katechese, auf welche der Text hier verweist. Vgl. dazu Gräßer, Hebräer (s. Anm. 51), 336f.339; H. Löhr, Umkehr und Sünde im Hebräerbrief (BZNW 73), Berlin 1994, 177f. Die außerdem noch aus Mk 1,15 geläufige Verbindung von μετάνοια und πίστις findet sich an den hier behandelten μετάνοια-Stellen sonst nicht. Der Grund dafür liegt auf der Hand: Anders als der Hebräerbrief reservieren die neutestamentlichen Texte die μετάνοια sonst nicht für das Datum der erstmaligen Zuwendung zu Gott bzw. Christus. Infolge dessen fallen μετάνοια und Glauben nicht zwingend zusammen.

54 Dies hängt damit zusammen, dass der Text eine Parallele zwischen der Einmaligkeit des Selbstopfers Christi und der μετάνοια des Menschen konstruiert. Vgl. Gräßer, Hebräer (s. Anm. 51), 354f. Zur Begründung des Gedankens vgl. ferner Ch.E. Carlston, Eschatology and Repentance in the Epistle to the Hebrews, JBL 78/4 (1959), 296–302: 301; Löhr, Umkehr und Sünde (s. Anm. 53), 191.197.

55 So auch Behm, μετανοέω (s. Anm. 1), 1001; Carlston, Eschatology (s. Anm. 54), 301f.

teil der Schrift[56] ballt sich die Verwendung des Imperativs μετανόησον (2,5.16; 3,3.19).[57] Ähnlich wie der Hebräerbrief wenden sich diese Textsequenzen direkt und in paränetischem Tonfall an die Mitglieder christlicher Gemeinschaften.[58] Hier jedoch findet sich mehrfach eine explizite Aufforderung zur μετάνοια, bzw. präziser: zum μετανοεῖν. Noch betonter als in den bisher besprochenen Textabschnitten versieht die Johannesoffenbarung ihre μετάνοια-Forderung mit einer himmlischen Legitimation, denn hier spricht der erhöhte Christus selbst zu den Glaubenden. Er beauftragt den Propheten Johannes zum Schreiben (Offb 1,19),[59] sodass dieser hinter seiner Botschaft beinahe verschwindet. Obwohl jeder der Imperative in den Sendschreiben absolut, ohne beigefügtes Objekt steht, lässt der Kontext der jeweiligen Stellen dennoch erahnen, von wo nach wo hier eine Veränderung stattfindet. Ein Problem, welches in Offb 2f. mehrfach thematisiert wird, ist das Auftreten christlicher Autoritäten in den Gemeinden der Asia, die die Glaubenden nach der Auffassung der Schrift zum Abfall verleiten und daher bekämpft werden müssen. Ihre Verkündigung beschreibt der Text bildlich als Verführung zu „Unzucht" und „Genuss von Götzenopfern" (2,14.20), d.h. auf dem Spiel steht nach der Befürchtung der Johannesoffenbarung die exklusive Loyalität der Christinnen und Christen in der Provinz Asia zu ihrem Herrn und Gott. In diesem Sinne stellt die geforderte μετάνοια eine Unterlassung der Verehrung anderer, mit Christus konkurrierender Gottheiten dar. Sehr deutlich folgen der Ruf zur μετάνοια in 2,16 und die Bezugnahme auf die ausbleibende μετάνοια der „Isebel" in 2,21f. auf die Schelte gegen die gegnerischen Lehrer. Μετάνοια verläuft „heraus aus" (ἐκ) der Unzucht (2,21) und „heraus aus" (ἐκ) diesen Werken (2,22). In Offb 2,5 ist vom „Abfallen" (πίπτω; vgl. Hebr 6,6) die Rede. Die zur μετάνοια Aufgerufenen sollen sich gegen die Verführung zur Untreue zur Wehr setzen. Auf der positiven Seite entspricht dieser Dynamik die Wiederaufnahme einer vormals bereits vorhandenen Treue zu Gott: Offb 2,5 beschreibt dies als Reaktivierung der „ersten

56 Die folgenden Überlegungen orientieren sich am Grundtenor, der den gesamten Abschnitt Offb 2f. umgreift. Die fraglos vorhandenen Unterschiede zwischen den Sendschreiben, die graduell verschiedene Situationen in den einzelnen Gemeinden erkennbar werden lassen, können an dieser Stelle nicht differenziert nachgezeichnet werden.

57 Vgl. aber auch die anderen Formen von μετανοέω in Offb 2,5.21f.

58 Nave, Role (s. Anm. 14), 129 hebt hervor, dass durch die Einleitungswendungen der Sendschreiben jeweils die Gemeinschaften als Ganze angesprochen werden, nicht die ihnen angehörenden Individuen.

59 Der explizite Schreibbefehl eröffnet dann im Folgenden auch jedes der sieben Sendschreiben, sodass bereits die Einleitungswendung „Dem Engel der in XY befindlichen Gemeinde schreibe ..." der Leserschaft die himmlische Autorität der folgenden Inhalte erneut vor Augen stellt.

Werke" bzw. der „ersten Liebe" (2,4).[60] Durch die Verbindung mit der ἀγάπη tritt hier der relationale Aspekt der μετάνοια besonders hervor. Allerdings realisiert sich dieses persönliche Verhältnis im Tun (ἔργα).[61] Für die Annahme, dass es sich beim Gegenüber in dieser Beziehung um Gott bzw. Jesus Christus handelt, spricht auch die Beobachtung, dass für die vollzogene oder ausbleibende μετάνοια vom Himmel her initiierte Konsequenzen angekündigt werden. Der Hauptakzent liegt dabei auf möglichen negativen Sanktionen: Mehrfach blickt Christus als Sprecher in den Sendschreiben auf sein „Kommen" (ἔρχομαι) voraus (2,5.16) oder kündigt mit anderen Formulierungen seine Ankunft an (3,3.20). Durch die Wendung εἰ δὲ μή (2,5.16) oder ἐὰν οὖν μή (3,3) konstruieren die Sendschreiben eine unweigerliche Verbindungslinie zwischen ausbleibender μετάνοια und der von Christus verhängten Strafe (vgl. aber auch 2,21f.). Der Kontext macht deutlich, dass an den Stellen 3,3.19f. an das eschatologische Kommen Jesu gedacht ist.[62] Für 2,5.16.21f. kann hingegen diskutiert werden, ob hier vielleicht eher noch auf ein Kommen vor dem Ende der Zeit verwiesen ist.[63] In jedem Fall beruht die durch die μετάνοια der Menschen aufgenommene Beziehung somit explizit auf Gegenseitigkeit.

Während die Sendschreiben der Johannesoffenbarung die μετάνοια von Gemeindegliedern thematisieren, geht es im weiteren Verlauf des Texts dann auch mehrfach um die ausbleibende μετάνοια von Nichtchristen, bei welchen im Kontext der Provinz Asia vornehmlich auch an Nichtjuden gedacht sein dürfte, was der an sie gerichtete Vorwurf der Götzenverehrung verdeutlicht (9,20). Sowohl Offb 9,20f. als auch 16,8–11 gehören in den Zusammenhang von Visionsreihen, die davon handeln, wie vom Himmel her eine Anzahl von Plagen über die Erde ausgegossen werden. In Offb 9 sind dies die sieben Posaunen und in Offb 16 die sieben Schalen des göttlichen Zorns. Die Logik der Aussagen ist jeweils gleich beschaffen: Obwohl sie unter den Plagen leiden und an ihnen ablesen können sollten, dass Gott sie aufgrund ihres Lebenswandels sanktioniert, ändern die Menschen ihr Leben nicht (οὐ bzw. οὐδὲ μετενόησαν: 9,20.21; 16,9.11). Auch hier ist die μετάνοια ein Beziehungsgeschehen. Sie umfasst die Abkehr von (ἐκ) den „Werken ihrer Hände", d.h. von der Verehrung von Geistern und Götzen in den aus verschiedenen Materialien angefertigten Abbildern (9,20; vgl. auch 16,11).[64] Diejenigen, die

60 Auch A. Satake, Die Offenbarung des Johannes (KEK 16), Göttingen 2008, 157 deutet die ἀγάπη an dieser Stelle als die Gott entgegengebrachte Liebe.

61 Auch im Negativbeispiel Offb 2,22 ist ja von den „Werken" die Rede.

62 So auch Satake, Offenbarung (s. Anm. 60), 178f.

63 So etwa Satake, Offenbarung (s. Anm. 60), 157.167.

64 Nach Offb 9,21 entspricht der Götzenverehrung aber auch eine Lebensführung, die dem Mitmenschen aktiv Schaden zufügt (Mord, Diebstahl etc.).

keine μετάνοια vollziehen, „lästern" (ἐβλασφήμησαν: 16,9.11) Gott bzw. den Namen Gottes, obwohl ihr Leiden ihnen doch eigentlich Anlass geben müsste, die μετάνοια zu praktizieren, d.h. Gott Verehrung entgegenzubringen (16,9: δοῦναι αὐτῷ δόξαν). Etwaige Folgen der μετάνοια benennen diese Stellen nicht, auch wenn sich die Annahme nahelegt, dass im Fall der μετάνοια das Leiden ein Ende nehmen würde.

3 Strukturen von μετάνοια im Neuen Testament

Es hat sich gezeigt, dass die einzelnen Schriften und Schriftengruppen des Neuen Testaments in verschiedenen Zusammenhängen auf die μετάνοια zu sprechen kommen. Trotz aller Unterschiede, die es natürlich zu würdigen gilt,[65] existieren aber auch eine Reihe von wiederkehrenden Komponenten und Schwerpunkten, die in allen oder zumindest in mehreren der untersuchten Textabschnitte anzutreffen sind, wenn es um die μετάνοια geht. Insofern dürfen diese als wiedererkennbares neutestamentliches Handlungsschema gelten. Die Ansätze von Propp und Eco haben deutlich gemacht, dass ein Handlungsschema keinen völlig starren und unveränderbaren Monolith darstellt, sondern Varianzen durchaus zulässt. So verhält es sich ganz offenkundig auch mit der μετάνοια im Neuen Testament. In der konkreten Ausgestaltung von μετάνοια-Szenen können Komponenten des Schemas fehlen oder abweichend ausgeprägt sein, und dennoch wird ein übergreifendes Grundschema sichtbar.

Die Komponenten dieses Schemas sind durch Interaktion geprägt. Diesbezüglich gleicht das Handlungsschema neutestamentlicher μετάνοια dem, was Eco anhand von Flemings James-Bond-Romanen erarbeitet hat. Wo sich im Neuen Testament μετάνοια ereignet, treten in wechselnden Konstellationen die folgenden vier Handlungsträger miteinander in die Interaktion ein: Erstens das Subjekt der μετάνοια, zweitens Gott bzw. Jesus Christus, drittens ein Prediger oder Prophet und viertens – in einzelnen Fällen wenigstens – die Mitmenschen.

Komponente 1 (Das Subjekt zu Gott/Christus): Zentral ist das Verhältnis zwischen Gott und dem Subjekt der μετάνοια, denn im Kern spielt die μετάνοια sich zwischen Gott bzw. Christus und dem Menschen ab, der die μετάνοια vollzieht. Die einzige Ausnahme von dieser Regel stellt der älteste der untersuchten Textabschnitte dar, nämlich 2 Kor 7,9f.: Dort geht es um das Verhältnis zwischen Paulus und seiner Gemeinde. Μετάνοια ist in den Schriften des Neuen Testaments sonst

---

65 So ganz entschieden auch Nave, Role (s. Anm. 14), 1.

immer die Aufnahme einer positiven, gelingenden Beziehung zu Gott seitens des Menschen. Dabei machen die untersuchten Texte keinen prinzipiellen Unterschied hinsichtlich der religiösen Zugehörigkeit des Subjekts. Lukas erzählt davon, wie Johannes der Täufer seine judäischen Zeitgenossen zur μετάνοια aufgefordert hat (Lk 3,3) und wie die μετάνοια der Sünder sich in ihrer Tischgemeinschaft mit Jesus realisiert (Lk 15,1f.). In der Apostelgeschichte geht die Forderung zur μετάνοια Hand in Hand mit der Einladung zum Christusglauben. Diese ergeht sowohl an Juden (Apg 2,38) wie auch an Nichtjuden (Apg 26,20; vgl. auch Röm 2,4f.).[66] Weder Paulus noch das lukanische Doppelwerk reservieren also den Begriff der μετάνοια für die Annahme des christlichen Glaubens.[67] Dies ändert sich im Hebräerbrief, der sein paränetisches Ziel verfolgt, indem er μετάνοια wie die Taufe (vgl. dazu auch Lk 3,3; Apg 2,38) strikt am Anfang des Christseins platziert und eine zweite μετάνοια ausschließt (Hebr 6,1–6). Dagegen sind es in den Sendschreiben der Johannesoffenbarung gerade die Christinnen und Christen der Asia, welche zur μετάνοια kommen sollen. Angesichts der vom Verfasser befürchteten Verführung zum Götzendienst ruft er seinen Gemeinden immer wieder zu: μετανόησον (Offb 2,5 u.ö.). Eine Übersetzung von μετάνοια mit „Bekehrung" wird diesem breiten Befund nicht gerecht;[68] auch die Übersetzung „Buße" ist nicht optimal, sofern sie die Assoziation weckt, dass Menschen, die der christlichen Gemeinschaft bereits angehören, sich ihrem Gott mit neuer Entschlossenheit wieder zuwenden. Mehrere der untersuchten Stellen bringen die μετάνοια durch den Gebrauch entsprechender Präpositionen bildhaft mit einer räumlichen Dynamik in Verbindung, als Abkehr von Gottlosigkeit (Offb 2,21f.; 9,20) oder Hinwendung zu Gott (etwa Apg 26,20; Hebr 6,1) und explizieren dies durch die Verwendung von ἐπιστρέφω (Apg 26,20). In diesen Zusammenhängen bietet sich die Übersetzung von μετάνοια als

66 Damit soll nicht gesagt sein, es gebe im Neuen Testament keine Unterscheidung zwischen einer erstmaligen Hinwendung zu Gott (später: „Bekehrung") und der Auffrischung eines bereits bestehenden Verhältnisses (später: „Buße"). Nur lässt sich das Phänomen der μετάνοια insgesamt nicht auf einen dieser Bereiche begrenzen. Soteriologisch messen die Texte der μετάνοια dabei dieselbe Tragweite zu, ganz gleich, ob der Mensch sich Gott erstmalig oder erneut zuwendet.

67 Auffällig selten findet sich in den untersuchten Texten daher eine Erläuterung der μετάνοια durch den Begriff des „Glaubens" (vgl. neben Hebr 6,1 noch Mk 1,15; dazu Behm, μετανοέω [s. Anm. 1], 998f.). Dennoch ist das Phänomen der Sache nach gelegentlich vorhanden (etwa Apg 26,20; Offb 9,20).

68 Jedenfalls dann nicht, wenn man unter „Bekehrung" die erstmalige Zuwendung eines Menschen zu Gott versteht. Einen weiteren Bekehrungsbegriff vertritt dagegen Behm, μετανοέω (s. Anm. 1), 995.

„Umkehr" an.[69] Als Bewegung ist die μετάνοια eine Münze mit zwei Seiten: Der Zuwendung zu Gott entspricht häufig in den Texten auch eine Abkehr von Gottlosigkeit und gottlosem Verhalten (Hebr 6,1; Offb 2,16.21f.; 9,20).[70]

Komponente 2 (Gott/Christus zum Subjekt): Auch wenn damit der Mensch ganz und gar aktives Subjekt der μετάνοια ist, bleiben doch auch Gott bzw. Christus nicht gänzlich unbeteiligt. Vielmehr verhalten sie sich komplementär zur menschlichen μετάνοια, sodass eine soteriologische Komponente Einzug in das μετάνοια-Geschehen erhält. Wo die erhoffte μετάνοια ausbleibt, blüht dem Menschen eine negative göttliche Sanktion (Lk 3,8; Offb 2,5.16; 3,3). Andererseits dürfen diejenigen, die sich Gott zuwenden, Gutes von ihm erwarten. Häufig werden beide Aspekte in dualistischer Manier gegeneinander kontrastiert (2 Kor 7,10; Röm 2,7f.; Lk 15,24.32; Apg 26,18) und eschatologisch verortet (Röm 2,1–10; Offb 3,3.19f.).[71] Vereinzelt, besonders in lukanischen Kontexten, kommt auch die durch Gott gewährte Sündenvergebung als soteriologische Kehrseite menschlicher μετάνοια hinzu (Lk 3,3; Apg 2,38; 26,18; vgl. auch Lk 15,8).[72]

Komponente 3 (Der Prediger zum Subjekt): Wie gezeigt, ist damit zwar das Subjekt die Person, welche die μετάνοια aktiv vollzieht, und doch basiert dieser Vollzug nicht vollkommen auf eigener Initiative. Vielmehr bedarf es in der Regel eines Verkündigers, der zur μετάνοια motiviert. In einer solchen Rolle treten sowohl der Briefautor Paulus als auch Johannes, Jesus, Petrus und Paulus als Figuren der lukanischen Erzählung auf. Gleiches gilt für den Verfasser der Johannesoffenbarung.[73] Aus eigenem Antrieb wären all ihre Adressatinnen und Adressaten nicht auf die Idee gekommen, μετάνοια zu praktizieren. Ähnlich verhält es sich faktisch

69 Die Eingrenzung von μετάνοια auf einen Vorgang des Umdenkens, der sich vom etymologischen Ursprung des Begriffs her nahelegt, ergibt für die Texte des Neuen Testaments aus den genannten Gründen wenig Sinn. Vielmehr treten weitere Aspekte neben den kognitiven. Vgl. dazu schon E.F. Thompson, Μετανοέω and μεταμέλει in Greek Literature until 100 A.D. Including Discussion of their Cognates and of their Hebrew Equivalents, Chicago 1908, 26–29; W. Wrede, μετάνοια Sinnesänderung?, ZNW 1 (1900), 66–69: 67.

70 Es fällt auf, dass ein gefühlsmäßiger Aspekt in den Texten kaum präsent ist. Die Reue gehört ins Zentrum der Diskussion v.a. in 2 Kor 7,8–10, also an der Stelle, die besonders früh entsteht und aufgrund der Ausrichtung von μετάνοια aus dem Rahmen fällt. Vgl. evtl. noch Lk 17,3f.; dazu Behm, μετανοέω (s. Anm. 1), 994. Allerdings geht Nave, Role (s. Anm. 14), 59 davon aus, dass der μετάνοια-Begriff in hellenistischen Texten normalerweise sowohl den kognitiven als auch den affektiven Aspekt umfasst.

71 Vgl. hierzu auch die Rede vom „Kommen" des Paulus in 2 Kor 12,21.

72 Wilckens, Missionsreden (s. Anm. 44), 181f. ordnet Umkehr und Vergebung einander als Ursache und Folge zu.

73 Auch der Autor des Hebräerbriefs gehört in diese Reihe, obwohl er ja dezidiert nicht zur μετάνοια aufruft, da dies seiner Definition widerspricht, sondern zum Festhalten am Glauben.

mit dem imaginären Gesprächspartner in Röm 2,4, obwohl Paulus hier seine Auffassung zum Ausdruck bringt, dass der Angesprochene eigentlich nicht erst durch ihn, Paulus, ermahnt werden sollte, um zur Einsicht zu gelangen. Aufgrund seiner Herzenshärte tritt das nicht ein, was nach paulinischer Logik eigentlich naheliegend wäre, nämlich die μετάνοια. Wer außerdem das Verhalten des verlorenen Sohnes im lukanischen Gleichnis als paradigmatisch für μετάνοια ansehen möchte, kann auch in Lk 15,17 eine Figur antreffen, die ohne äußeren Anstoß durch einen anderen Menschen den Entschluss zur μετάνοια trifft.

Komponente 4 (Gott/Christus zum Prediger): Mit der Berücksichtigung der zur μετάνοια anregenden Figur des Predigers sind wir aber noch nicht am Anfang der Kette von Ursachen angelangt.[74] Denn auch der Prediger hat ja nicht selbstständig beschlossen, unter den Menschen die μετάνοια zu verkündigen, sondern Gott hat ihm diesen Auftrag erteilt. Besonders klar tritt dieser Zusammenhang in der Rede des lukanischen Paulus Apg 26,19f. hervor, wo Paulus seine μετάνοια-Predigt direkt auf die himmlische Beauftragung zurückführt. In der Johannesoffenbarung rückt der Prophet gar sehr stark hinter seine Botschaft zurück und hat den Anspruch, wörtlich den erhöhten Christus zu Wort kommen und zur μετάνοια rufen zu lassen.[75] Im weiteren Kontext gilt dies aber auch für die weiteren Textstellen: Die Prediger der μετάνοια begreifen sich als von Gott her mit dieser Botschaft Betraute. Vor diesem Hintergrund kann μετάνοια schlecht als menschliche Leistung begriffen werden,[76] wohl aber als menschliche Aktivität, die eines von außen kommenden, letztlich auf Gottes Initiative zurückzuführenden Impulses bedarf.

Komponente 5 (Das Subjekt zum Mitmenschen): Vereinzelt sprechen die untersuchten Texte auch an, dass sich die μετάνοια des Subjekts auf das Verhalten gegenüber den Mitmenschen auswirkt. Mit der bildhaften Anschauung von den „Früchten“ der μετάνοια differenziert Johannes der Täufer in Lk 3,8 zwischen μετάνοια und gutem Tun am Mitmenschen. So klar ist diese Unterscheidung in anderen Zusammenhängen jedoch nicht vorhanden. Mehrfach entsteht auch der Eindruck, dass die Schriften das Tun von „Werken“ als Ausdruck von μετάνοια ansehen und somit keine zweistufige Abfolge voraussetzen (Röm 2,7; Apg 26,20; Offb 2,5).[77]

---

74 So gesehen müsste die logische Reihenfolge der hier präsentierten Züge lauten: 4 – 3 – 1/2 – 5. Ich habe mich jedoch entschlossen, die Züge danach zu ordnen, wie zentral ihr Stellenwert in den untersuchten Textabschnitten ist.

75 Vgl. auch die Funktion der Plagen in Offb 9 und 16.

76 Vgl. hierzu auch Wilckens, Missionsreden (s. Anm. 44), 183f.

77 Es lässt sich somit nicht präzise festlegen, wo genau die μετάνοια beim Menschen stattfindet. Dietrich differenziert zwischen den drei Optionen des Verstandes („Umdenken“), des Fühlens

Insgesamt spiegeln die untersuchten Texte dabei auch eine Entwicklung der μετάνοια-Vorstellung wider. Während Paulus die Vokabeln μετανοέω und μετάνοια noch selten und uneinheitlich verwendet, verfügen die späteren Texte über zwar unterscheidbare aber dennoch dezidiertere Auffassungen. Das lukanische Doppelwerk reflektiert die μετάνοια im Zusammenhang mit den Anfängen der christlichen Gemeinschaft durch das Wirken Jesu und der Verkündiger des frühen Christentums. Dagegen kreisen der Hebräerbrief und die Sendschreiben der Johannesoffenbarung stärker um die Frage, welcher Stellenwert der μετάνοια innerhalb einer Gemeinschaft von an Christus Glaubenden zukommt. Durchweg – schon bei Paulus – fokussieren die neutestamentlichen Schriften im Nachdenken über die μετάνοια deren relationale Aspekte. Dabei steht die Beziehung zwischen dem Subjekt der μετάνοια und Gott im Mittelpunkt, aber auch zwischenmenschliche Züge hängen mit ihr zusammen. Neutestamentliche μετάνοια ist ein komplexes Beziehungsgeschehen.

Zusammenfassung

Neutestamentliche Handlungsschemata stellen μετάνοια bzw. μετανοεῖν im Kern als Hinwendung des Menschen zu Gott dar, als Aufnahme eines gelingenden Verhältnisses. Doch auch zwischenmenschliche Aspekte verbinden sich mit der μετάνοια, sodass diese insgesamt als komplexes Beziehungsgeschehen begriffen werden muss.

New Testament narrative structures depict μετάνοια resp. μετανοεῖν basically as a human's turning to God, i.e. an entry into a favourable relationship. But interpersonal aspects, too, are connected to μετάνοια which accordingly can be understood as a complex pattern of interaction and interrelation.

(„Reue“) und des Tuns („Umkehr“), stellt dann aber z.B. für die Werke Philos fest, dass die μετάνοια hier umfassend Anspruch auf den ganzen Menschen erhebt (Dietrich, Umkehr [s. Anm. 29], 296). Vieles in den untersuchten Texten spricht für die erste genannte Option, wobei nun auch klar ist, dass dies sich an vielen Stellen explizit auf das Verhalten auswirkt. Vgl. dazu auch Ebach, Umkehr (s. Anm. 47), 400. Nur wenige Anzeichen in den behandelten Abschnitten sprechen dafür, μετάνοια explizit mit dem Affekt der Reue zu verbinden. Dies ist nur in 2 Kor 7 deutlich der Fall, im ältesten der hier diskutierten Texte also, der manchen Unterschied zu den jüngeren Texten aufweist.

Martin Ohst

Vom Leistungsprinzip zum Bildungsgedanken

Motive und Tendenzen in Martin Luthers Verständnis der Buße

Für Ulrich Barth

„Buße“ ist *ein* Thema der Theologie Martin Luthers im Kontext vieler anderer. Als solches ist es erst dann verstanden, wenn an ihm, wie an Luthers Trinitätslehre, seiner Christologie oder an seinem Bibelverständnis, klargeworden ist, inwiefern und auf welche Weise er von einer neuen Leitintuition, nämlich von seinem neuen Wesensverständnis der christlichen Religion aus, überkommene Stoffe kritisch durchmustert, umorganisiert und reformuliert.[1]

Die Buße hat aber in diesem Kreis der Themen noch einmal eine Sonderstellung, waren es doch mit ihr verbundene existentielle und theoretische Fragen, die für Luther, rückblickend gesprochen, den Entdeckungszusammenhang dieses neuartigen Verständnisses der christlichen Religion bildeten. Das ist schon daran ablesbar, dass Luther sein Verständnis der Buße immer wieder in der abstrahierenden, strukturierenden Nacherzählung dieses Vorgangs entfaltet: Die Erinnerung an das überwundene „Einst“ ist für das Verständnis der gewonnenen Einsicht konstitutiv.[2]

Aber jener Entdeckungszusammenhang hat sich Luthers Verständnis der Buße noch viel tiefer eingeschrieben: Letztlich ist ihm Buße die Chiffre für den irdisch unvollendbaren, sich über die Todesgrenze hinaus erstreckenden Bildungsprozess, in dem Gott das allgemeinmenschlich-sündhafte Verständnis seiner selbst, wie es im Christentum der Papstkirche seine subtilste, nämlich die endzeitlich-antichristische Ausprägung gefunden hat, aus einem Menschen tilgt und so dem wahren, reinen Vergebungs- und Heilsglauben Raum schafft, in welchem Heteronomie und Eudämonismus überwunden sein werden. Buße ist also nach Luther die eigentliche „reformatorische Wende“, verstanden als in unendlich vielen individuellen Lebensgängen sich ausprägende Grundstruktur christlicher

1 Ich berühre mich in dieser Sicht Luthers auf freie Weise mit der großartigen Gesamtdarstellung von R. Schwarz, Martin Luther. Lehrer der christlichen Religion, Tübingen 2015.

2 Ich nenne einige Belege aus ganz unterschiedlichen Schaffensperioden und Kontexten: Opp. in Ps 22/21,19 (1519–21), WA 5, 653f.; Vermahnung an die Geistlichen etc. (1530), WA 30/2, 281–292; Schmalkaldische Artikel III,3 (1536/37), in: Die Bekenntnisschriften der Evangelisch-lutherischen Kirche, Göttingen [7]1976, 436–449; I. Antinomer-Disputation (1538), WA 39/1, 394–399.

Existenz. „Dominus et magister noster Iesus christus dicendo: Penitentiam agite etc. omnem vitam fidelium penitentiam esse voluit“[3] – diese erste von Luthers Ablassthesen aus dem Herbst 1517 kann man so, wie sie dasteht, isolieren und sie dann lesen als reformkatholischen Appell zur systemimmanenten Vertiefung einer durch Veräußerlichung, Banalisierung und Kommerzialisierung gefährdeten spätmittelalterlichen Bußfrömmigkeit. Und wenn man das tut, dann kann man eben auch im Jahr 2017 der Reformation allenfalls mit freundlicher Nachsicht als eines Ereignisses gedenken, in welchem gute Absichten auf tragisch-schuldhafte Weise böse Folgen zeitigten.[4]

Man kann jenen Satz aber auch mit sehr viel besserem Rückhalt an den Quellen als zeitgeschichtlich bedingte und ja auch nur deshalb verständliche und anschlussfähige Formulierung eines neuen Wesensverständnisses der christlichen Religion deuten.

Dieses Wesensverständnis der christlichen Religion entsprang in einer von Antagonismen, Konflikten und Kriegen zerrissenen politisch-sozialen Welt – nur deshalb konnte es ja überhaupt wirksam werden. Es hat dieser Welt nicht den Frieden gebracht. Trotzdem ist es ein Grund zum Feiern – für diejenigen, die sich in ihrem Glauben, Denken und Leben von Impulsen dieses Christentumsverständnisses mitbestimmt wissen, aber auch für alle anderen, die von seinen ins Unermessliche sich erstreckenden Kulturwirkungen profitieren.

Zu einem solchen Verständnis von Luthers Bußverständnis wollen die folgenden Ausführungen einladen. Sie müssen wegen der notwendigen Beschränkung des Umfangs essayistisch ausfallen und können auch nur mit den notdürftigsten Belegen versehen werden.

---

3 WA 1, 233 – Im Folgenden werden Luthers lat. Schriften in eigener deutscher Übersetzung zitiert.

4 Prominent verfolgt diese Deutungslinie das vom Rat der EKD und der DBK im vorigen Frühherbst gemeinsam verantwortete Votum „Erinnerung heilen – Jesus Christus bezeugen. Ein gemeinsames Wort zu Jahr 2017“ (Hannover 2016), wo behauptet wird, Luthers „Kritik“ habe mit der „Ablehnung des Ablass*handels*“ (42; Hervorhebung M. Ohst) begonnen. In ökumenepolitischer Absicht wird damit der Ablass selbst mitsamt dem hinter ihm stehenden Verständnis der Buße nachträglich aus der Schusslinie genommen. Noch weiter in dieselbe Richtung stößt die neuerdings sich durchsetzende Sprachregelung vor, Luther habe gegen „die Missstände der mittelalterlichen Kirche“ protestiert: Nach der Devise „Inhalte überwinden!“ wird der Reformator zum Reformkatholiken verzwergt, und auf dieser Schwundstufe erweist man ihm dann schmallippig die pflichtschuldige Reverenz.

1 Voraussetzungen

1.1 Die Kirche als Gottes Gnadenwille

Wollte man das papstkirchliche Christentum in einer geometrischen Figur darstellen, so eignete sich dafür wohl am besten die Ellipse.[5] Ihr einer Brennpunkt ist die Eucharistie/Messe: Hier ereignet sich immer aufs neue die eine, endgültige, heilsame Zuwendung Gottes zu seiner in Sünde gefallenen Menschenwelt, sofern Menschwerdung Gottes und Kreuzesopfer des Gottmenschen sich real, wenngleich unter symbolischer Verhüllung, wieder und wieder allenthalben und jederzeit vergegenwärtigen. Der andere Brennpunkt ist die Buße. Denn hier laufen alle Problemlinien zusammen, welche darin gründen, dass Gottes Heilszuwendung an die gefallenen Menschen nur dort zu ihrem Ziel gelangt, wo der je einzelne Mensch ihr Wirkungsmöglichkeit einräumt.

In der Predigt, der Seelsorge und der Theologie, die dem Geheimnis der Eucharistie/Messe und seiner Heilsbedeutung nachspüren, ist immer primär von Gott die Rede, seinem Wesen, seinen Eigenschaften, seiner ewigen Dreifaltigkeit, seiner Schöpfung, seinem Heilsplan und seiner Menschwerdung – selbstverständlich immer auf den Menschen hin, sein Problemgeschöpf. Ist von der Buße die Rede, dann liegt, wenngleich immer mit der Beziehung auf Gott, der Ausgangspunkt beim Menschen: Bei dessen uranfänglichem schuldhaften Verhängnis, das in und seit Adam in der Menschheit waltet, von den Erwählten und den Verworfenen seit Anbeginn des Menschengeschlechts, von der großen, Himmel, Erde und Fegefeuer umfassenden Solidargemeinschaft, die Gott im Heilswerk Jesu Christi errichtet hat, damit Menschen sich in ihr, durch sie unterstützt und geleitet, aus jenem Verhängnis herauszuarbeiten und das Ewige Leben zu erlangen vermögen. Und all das spitzt sich auf die Frage zu, was der einzelne Mensch tun kann und muss, damit ihm Gottes unverbrüchliches, objektiv absolut zuverlässiges Heilsangebot in Jesus Christus, als welches ihm die Kirche entgegentritt, auch als einzelnem Subjekt zugutekommen kann, sodass er die ewige Seligkeit erlangt und die Hölle vermeidet.

---

5 Für die folgende Grobskizze habe ich gelernt von K. Holl, Was verstand Luther unter Religion? (1917), in: ders., Gesammelte Aufsätze zur Kirchengeschichte. Bd. I Luther, Tübingen ^{6}1932, 1–110, besonders aus dem fulminanten Einleitungsteil (6–14).

1.2 Der Mensch am Scheideweg

Der einzelne, konkrete Mensch kommt in der Bußpredigt, -seelsorge und -theologie insofern in den Blick, als er einst getauft worden ist. Mit der Taufe[6] hat er die heiligmachende Gnade empfangen. Sie hat aus ihm rein gnadenhaft das adamitische Sündenverhängnis getilgt und ihn damit so gemacht, dass Gott ihn annehmen und seine frommen, verdienstlichen Werke belohnen kann. Wäre er als *getaufter* Säugling verstorben, so wäre er direkt in die ewige Seligkeit gelangt – sozusagen mit einer „Schwarzen Null" in der Bilanz der Verdienste, weil es ihm ja noch an Gelegenheit gefehlt hat, welche zu erwerben.

Aber er ist herangewachsen, und es hat sich gezeigt: Trotz der Austilgung der Erbsünde und der Eingießung der heiligmachenden Gnade ist in ihm die Neigung verblieben, sich dem Zuge des Hochmuts und der pervertierten Selbstliebe preiszugeben und sich wider Gottes Willen zu vergehen. Diese bloße Disposition tangiert allerdings seinen Heilsstand vor Gott nicht – bis er sie einmal mit Wissen und Willen realisiert. Dann aber ist die Taufgnade ausgelöscht, und die Erbsünde mit allen ihren wirklichen und möglichen Folgen sitzt wieder im Regiment. Stirbt der Mensch in diesem Zustand, dann fährt er zur Hölle.

Genau dieser Verlust der einmal rein gnadenhaft geschenkten Austilgung der Sünde und Eingießung der Gnade ereignet sich in jedem Menschenleben mit Eintritt in das Alter der moralischen Unterscheidungs- und Zurechnungsfähigkeit. Und darum ist das bloße Getauftwordensein für den Menschen, der die Lebensspanne der träumenden Unschuld durchschritten hat, kein Faktor mehr, an den er Heilshoffnungen zu knüpfen vermöchte.

Das ist aber nicht die ganze Wahrheit. Die Taufe bleibt in dem, der sie empfangen hat, auch nach der Sünde und dem Verlust der heiligmachenden Gnade gültig und wirksam. Sie hält ihn fest im Glauben, der ihm in der Taufe eingegossen worden ist, und dieser Glaube besteht in der Zustimmung zu dem, was die Kirche ihn gelehrt hat und weiterhin lehrt – hinsichtlich seiner Erlösungsbedürftigkeit, seiner Erlösungsfähigkeit und der Bedingungen, unter welchen er die letztere realisieren kann. Glaube im Sinne des Fürwahrhaltens der kirchlichen Lehrverkündigung und Sünde sowie der durch sie verursachte Gnadenverlust vermögen selbstverständlich im Subjekt synchron zu existieren, ja, dass das es sich genauso verhält, ist für alles Weitere konstitutiv.

---

6 Vgl. M. Ohst, „Rechtfertigung" als Inbegriff christlicher Existenz I. Rechtfertigung, Buße und Taufe, in: S. Kreuzer/J. v. Lüpke (Hg.), Gerechtigkeit glauben und erfahren. Beiträge zur Rechtfertigungslehre (VKHW NF 7), Neukirchen-Vluyn 2002, 226–241.

Hierin liegt nun noch eine weitere Bindewirkung der Taufe: Sie verpflichtet den, der sie einmal empfangen hat, zum unverbrüchlichen Gehorsam gegen die Kirche, welche ja die Aufgabe hat, ihn zu seinem eigenen Heil zu belehren und zu erziehen, nötigenfalls auch unter Einsatz von Zwangsmitteln, die ja allein das Ziel haben, seinem wahren Eigeninteresse gegen dessen Verschattungen zur Durchsetzung zu verhelfen.

Die Taufe und der so verstandene Glaube sind also miteinander der Sach- und Rechtsgrund dafür, dass der Mensch, der die Gnade durch Sünde verspielt hat, nicht verzweifeln muss, sondern dass ihm die Tür zur Rückkehr offensteht. Gottes Heilsangebot in Jesus Christus, welches als Kirche auf ihn ganz persönlich zugreift, schenkt ihm aus reiner, ungeschuldeter Gnade und Barmherzigkeit Motivation, Anleitung und Hilfe bei der Rückkehr in den Gnadenstand. Die Verkündigung in Predigt, Seelsorge und Katechese weist ihn darauf hin, dass sein Leben immerdar zwischen den beiden Möglichkeiten der Seligkeit und der Verdammnis steht – hier gibt es kein Ausweichen in ein neutrales Drittes. Sie spricht ihn an auf den mit seiner Kreatürlichkeit gleich ursprünglichen Willen, selig zu werden und bestärkt ihn darin. Sie macht ihm klar, dass er dieses Ziel nur erreichen kann, wenn er dafür auch etwas leistet. Aber sie macht ihm ebenso klar, dass Gott von niemandem mehr fordert, als er auch zu leisten vermag – wenn er sich denn wirklich anstrengt. Es ist allein die subjektiv ehrliche, redliche Anstrengung, auf die es ankommt – ist sie erbracht, dann mag das Ergebnis, objektiv betrachtet, noch so klein und unzureichend sein: Aus dem unerschöpflichen Schatz der göttlichen Gnade wird es durch Zufuhr aus unerschöpflichen Potentialen durch die Kanäle des kirchlichen Gnaden- und Hilfssystems derart aufgestockt, dass es den Anforderungen genügt. Das ganze System ist derart differenziert gestaltet, dass es buchstäblich jedem genau die ihm exakt angemessene Chance gibt, wobei die scheinbar disparate Fülle der Einzelfälle ihre Einheit durch zwei einander fordernde und stützende Gemeinsamkeiten gewinnt: *Niemand* kommt zum Heil *ohne* eigene Anstrengung, und *niemand* kommt zum göttlichen Heil *ohne* das Walten der göttlichen Gnade, woraus sich rein logisch ergibt: Auch die höchste Leistung erreicht nur deshalb die Seligkeit, weil die Gnade hinzukommt und sie ergänzt, und so gilt: Weil niemand ohne Gnade zum Heil kommt, kommen alle letztlich nur aus Gnade zum Heil.

1.3 Gnadenangebot und Eigenleistung

Die Bringschuld der institutionalisierten Kirche besteht darin, dass sie diese Zusammenhänge jedem getauften Menschen gemäß seiner jeweiligen Verstehensfähigkeit plausibilisiert, dass sie ihm die Möglichkeiten eröffnet, aus der ihm so zuteil gewordenen Erkenntnis die richtigen Konsequenzen zu ziehen, und dass sie ihm dabei tatkräftig hilft.

Eine wichtige, auch und vor allem die Kirche selbst in die Pflicht nehmende Hilfestellung ist das Gesetz, das seit dem IV. Laterankonzil 1215 jeden in die Jahre der Unterscheidungsfähigkeit gekommenen Christen kategorisch verpflichtet, alle seine Sünden einmal im Jahr dem zuständigen Priester zu beichten.[7] Diese Beichte muss geprägt sein vom Bemühen um das subjektiv erreichbare Höchstmaß materialer Vollständigkeit – das ist natürlich bei jedem Christen ein anderes; es richtet sich nach seinem Lebensstand und seiner Lebensweise sowie nach seiner Fähigkeit zur Selbstbeobachtung und Selbstbeurteilung. Objektive Vorgaben sind hier nicht möglich – das gehört zum Grundwissen eines jeden Praktikers und Theoretikers der Seelsorge.

Dabei geht es natürlich nicht um ein bloßes Konstatieren lebensgeschichtlicher Sachverhalte oder seelischer Zuständlichkeiten. Das Eingeständnis der Verschuldung muss verbunden sein mit innerem Schmerz. Dessen erste Stufe ist erreicht, wenn er durch die Antizipation der möglichen Negativfolgen hervorgerufen wird (Furchtreue, *attritio*). Positiv leitend ist jedoch die Vorstellung, dass dieses Gefühl seine selbstische Grundschicht gleichsam abstößt und sich sublimiert zu einem Schmerz, der sich allein daran entzündet, dass Gott durch die Sünde beleidigt worden ist (Liebesreue, *contritio*). Auf die von der Reue getragene Beichte erfolgt die Absolution – der Priester übt das der Kirche von Jesus Christus in Petrus verliehene Schlüsselamt aus und spricht den Sünder von seiner Sünde los, d.h. er konstatiert, dass ihm die durch die Sünde verlorengegangene Taufgnade wieder eingegossen worden ist – wenn er denn nach besten Kräften getan hat, was er tun musste, nämlich seine Sünden vollständig gebeichtet und bereut hat, wobei hinsichtlich der Reue noch einmal auf eine besondere bezeichnende Gedankenfigur hinzuweisen ist: Wenn jemand sich redlich um die Liebesreue bemüht, hierbei jedoch nicht zum Erfolg gelangt, dann wird durch die sakramentale Gnadenzuwendung des Absolutionswortes die empirisch gegebene Anfangsreue zur Vollreue emporgesteigert, sodass sie die Gnadeneingießung nach sich zieht.

Jedes Naserümpfen über Sakramentsmagie etc. ist hier fehl am Platze – beachtens- und anerkennenswert ist allein, mit welchem Grad an Scharfsinn und intellektueller Redlichkeit in Gott sein Gnadenwille, seine als zuverlässige Einhaltung der selbstgesetzten Ordnung verstandene Gerechtigkeit und seine Achtung vor der als unhintergehbare Vorgabe anerkannten menschlichen Freiheit verbun-

7 Vgl. M. Ohst, Das 13. Jahrhundert, in: Th. Kaufmann/R. Kottje/B. Moeller/H. Wolf (Hg.), Ökumenische Kirchengeschichte, Bd. 2, Darmstadt 2008, 63–119: 82–91.

den werden, und zwar so, dass all das jedem Menschen an seinem individuellen Lebensort zugutekommen kann, dem überfeinerten Intellektuellen mit seiner Virtuosität der Introspektion ebenso wie dem dürftig dahinlebenden Primitiven, dem es im Grunde gar nicht zumutbar ist, sich von solch innerlichen Regungen wie Reue oder Scham gedanklich Rechenschaft zu geben.

Festzuhalten bleibt, was der Glaube objektiv als Lehre der Kirche angeeignet hat und weiß: Die Absolution des Priesters ist objektiv gültig. Sie versetzt den Sünder in den Gnadenstand zurück; sie ermöglicht ihm das Erbringen im qualitativen Sinne guter, das heißt vor Gott verdienstlicher Werke. Ob das allerdings auf denjenigen Menschen, der das insgemein glaubt und weiß, selbst zutrifft, ob er sich selbst unter diese Regel subsumieren darf, das hängt davon ab, ob er sich selber durch redliches, seine Kräfte ganz beanspruchendes Bemühen um Vollständigkeit der Beichte und um aufrichtige Selbstlosigkeit der Reue hinlänglich vorbereitet/disponiert hat. Darüber vermag ihm niemand Sicherheit zu gewähren, am allerwenigsten er sich selbst. Wie auch immer: Aufgrund der Annahme, dass die Absolution die ihr objektiv inhärente sakramentale Gnadenkraft hat entfalten können, gilt: Bis zur nächsten Todsünde ist der Mensch nun im Gnadenstand, kann also vor Gott verdienstliche Werke tun. Und das muss er auch: Die Sündenvergebung in der Absolution stellt ihm die Aufgabe, die für seine Tatsünden anhängigen zeitlichen Sündenstrafen, als deren hypothetische Berechnungsgrundlage die sog. frühmittelalterlichen Bußtarife dienen, abzugelten. Das kann auf Erden geschehen. Was jedoch auf Erden unerledigt geblieben ist, folgt dem, der im Gnadenstand verstirbt, ins Jenseits, ins Fegefeuer, also in den Vorhimmel. Dort warten Jahrtausende oder Jahrmillionen der Qual, die allerdings gemildert ist durch die auf Erden unerschwingliche Gewissheit, dass an deren Ende die ewige Seligkeit steht, und insofern ist der ärmste Sünder im Fegefeuer schon erheblich besser daran als der frömmste Christenmensch auf Erden.

1.4 Gute Werke

Der Idee nach werden die Sündenstrafen auf Erden durch die klassischen frommen Werke abgegolten, also durch Gebet, Fasten und Almosen. Im Spätmittelalter sind die Sündenstrafen, mit denen ein Einzelner rechnen konnte und musste, durch jahrhundertelang galoppierende Hyperinflation zu völlig bizarren Quantitäten angewachsen. Die Kirche bietet jedoch Abhilfe: Sie verwaltet die durch den Einzelnen erbrachten frommen Leistungen gleichsam treuhänderisch. Und sie tut das dermaßen effektiv, dass deren Heilsertrag sich vervielfacht. Die Einzelleistung wird eingespeist in das große Räderwerk der Himmel, Erde und Fegefeuer umspannenden Kirche, in welcher die kleine Leistung, richtig angewendet, weiter greifende verdienstliche Mechanismen in Bewegung setzt und so Wirkungen entfaltet, die ihren ursprünglichen objektiven Eigenwert um ein großes Vielfaches übertreffen. Das Musterbeispiel hierfür ist der Ablass, in dem der Einzelne für sich oder andere durch eine seinem Leistungsvermögen angepasste Geldspende, vermittelt durch den Papst oder andere entsprechend bevollmächtigte kirchliche Amtsträger, zum Nutznießer von Anteilen aus dem Schatz der überschüssigen Verdienste Christi und der Heiligen wird. Das im Ablass besonders deutlich und geschichtswirksam ausgeprägte Muster ist allerdings weit über ihn hinaus wirksam: Bei jedem Beitrag für eine Bruderschaft, die primär zugunsten ihrer Mitglieder regelmäßig gelesene Messen finanziert, bei Spenden oder Legaten für Klöster oder Spitäler, auch bei der Stiftung von Orgeln oder Kunstwerken. Überall geht es darum, dass der Einzelne in kirchlicher Regie bestimmte Leistungen erbringt, und zwar in einem besonderen Bereich neben oder über den ihn sonst beanspruchenden Pflichtenkreisen seiner naturwüchsigen Lebenswelt. Diese Leistungen haben einen ganz eigenen Zweckbezug, nämlich sein ewiges Ergehen bzw. sein Seelenheil. Das zeigt: Derjenige Bereich, in dem ein Mensch sich in seinem Lebensvollzug explizit und reflektiert von seinem Bezug auf Gott und das Ewige Leben bestimmen lässt, ist partikular, er ist ein Bereich neben anderen, konkurrierenden wie der Arbeit an der Selbst- und Arterhaltung sowie an der Aufrechterhaltung lebensbewahrender Ordnungen. All das ist lediglich natürlich, religiös allerdings insofern von Bedeutung als genau hier sich immer wieder die als Potential verstandene Sündhaftigkeit zu faktischer Sünde aktualisiert und den Gnadenstand aufhebt, der dann durch die Kooperation mit dem in der Kirche, also ihren Erziehungsmaßnahmen und Hilfsangeboten, wirksamen göttlichen Heilswillen wieder bereinigt werden muss.

1.5 Der Ort der Buße im Lebensganzen

Das papstkirchliche Bußverständnis beruht also auf zwei Partikularisierungen und stabilisiert diese seinerseits: *Einmal* ist die gelebte Religion, also die kirchlich angeleitete und unterstützte Arbeit am Gottesverhältnis und der eigenen Qualifikation für die jenseitige Welt, ein Lebensbereich neben anderen. *Sodann* ist innerhalb dieses Partikularbereichs der Buße nochmals wieder ein partikularer Sonderort zugewiesen: Sie markiert den (mathematischen) Punkt, an dem eine Lebenszeitstrecke, die außerhalb des Gnadenstandes verlaufen ist, übergeht in eine neue im Besitz der heiligmachenden Gnade, in der dann Bußwerke erbracht werden können, die Sündenstrafen abarbeiten und drohende Fegefeuerzeiten verkürzen.

Das alles sind Verhaltens- und Handlungsoptionen, die einem Menschen, der in einer spätmittelalterlichen Stadt lebte, in Katechese, Predigt und Seelsorge mit einem hohen Maß an Intensität in Wort, Schrift und Bildern nahegebracht wurden. Vorausgesetzt wurde dabei, dass ein jeder Mensch, ungeachtet dessen, ob er aktuell der heiligmachenden Gnade teilhaftig ist, durch seinen an der kirchlichen Lehrverkündigung gebildeten Glauben teilhat an der Annahme, all das sei wahr, also nicht bloß fiktiv oder illusionär. Und es setzt voraus, dass jeder Mensch geleitet ist von der in sich ungebrochen guten, kreatürlichen Selbstliebe, die ihn dazu motiviert, diejenige Handlungsoption zu wählen, die ihm langfristig die zuträglichsten Resultate verspricht, auch wenn sie ihm kurz- und mittelfristig Anstrengungs- und Verzichtsleistungen abverlangt. Das mal offen, mal verdeckt, aber allenthalben vorherrschende Motiv ist das Streben nach *beatitudo*/Glückseligkeit, das dem Menschen gleichursprünglich innewohnt und ihn auch in seinem Verhältnis zu Gott und zur Ewigkeit leitet. Alle bislang angesprochenen und nachgezeichneten Linien kreuzen sich in der Buße, an dem Ort also, an dem der Mensch, der selig werden will, existentiell konfrontiert wird mit den von ihm selbst verschuldeten Hindernissen auf dem Wege dorthin und dem von Gott zu seinen Gunsten errichteten Gefüge von Bedingungen und Hilfen, mittels dessen er genau diese Hindernisse aus dem Wege zu räumen vermag.

Dem rückschauenden Betrachter ist deutlich, dass das bisher in seinen Grundzügen nachgezeichnete System an einem schweren Strukturproblem leidet. Die eigentliche Spitze der Eigenleistungen, welche das System der kirchlichen Gnadenvermittlungen dem Menschen abverlangt, liegt ja in der *contritio*, also einer Reue, in der den Menschen seine Missetat allein deshalb dauert, weil sie Gott beleidigt hat, in der also jegliche Selbstliebe als Motivationsinstanz ausgeschaltet ist und die reine, selbstlose Gottesliebe waltet. Es wird also der Selbstliebe die Aufgabe gestellt, zum Zwecke ihrer Verwirklichung in ihr Gegenteil umzuschlagen, sich selbst aufzugeben. Wie oben ausgeführt: Diese Forderung hatte unter der Voraussetzung der sakramentalen Bedeutung des Absolutionsworts im kirchlichen Bußverfahren eher den Stellenwert einer theoretischen Grenzwertbestimmung.

Aber diese Einschätzung deckt den Befund in seiner Breite nicht ab. Das ganze System der Wiedereingießung der Gnade bzw. der Rückkehr in den Gnadenstand mit seinen Verdienstmöglichkeiten war, wie gezeigt, ein Lebenssegment neben anderen, und es war in seiner genauen Dimension unterschiedlichen Lebensgestalten und -bedürfnissen bis ins Unendliche anpassbar. Man konnte es minimalistisch restringieren, also ein um Gott und die Ewigkeit zumeist unbekümmertes

„Weltleben" führen, an dessen Rändern der Vorsorge für die Gottes- und Jenseitsbeziehung ein bescheidenes Plätzchen aussparen und trotzdem mit guten Gründen hoffen, „in den Himmel zu kommen" – wenn man nach dem Versicherungsprinzip durch Ablassbriefe oder durch die Mitgliedschaft in Brüderschaften die eigene Jenseitsvorsorge delegierte oder auch die Erwartung in Kauf nahm, auf dem Wege in den Himmel ein paar Millionen Jahre im Fegefeuer zuzubringen, denn der Weg in den Himmel stand jedem offen, der im Moment des Sterbens ernsthafte Reue über seine Sünde verspürte, die ihrem Begriff nach mit dem Wunsch verbunden war, zu beichten und die Absolution zu empfangen (*votum sacramenti*).

Es ist aber auch Raum für die genau entgegengesetzte Gewichtung der Prioritäten: Die Sorge für die eigene Seele und ihren Gnadenstand mitsamt dem Streben, im Gnadenstand verdienstliche Leistungen für sich und andere zu erbringen, kann zum alles andere verdrängenden Lebensinhalt erhoben werden. Und genau das war der Leitidee nach das religiöse Lebensprogramm des strengen, konsequenten Mönchtums. Wer es für sich realisieren wollte, der entsagte mit den drei herkömmlichen Mönchsgelübden der Armut, der Keuschheit und des Gehorsams allen Grundvollzügen einer auf weltliche Selbstverwirklichung ausgerichteten Lebensführung und machte mit der Ausrichtung auf Gott und die Ewigkeit einen Partialaspekt seiner Existenz zum einzig beherrschenden. Und mit dieser extremen Verschiebung des Lebensschwerpunktes rückte auch die Buße noch einmal weiter ins Zentrum: Das Leben ist einerseits bestimmt von einer Selbstkontrolle und Selbstzucht, die möglichst jede sündhafte Regung registriert und thematisiert – und zwar im Lichte einer Reue, in der allein die Liebe zum beleidigten Gott bestimmend ist und alle selbstische Eigenliebe ausschaltet. Hier nimmt der Mensch gleichsam sich selbst gegenüber Gottes Stelle ein und übt an sich selbst unerbittlich das Gericht, das *iudicium sui*. Die Buße ist verstanden als die Vorwegnahme des göttlichen Gerichts am Menschen, ein uralter Gedanke, der das Bußdenken der westlichen Christenheit seit ihren Anfängen durchzieht.[8] Zum andern ist das ganze Leben Buße als gutes, verdienstliches Werk, das ganz in den Dienst an der Genugtuung für den Mönch selber und für andere gestellt ist. Und alles beides ist eben nur möglich, weil die Welt und das an ihren Gesetzlichkeiten orientierte selbstbestimmte natürliche Leben mit seinen Forderungen und Verheißungen seit der Profess für den Mönch in der abgeschlossenen Vergangenheit liegt.

8 „Glaube mir: Je weniger Du Dich selbst verschonst, desto mehr wird Gott Dich verschonen" (Tertullian, De paenitentia IX,6).

2 Martin Luther: Scheitern – Widerspruch – Neubau

Es war genau dieses Lebenskonzept der radikalen, zum bestimmenden Lebensinhalt erhobenen Buße, das Martin Luther sich zu eigen machte, als er 1505 in den Erfurter Konvent der Augustiner-Eremiten eintrat.

Sein Neuverständnis der Buße hat genau hier seinen Ausgangspunkt genommen,[9] und zwar durch zwei miteinander zwar verbundene, aber doch auch deutlich unterscheidbare vorwärtstreibende Faktoren: *Einmal* durch existentiell erfahrene und intellektuell reflektierte Aporien im klösterlichen System der Lebensdeutung und -gestaltung, *sodann* im schöpferischen Neuverständnis der religiösen und theologischen Grundlagen dieses Systems.

2.1 In der Sackgasse

Die existentiellen Probleme fanden ihre eigentlich vorwärtstreibende Zuspitzung in der Forderung nach der *contritio*: Luther hat offenbar mit zunehmender Dringlichkeit die innere Unmöglichkeit empfunden, die in der Forderung liegt, sich, motiviert durch die Sorge um das eigene ewige Ergehen, der kreatürlichen Selbstliebe zu entschlagen, um dadurch das Wiedereinströmen der durch Todsünde verlorenen heiligmachenden Gnade zu ermöglichen. Ihm wurde, zuerst in der Gestalt der Selbstkritik und der Selbstanklage, klar, dass gerade der unter Aufbietung aller psychischen Kräfte unternommene Versuch, in sich die reine, selbstlose Gottesliebe zu erzwingen, den Menschen nur desto tiefer in seine Selbstliebe verstrickt, dass also der Versuch, unter Aufbietung seiner eigenen Kräfte die Willensgemeinschaft mit Gott herzustellen, den Menschen nur desto deutlicher dessen innewerden lässt, dass er zuerst und zuletzt nicht Gott will oder wie Gott will, sondern dass er etwas *von* Gott will, nämlich um seiner selbst willen, weil er selbst sein erstes und höchstes Willensziel ist und bleibt.

2.2 Grundlinien eines neuen Bußverständnisses

Diese erschütternde Erkenntnis hat ihren Stachel zunächst wider ihn selbst gekehrt, weil er sie lediglich als ihm persönlich geltenden Befund deutete, aus dem der Schluss zu ziehen sei, dass er nicht zur Schar der von Gott für das Ewige Leben bestimmten gehöre. Erst allmählich hat sich ihm die Richtung umgekehrt: Nicht

9 Für die Vor- und Frühgeschichte von Luthers Bußverständnis bleibt bis auf weiteres maßgeblich R. Schwarz, Vorgeschichte der reformatorischen Bußtheologie (AKG 41), Berlin 1968.

er selbst war der Störfaktor, sondern das ganze System der Aufgaben und Erwartungen, das ihn zu zerbrechen drohte, erwies sich ihm als strukturell verfehlt.

Diese Erkenntnis ist ihm zugewachsen im Zuge der von ihm als akademischer Lehrer berufsmäßig betriebenen Bibelexegese. Den Anfang machte er mit dem ihm als Bettelmönch durch das Stundengebet am intimsten vertrauten biblischen Buch, dem Psalter.

Wie die Klassiker der Psalmenauslegung seit der christlichen Antike las er diese nicht als lyrische Dokumente frühjüdischer Frömmigkeit, sondern als Zeugnisse für dessen eigenes religiöses Ringen, die Christus schon als Präexistenter prophetischen Persönlichkeiten aus dem alten Gottesvolk ins Herz gelegt und in die Feder diktiert hat. So bizarr sich das alles knapp 250 Jahre nach Johann Gottfried Herder liest: Luthers Exegese war damals *state of the art*.

Er nahm allerdings Akzentverschiebungen vor, die zwar von der damaligen exegetischen Methodik völlig gedeckt waren, ihn aber trotzdem auf Neuland führten: Er hob mit zunehmender Sicherheit diejenige Sinndimension der Texte hervor, nach welcher der präexistente Jesus Christus seinerseits stellvertretend in der Person des einzelnen Christenmenschen leidet, ringt und betet, gemäß der Christus also das, was der Sünder selber im Sichentziehen Gottes und in der Angst vor dem ewigen Tode erlebt, als sein eigenes, von ihm wenngleich andersartig, nämlich unschuldig und stellvertretend für die Sünder ertragenes, Geschick in Worte fasst.

Und hierdurch fand am *iudicium*-Begriff eine Verschiebung statt: Der Akzent rückt weg vom Gericht, das der Mensch über sich selbst zu üben hat, um dem Einströmen der Gnade Raum zu geben. Stattdessen wird Gott selbst als derjenige in den Vordergrund gerückt, der am Menschen das Gericht übt, d.h. der ihn zur Eingießung der Gnade bereitet. Nicht der Mensch demütigt sich im Selbstgericht, sondern weil Gott an ihm sein Gericht übt, wird er demütig. Es ändert sich also nicht die Zielperspektive. Weiterhin geht es darum, dass der in Sünde und Hochmut verfangene Mensch in die Willensgemeinschaft mit Gott, d.h. in die Demut überführt werden muss. Der Mensch ist aber nicht mehr derjenige, der sich an der Aufgabe des Selbstgerichts abarbeitet, sondern er erleidet und erfährt an sich selbst Gottes Richten und bittet Gott um die Durchsetzung seines Gerichts an sich und für sich.

Das alles wirkt bei oberflächlichem Hinsehen unscheinbar und ein wenig abseitig, geschieht zudem vorsichtig, tastend und ohne jedes Durchbruchs- oder Innovationspathos. Dennoch: Was hier anfangshaft Gestalt gewinnt, ist nicht mehr und nicht weniger als eine bis ins letzte greifende Neugestaltung des Verständnisses der Buße. Buße ist nicht mehr das bildende, formende Handeln, welches der

Mensch an sich selbst angesichts von Gottes Heilsangebot und unter dankbarem Rückgriff auf Gottes Hilfsangebote unternimmt. Buße ist vielmehr der subjektive Widerschein von Gottes freiem, schöpferischen Handeln am Menschen, sie ist die Wiedereingießung der durch Todsünde verlorenen Gnade.

Während aber alle Spielarten scholastischer Theologie trotz aller sonstigen Differenzen darin einig waren, dass die Eingießung der Gnade ein Vorgang an einer Seelenschicht ist, welche sich jeder Wahrnehmung entzieht, verlagert sich schon auf dieser frühen Stufe seines Bußdenkens bei Luther der Akzent ein für alle Mal auf das wache, wort- und rechenschaftsfähige Bewusstsein des Menschen: Sein Gewissen ist der Ort, an dem Gott worthaft auf ihn zugreift und an ihm handelt.

Es ist deutlich: Schon in diesem frühen Stadium von Luthers Bußdenken konfiguriert sich das Gott-Mensch-Verhältnis völlig neu: Auch und gerade in der Buße ist Gott der schöpferisch im und am Menschen Handelnde, und der Mensch kommt als Empfangender und Erleidender zur Sprache, und das gilt in doppelter Hinsicht: Es wird von ihm gesprochen, und ihm selbst werden Wortwelten eröffnet, in denen sein Empfangen und Erleiden zur Sprache kommt. Der angefochtene Christus, dessen Stimme Luther in den Psalmen zu hören lehrt, wird das, was Luther später den „Spiegel des väterlichen Herzens“[10] nennen wird. In seinen Anfechtungen erschließt sich dem Angefochtenen der Grund und der Sinn seiner Anfechtungen: Hier erfährt der Mensch in der Meditation wahre Demut, in der er seiner selbst als nichtig ansichtig wird und erst so wahrhaft Gott als den schlechterdings Tätigen, Schöpferischen anerkennt. Und Christus verbürgt zugleich in seinem unschuldigen Leiden Gottes Liebesgesinnung, die sich dem Menschen trotz seiner Sünde zuwendet.

2.3 Präzisierung durch Kritik

In den Niederschriften zur 1. Psalmen-Vorlesung bilden sich diese Gedanken vorsichtig-tastend; sie bleiben noch eingelagert in konventionelle Gedankengebäude und sind durchwoben mit herkömmlichen theologischen Gedankensträngen.

In den Notaten zur Römerbrief-Vorlesung schwindet der meditativ-introspektive Sprachgestus; mit maßgeblich dafür sind natürlich auch der Charakter und die Eigenart der Quelle: Luther interpretiert des Apostels Testament als Dokument von dessen in der Nachfolge Jesu Christi geführtem Lebenskampf gegen die menschliche Eigengerechtigkeit und ihr Geltungsstreben. Dieser Kampf werde von ihm gerade hier als eine Auseinandersetzung verstanden, die, modern gesprochen,

10 Großer Katechismus (1529), Bekenntnisschriften (s. Anm. 2), 660.

sowohl die ganze Religionsgeschichte als auch die Lebensgeschichte eines jeden einzelnen Menschen bestimme: „Der Grundgedanke und die Absicht des Apostels in diesem Brief besteht darin, alle eigene Gerechtigkeit und Weisheit zu zerstören und die Sünden und die Torheit, die nicht da waren (das heißt: wir wähnten wegen jener Gerechtigkeit, dass sie nicht vorhanden seien) wieder aufzuweisen, zu mehren und groß zu machen (das heißt: zu bewirken, dass anerkannt wird, dass sie bestehen, vielfältig und groß sind), und dass uns endlich zu ihrer Zerstörung Christus und seine Gerechtigkeit notwendig sind".[11] In genau diesen Kampf weiß Luther sich als Exeget des Röm mit hineingezogen, und er führt ihn wider diejenigen, in denen er die aktuellen Protagonisten der zu Jesu und Pauli Zeiten von den Pharisäern vertretenen Gegenposition ausmacht: Die „sawtheologen",[12] die er damals für eine Gruppe innerhalb des kirchlichen Meinungsspektrums hielt, welcher gegenüber er selbstverständlich mit der päpstlichen Lehrautorität auf der Seite der „Wahrheit", wie sie von der Bibel und Augustin vertreten werde, stehe. Dass es sich genau umgekehrt verhielt, erfuhr Luther erst in den Monaten nach der Publikation seiner Ablassthesen, und dass er seine Sacheinsichten nicht aufgab, sondern unter dem Anprall des Widerspruchs immer weiter präzisierte und zuspitzte, machte den originellen Denker zum Reformator.

Aber zurück in die zweite Phase der Latenzperiode. Den für das Thema „Buße" entscheidenden Widerspruch zu den Protagonisten des kirchlich-theologischen Mainstreams markiert Luther beim Schlagwort der „bona intentio". Jeder Mensch, so die herkömmliche Anschauung, trage ungeachtet seines sonstigen religiös-sittlichen Zustandes in sich einen unaustilglich guten Kern, nämlich das Bestreben, zum Ewigen Leben zu gelangen. Auf dieses Verlangen hin könne er angesprochen werden, und dieses Verlangen könne zu guten Absichten ausgebildet werden, nämlich zu dem Vorsatz, bestimmte Dinge zu tun oder zu lassen, um mittels ihrer diesem Ziel näher zu kommen. Der Mensch wird also, bildlich gesprochen, an eine Wegscheide versetzt: Er ist mit einem bestimmten Potential ausgestattet und ohne vorgängige Determination befähigt, dieses im positiven oder negativen, im konstruktiven oder destruktiven Sinne zu realisieren. Er vermag also, sein Glückseligkeitsverlangen zu konkreten guten Absichten zu formen und diese in die Tat umzusetzen, um dessen Verwirklichung zu befördern. Er verfolgt damit das Ziel, von Gott etwas für sich zu erlangen. Er ist also bereit, Gott gegenüber bestimmte Akte eines partikularen Gehorsams zu leisten, um von Gott im Gegenzug bestimmte Vorteile zu erlangen. Dieser kalkulierende Teilgehorsam der guten

11 WA 56, 3.
12 WA 56, 274.

Absichten gibt sich als Gerechtigkeit aus: „Um einmal von mir zu sprechen: Jenes Wort ‚Gerechtigkeit' ist mir derart zuwider, dass es mir gestohlen bleiben kann. Und dennoch führen die Juristen es immerfort im Munde. Kein Volk der Erde ist in diesen Dingen unwissender als die Juristen, die Lobredner der guten Absichten (boneintentionarii) und der erhabenen Vernunft. Gott lacht uns aus in dieser unserer Gerechtigkeit. Und dennoch habe ich gehört, dass Menschen zu sagen wagten: Ich weiß, dass ich Gerechtigkeit habe, aber Gott achtet sie nicht. Aber an dieser Gerechtigkeit liegt Gott, wie er wahrhaft ist, nichts. Die ganze Gerechtigkeit ist die Demut. Sie unterwirft alle allen und gibt darum allen alles, wie Christus zu Johannes sagt: [Mt 3,15]".[13]

Eine derart mit ihren äußerlichen Zwecksetzungen verbundene Tat mag objektiv gut sein, ihrer inneren Logik nach führt sie nicht zu Gott, sondern von Gott weg, weil sie den Menschen in sich und bei sich selbst festhält: „Denn wenn sie auch nach außen hin Gutes tun, so tun sie es doch nicht von Herzen, und sie suchen dadurch nicht Gott, sondern vielmehr Ehre und Gewinn oder doch zumindest Straffreiheit. Und deshalb tun sie das Gute nicht, sondern sie werden das Gute getan [faciuntur bonum], d.h. sie werden durch die Furcht oder durch die Selbstliebe gezwungen, das Gute zu tun, das sie, wenn sie denn hiervon frei wären, unterließen".[14] Die Alternative, die Luther formuliert könnte schärfer nicht sein: „Diejenigen, die Gott suchen, tun das Gute umsonst und fröhlich allein um Gottes willen, nicht etwa, um einer anderen Kreatur, sei es einer geistlichen oder einer leiblichen, habhaft zu werden".[15] Hiermit ist nun jedoch keine Wahlalternative formuliert. Es handelt sich hier nicht um optionale Lebensgestaltungen, denen der Mensch neutral gegenüberstünde, sondern der Übergang von der einen in die andere liegt jenseits aller menschlichen Möglichkeiten: „Es handelt sich dabei nicht um ein Werk der Natur, sondern um eines der göttlichen Gnade".[16]

Dieses Werk vermag nicht einfach helfend und heilend an den gegebenen Lebenswillen des Menschen anzuknüpfen: „Es verhält sich nämlich mit ihm gleich wie mit einem Kranken, dessen tödliche Krankheit nicht allein in der beeinträchtigten Gesundheit eines Körperteils liegt, sondern bei dem nicht nur der ganze Leib angegriffen ist, sondern darüber hinaus auch noch alle seine Sinne und Kräfte. Hinzu kommt ein Widerwille gegen alles, was ihm heilsam ist, und Gier nach allem, was ihm schadet".[17] Diese den ganzen Menschen ausnahmslos betreffende

13 WA 56, 449 zu Röm 12,2.
14 WA 56, 241 zu Röm 3,12.
15 WA 56, 241 zu Röm 3,12.
16 WA 56, 241 zu Röm 3,12.
17 WA 56, 312 zu Röm 5,14.

und beherrschende Perversion ist allerdings nicht physisch, sondern sie betrifft ihn als ein geistiges, sich selbst in seinem Gottesverhältnis worthaft reflektierendes und deutendes Wesen. Sie ist daher auch allein worthaft, geistig aufzubrechen – durch eine Deutung seiner selbst und seines Gottesverhältnisses, die dem Menschen den Boden seiner bisherigen Selbstdeutung zwar unter den Füßen wegzieht, sich dieser gegenüber aber dennoch durch einen derart gravierenden Plausibilitätsüberschuss auszeichnet, dass sie ihn innerlich umwendet. Es ist genau dieses Überführt- und Umgewendetwerden, das Luther mit dem Begriff der Buße belegt.

Buße ist Übergang – nach herkömmlicher Anschauung von einer Lebensphase außerhalb der göttlichen Gnade in diese göttliche Gnade hinein, ein Übergang, der durch das Zusammenwirken des menschlichen vom Seligkeitsverlangen geprägten Willens mit den göttlichen Hilfsangeboten und Hilfsmitteln betrieben wird. Dieser Übergang hat elementar mit der Annahme von Schuld und mit der willentlichen Übernahme von Strafe zu tun: Die Reue ist die Bedingung für das Wiedereinströmen der Gnade, sei es mit, sei es ohne Hilfe des sakramental verstandenen Absolutionswortes. Und die Reue impliziert die redliche Bereitschaft zur Annahme von Strafen.

Genau diesen Übergangscharakter der Buße hat Luther aufgenommen und auf neuartige Weise akzentuiert. Während das lat. „poenitentia" etymologisch als „poenam tenere", Strafe ertragen, Strafe übernehmen gedeutet wurde, hat Luther sein eigenes Bußverständnis, wie er an prominenter Stelle ausgeführt hat, im Rückgriff auf das neutestamentliche „μετανοεῖν" neu, nämlich genau in diesem Sinne verstanden: „Danach geschah es, dass ich dank den hochgelehrten Männern, die uns das Griechische und Hebräische zuverlässig gelehrt haben, gelernt habe, dass jenes Wort [poenitentia/Buße] griechisch ‚μετάνοια' heißt, von ‚μετά' und ‚νοῦν' das heißt von ‚nach' und ‚den Sinn' kommt, sodass ‚poenitentia' oder ‚μετάνοια' Sinnesänderung, Erkenntnis des eigenen Bösen nach erlittenem Schaden und erkanntem Irrtum bedeutet, was ohne Umwandlung des Gefühls und der innersten Willensrichtung nicht geschehen kann".[18] Bei oberflächlicher Betrachtung könnte man zu dem Schluss kommen, Luther identifiziere hier einfach „Buße" und „Reue", aber genau das ist falsch: Als „Reue" hat er ja den Gemütszustand vor Augen, welchen Menschen in sich willentlich erwecken und kultivieren, die durch das Bußsakrament die Wiedereingießung der heiligmachenden Gnade erstreben, sowohl der Weltchrist, der (mindestens) einmal im Jahr zur Beichte geht, als auch der Mönch, der tagtäglich sein inneres und äußeres Leben auf der Suche nach Sün-

18 WA 1, 525.

den durchsucht und analysiert. Beide tun das, ceteris imparibus, in dem (mehr oder minder reflektierten) Bewusstsein, in sich dasjenige dingfest zu machen und zu benennen, was dem Willen Gottes widerspricht, und zwar mit der Absicht, solche Taten, Gefühle und Bindungen zu isolieren und sich selbst, also den besseren, gottgemäßen Kern der eigenen Persönlichkeit, von ihnen zu distanzieren, damit Gott daraufhin dann die Gnade wieder eingießt. Das Subjekt, das von sich selbst weiß bzw. annimmt, dass es die heiligmachende Gnade verspielt hat, und nun meint, dass es seine Kräfte anspannen kann und muss, damit sie ihm wieder eingegossen wird, befindet sich gemäß seinem eigenen Selbstverständnis immer schon im Zustand der Willensübereinstimmung mit Gott: „Ich will selig werden, und Gott will, dass ich selig werde. Ich muss ihm also den Weg freimachen, damit er an mir seinen und meinen Willen zu verwirklichen vermag, und darum gebe ich mir Mühe!" Es ist genau diese Grundverfasstheit menschlichen Gottes- und Selbstbewusstseins, dieser „amor" bzw. dieser „affectus", welcher nach Luther in der Buße zerstört wird und dem wahren Heilsglauben weicht, in dem der gekreuzigte Christus den Menschen innerlich derart formt und bildet, dass er, abgelöst von aller vermessenen Zuversicht auf seine eigenen Kräfte des Willens und der Einsicht, von sich nichts und von Gott alles erwartet. Genau damit erkennt er Gott als Gott an, rechtfertigt Gott in seinem Wort.[19] Und damit erfüllt er Gottes Anspruch, den Luther in den Ablassresolutionen zweimal im Anschluss an Paulus (2 Kor 12,14) pointiert formuliert: Gott sucht, will und fordert nicht *etwas vom* Menschen, sondern diesen *selbst*.[20] Und genau das will der Mensch als Sünder nicht, ja, er kann es nicht einmal wollen: Er ist sicher bereit, für Gott Opfer zu bringen – vom kleinsten bis zum heroischen. Solche Teilleistungen haben aber genau den Zweck der Selbsterhaltung, der Selbstsicherung und der Selbststeigerung Gott gegenüber, also das genaue Gegenteil dessen, was Gott in Wahrheit vom Menschen und für den Menschen will. Damit der Mensch diesen Willen Gottes erfüllt, muss er zunächst im Zentrum seiner Persönlichkeit transformiert werden. Es muss also in und an ihm etwas geschehen, was seine Fähigkeiten nicht nur quantitativ übersteigt, sondern was völlig außerhalb ihres Bereichs liegt.

In traditioneller Sprache gesagt: Entgegen der herkömmlichen Lehre ist die *contritio*, die aus selbstloser, reiner Gottesliebe erwachsende Reue, nicht etwa die Vorbedingung der Gnadeneingießung, sondern sie wird dem Menschen erst in der Gnadeneingießung zuteil. Und bei dieser Gnadeneingießung ereignet sich kein harmonisches Wechselspiel von göttlichem Impuls und menschlicher Reaktion

---

19 Das führt Luther eindrucksvoll aus in den Scholien zu Röm 3,1–7, WA 56, 209–222.

20 Ablass-Resolutionen (1518), WA 1, 560.617; vgl. auch 592.

oder umgekehrt, sondern ein dramatischer Vorgang, den der von Gottes Zugriff getroffene Mensch als tödliche Krise erleidet: „Wenn Gott beginnt, einen Menschen zu rechtfertigen, dann verdammt er ihn zuvor, und wen er aufbauen will, den zerstört er. Wen er heilen will, den schlägt er, und wen er lebendig machen will, den tötet er. Wie er in 1 Sam 2 und Dtn 32 sagt: ‚Ich werde töten und lebendig machen etc.'. Das tut er aber, wenn er den Menschen zermalmt[21] und ihn in der Selbsterkenntnis sowie in der Erkenntnis seiner Sünden demütigt[22] und ihn erzittern lässt. [...] Hier endlich tut Gott sein fremdes Werk, um sein eigenes Werk zu tun. Das ist die wahre Herzensreue und Demütigung des Geistes, das Gott wohlgefälligste Opfer".[23] Diese Buße vereinigt auf ihre Weise die Seele dessen, der sie erleidet, mit Christus: „Hier ist die Seele ausgestreckt mit Christus, so dass man alle Knochen zählen kann [Ps 22,18 vg; M. Ohst]. Auch ihr kleinster Winkel ist erfüllt mit bitterster Bitternis, mit Angst, Schrecken und Traurigkeit, und all das auf ewig".[24]

2.4 Wort und Glaube

Diese Ausführungen bringen die einschlägigen Überlegungen der Notate zur 1. Psalmen- und v.a. zur Römerbrief-Vorlesung auf den Punkt. Dort fehlten allerdings Ausführungen dazu, wie es konkret vorzustellen und zu denken ist, dass im lebendigen Bewusstsein des Menschen sich Gottes uneigentliches, tötendes Werk in seiner wahren Zweckbeziehung enthüllt und zeigt, nämlich als dienend hingeordnet auf das Rechtfertigen, das Lebendigmachen und Aufrichten zu einem

21 Lat. „conterit", „Contritio", Zerknirschung ist in der mittelalterlichen Bußlehre der terminus technicus für die reine, selbstlose Vollreue, die der Sünder erbringen muss, damit die heiligmachende Gnade wieder einfließen kann.

22 „Humilitas", Demut wird in der spätmittelalterlichen Psychologie und Morallehre als eine Tugend verstanden, in die der Mensch sich mit göttlicher Gnadenhilfe einzuüben vermag: „se humiliare" oder „humiliari" in mediopassivischer Bedeutung. Hier wird, ebenso wie beim „conteri", klar, wie Luther die herkömmliche Anschauung durch einen Subjektwechsel aus den Angeln hebt, und dass in diesem Subjektwechsel eine völlig neue Gestaltung des Bildes von Gott und seinem Handeln am Menschen Gestalt gewinnt. In der religiösen Vorstellungswelt des Spätmittelalters ist die Maria des „Magnificat" die überragende Symbolgestalt der Demut, die bei Gott die Gnade der Heilandsmutterschaft verdient hat. Luther hat in seiner auf der Wartburg entstandenen Magnificat-Auslegung seine völlige Neuausrichtung des Leitbegriffs an diesem herkömmlichen Sujet eindrucksvoll durchgeführt; vgl. dazu Ch. Burger, Marias Lied in Luthers Deutung. Der Kommentar zum Magnifikat (Lk 1,46b–55) aus den Jahren 1520/21 (SuR. Neue Reihe 32), Tübingen 2007.

23 WA 1, 540.

24 WA 1, 558.

neuen Leben hin. Luther, lebend im Kloster mit seiner Atmosphäre permanent verdichteter religiöser Dauerkommunikation im Stundengebet, in Schriftlektüre und -auslegung, in der Meditation und im seelsorgerlichen Verkehr mit Brüdern und Vorgesetzten, setzt voraus, dass all das eben in diesen Kommunikationsformen geschieht, und zwar kontingent, weder planbar noch machbar: „Wir können nicht wissen, wann, wo, wie und durch wen Christus zu uns spricht".[25] Eine – noch relativ unbetonte – Ausnahme bildet das Bibelwort: Es wird als Medium der Selbstvergegenwärtigung Gottes im Herzen und Gewissen des Menschen verstanden.[26]

Hier vollzieht sich nun in den Resolutionen zu den Ablassthesen eine Änderung. In Luthers Verständnis der Buße wird nun mit dem Absolutionswort des Priesters ein von ihm bislang wenig beachtetes Moment mit erhöhter Aufmerksamkeit bedacht. Luther identifiziert es nämlich genau als den Faktor, der in der Bußbewegung die Wende hin zum Vergebungsglauben und zum Frieden bewirkt: „Solange diese erbärmliche Verzagtheit des Gewissens besteht, hat er weder Frieden noch Trost – wenn er nicht seine Zuflucht bei der Vollmacht der Kirche sucht, durch die Beichte seine Sünden und sein Elend offenlegt und Trost und Hilfe fordert. Durch eigenen Rat und Hilfe wird er nämlich nie zum Frieden finden, ja, seine Traurigkeit würde in Verzweiflung untergehen. Wenn der Priester eine solche Demut und einen solchen Sündenschmerz sieht, dann soll er ihn im vorwitzigen Vertrauen auf die ihm übertragene Vollmacht, Barmherzigkeit zu üben, lossprechen und ihn zum Losgesprochenen erklären, und so schenkt er ihm Gewissensfrieden".[27] Bei oberflächlicher Lektüre könnte man meinen, dass Luther hier nun wieder in die ausgetretenen Pfade der Theologie des Bußsakraments einbiegt. Als hätte er das geahnt, hat er sogleich Verständnishilfen beigefügt, welche mit der herkömmlichen Auffassung des Bußsakraments im unausgleichbaren Widerspruch stehen. Derjenige, der die Absolution empfängt, soll ganz und gar von sich selbst absehen und ihr ohne jede Rücksicht auf die Frage, ob er sich hinreichend disponiert hat, einfach trauen. Der Grund dieses Vertrauens liegt nicht in der Person des Priesters oder in dessen Amtsvollmacht, sondern ausschließlich im „Wort Christi, der nicht lügen kann, wenn er sagt ‚Was du auf Erden lösen wirst [...]' [Mt 16,18]"[28] – das hat mit kanonistischen Bestimmungen zur in Ausnahmefällen möglichen „Laienbeicht" nichts zu tun, sondern ist nicht mehr und nicht weniger

25 Vgl. WA 56, 256.

26 Vgl. WA 56, 338 – das sind wesentliche Grundgedanken von „Ein kleiner Unterricht, was man in den Evangelien suchen und gewarten soll" (1522; WA 10 I,1, 8–18).

27 WA 1, 540.

28 WA 1, 541.

als die Verneinung des amtskirchlichen Heilsmonopols: Petrus ist nicht das Urbild aller folgenden Bischöfe und derer, welchen diese an ihrer Amtsvollmacht teilgeben, sondern aller Christen, denn der alleinige Grund der Vergebungszuversicht ist der in seinem Wort sich vergegenwärtigende Christus.

Dieses Wort schenkt und fordert nichts weiter als den durch es selbst bewirkten Glauben, in dem sich die Zusage der Sündenvergebung verifiziert: „Wer aber den Frieden auf anderem Wege sucht, nämlich innerlich in sich selbst durch Erfahrung, der versucht offenkundig Gott [Mt 4,7] und versucht den Frieden real und nicht im Glauben zu haben. Du wirst nämlich immer nur so viel Frieden haben, als du dem Wort dessen glaubst, der das spricht ‚Was immer du lösen wirst' etc. Christus ist nämlich unser Friede [Eph 2,14], aber im Glauben".[29] Die Buße ist also ganz und gar Gottes Werk im und am Menschen. Er selbst zerstört durch seinen Zugriff auf das Gewissen die Illusion der durch zielorientierte Kooperation zu betätigenden Willenseinheit des Menschen mit Gott, und er selbst begründet hierdurch und hiermit das neue, wahrhaftige Gottesverhältnis des Vergebungsglaubens, den der Mensch durch eine vollmächtige Deutung dessen, was ihm widerfährt, erlangt.

Und diese ganze Lebensbewegung schließt Luther an die institutionalisierte Verlaufsrhythmik des Bußsakraments an. Das Bußsakrament wird hierbei radikal entkernt, und die Hülle wird mit einem neuen Inhalt gefüllt.

2.5 Neubau als Reform

Der Zugewinn an lebensnaher Konkretion, den Luther für sein neues Wesensverständnis der christlichen Religion hier an der Buße erzielt, ist zugleich beispielhaft und wegweisend, denn er erhöht das in des Wortes engeren Sinne reformatorische, das heißt Kirche und Gesellschaft neu strukturierende Potential seiner Theologie: Luther betont nun schärfer als zuvor das äußerliche, in der Bibel gegründete, den bestimmten Menschen konkret anredende Wort als den Faktor, der genau die Funktion hat, die heilsame Anfechtung als solche zu enthüllen und sie in den Vergebungsglauben zu überführen.

Diese Präzisierung hat Luthers Theologie mitnichten in ihren Grundlagen gewandelt. Aber sie hat ihr ein deutliches Mehr an innerlicher Geschlossenheit und Stringenz verliehen. Darüber hinaus hat sie ihre Wirkungsmöglichkeit auf schwerlich zu überschätzende Weise gesteigert, denn sie hat sie aus dem Bannkreis der kleinen, geschlossenen Sonderwelt der Elitechristen im Bettelordenskloster

29 WA 1, 541.

hinausgeführt und sie konstruktiv wie kritisch anschluss- und zugriffsfähig gemacht für das Weltchristentum mit seiner Orientierung an den institutionalisierten Vollzügen kirchlichen Handelns in den Sakramenten und in der Katechese/Predigt.

Indem Luther die Zueignung und Aneignung des Heils immer folgerichtiger in der lebendigen Selbstaktualisierung des im biblischen Wort wirksamen Gotteswortes in konkreten menschlichen Kommunikationsakten lokalisierte, steigerte sich seine Aufmerksamkeit für die kirchlichen Kommunikationsmuster und Rituale: Immer deutlicher und schärfer hat er sie daraufhin überprüft, ob diese, nötigenfalls auch mit tief einschneidenden Änderungen, der Selbstaktualisierung des Gottesworts dienlich sein könnten, oder ob sie ihr eher im Wege standen.[30] Seine schon vor 1517/18 sehr weit vorangeschrittene Ablösung von den religiösen Erwartungen, Forderungen und Verheißungen der Papstkirche hat eben nicht dazu geführt, dass ihm deren geschichtliche Grundlagen (Bibelwort, Taufe, Altarsakrament, Amt der öffentlichen Verkündigung) zweifelhaft oder unwichtig geworden wären, sondern er hat vielmehr den Anspruch erhoben, diese durch sein Verständnis ihres Heilszwecks und ihrer Heilswirkung überhaupt erst wieder angemessen zur Geltung zu bringen.

2.6 Evangelische Beichte

Für Luthers Verhältnis zum herkömmlichen Beichtinstitut hat die Entkernung und Neufüllung scheinbar widersprüchliche Wirkungen gehabt.[31] Einmal hat Luther ganz folgerichtig den kirchengesetzlichen Zwang zur Beichte mit allen seinen Konsequenzen schärfstens bekämpft. Er ist ja auch religiös nur dann plausibel, wenn die Beichte als Beitrag des Menschen in einem kooperativen Handlungszusammenhang verstanden wird, in dem er sich mit kirchlicher Gnadenhilfe die ewige Seligkeit erarbeitet.

Auf der anderen Seite hat er die Beichte als Ort des seelsorgerlich individualisierten Zuspruchs des Evangeliums lebenslang geschätzt: „Aber dannocht wil ich mir die heymliche beicht niemants lassen nemen und wolt sie nit umb der gantzen welt schatz geben. Dann ich weyß was trost und stercke sie mir gegeben hat: es weiß niemants was sie vermag denn wer mit dem teuffel oft und vil gefochten hat. Ja ich were langst vom teuffel erwürgt, wenn mich nit die beichte erhalten

30 In radikaler, ihm namhafte Sympathisanten unwiderruflich entfremdender Weise in der Schrift über die Babylonische Gefangenschaft der Kirche (1520), WA 6, 497–573.

31 Vgl. M. Ohst, Pflichtbeichte. Untersuchungen zum Bußwesen im hohen und frühen Mittelalter (BhTh 89), Tübingen 1995, 2–9.

hett."[32] Es ist diese Facette an Luthers Haltung, an die seit dem 19. Jahrhundert immer wieder Bestrebungen zur Wiederbelebung der Privatbeichte im Luthertum anknüpfen.[33] Hierbei ist jedoch zu beachten, dass Luther, auch darin in scharfem Gegensatz zum herkömmlichen Bußsakrament, der Beichte und der Absolution keine exklusive Heilswirksamkeit zuschreibt. Es geschieht hier ja nichts anderes als in jedem anderen formellen oder informellen Akt der religiösen Kommunikation, in dem einem Menschen das Evangelium zugesprochen wird.[34]

2.7 Leben als Buße

Diese Beobachtung führt allerdings noch weiter: Die Beichtbuße ist nach herkömmlichem Verständnis der mathematische Punkt, an welchem die Wiedereingießung der heiligmachenden Gnade zwei qualitativ voneinander unterschiedene Lebensabschnitte zugleich verbindet und trennt, sie ist also eine exzeptionelle Übergangssituation. Diese Übergangssituation nun verliert in Luthers Verständnis der christlichen Existenz ihren Sondercharakter, vielmehr versteht Luther sie als Grundstruktur und Gesamtsignatur eines jeden Christenlebens in seiner je eigentümlichen Fügung und Gestalt. Sie macht das Leben eines Christenmenschen zu einem fortwährend in sich bewegten, zielorientierten und im Glauben zielgewissen Ganzen: Der Christ ist immerfort dem Zugriff Gottes durch das Gesetz[35] im Gewissen ausgesetzt, welcher ihn ja überhaupt erst für den Zuspruch des

32 Predigt am 16. März 1522, WA 10/3, 61f.

33 Besonders eindrucksvoll Th. Kliefoth, Liturgische Abhandlungen, Bd. 2: Die Beichte und Absolution, Schwerin 1856; vgl. auch E. Bezzel, Frei zum Eingeständnis. Geschichte und Praxis der evangelischen Einzelbeichte (CThM C/10), Stuttgart 1982.

34 Besonders deutlich Schmalkaldische Artikel III,4, Bekenntnisschriften (s. Anm. 2), 449.

35 Kritische Einwände seines Lehrers Albrecht Ritschl modifizierend, hat Wilhelm Herrmann in einem groß angelegten Aufsatz (Die Buße des evangelischen Christen [1891], in: ders., Gesammelte Aufsätze, Tübingen 1923, 33–85) Luthers Bußlehre kritisch beleuchtet: In seinem Begleitbrief an Staupitz zu den Ablassresolutionen (1518, WA 1, 525–527) und in seinem Sermo de poenitentia (1518, WA 1, 317–324) habe er ganz richtig das Motiv der Buße des Christen allein im beschämenden Eindruck der göttlichen Liebe in Christus lokalisiert; späterhin habe er auf eine Weise, die faktisch ins papstkirchliche Bußverständnis zurückführe, die durch die Predigt des Gesetzes anzufachende und zu verstärkende Heilsangst wieder in seine Bußauffassung zurückgeholt und damit gerade die religiös-ethische Konsistenz des Christseins gefährdet: Die Angst vor der Drohung des Gesetzes habe zwar beim Christ*werden* ihre vorübergehende Berechtigung, aber nicht im Christ*sein*; hier sei allein die Befreiung des Glaubens zum Leben aus dem Sittengesetz maßgeblich. Richard Adelbert Lipsius (1830–1892), damals seit anderthalb Jahrzehnten schon liberaler Lieblingsgegner der Ritschl-Schüler, unter ihnen insbesondere Herrmanns (vgl. exemplarisch J. Weinhardt [Hg.], Albrecht Ritschl/Wilhelm Herrmann. Briefwechsel 1875–1889, Tübingen 2013),

Evangeliums empfänglich macht. So korrespondiert Luthers Verständnis der Buße exakt seiner Einsicht, dass der Christ immerdar Sünder und Gerechter zugleich ist, immer im Übergang und insofern eben nie statisch fertig, sondern immer im Werden: Am eindrucksvollsten hat Luther das im virtuosen Spiel mit aristotelischen Begriffen im Scholion zu Röm 12,2 ausgeführt.[36] In der deutschen Schrift gegen die Bannandrohungsbulle knüpft er diesen Gedanken zunächst an das Gleichnis vom Barmherzigen Samariter, einen der primären Referenztexte mittelalterlicher Bußtheologie, und dann an das Gleichnis vom Sauerteig: „Das alßo ditz leben nit ist / ein frumkeit / ßondern ein frumb werden / nit ein gesundheit ßondernn ein gesunt werdenn / nit eyn weßen sondern ein werden / nit ein ruge ßondernn eyn ubunge / wyr seyns noch nit / wyr werdens aber".[37] Es ist deutlich, wie weit diese Gesamtdeutung christlicher Existenz, nach der Christ*sein* dauerndes Christ*werden* ist, entfernt ist vom pietistischen Normbegriff des einmaligen Bußkampfes,[38] aber auch von dem, was der im Geiste des halleschen Pietismus erzogene Immanuel Kant als „Umwandlung der Denkungsart"[39] postuliert hat.

Durchaus vergleichbar erging es unter Luthers Händen den Bußsatisfaktionen. Um sie ging es ja bekanntlich in den 95 Thesen vom Herbst 1517, denn der Ablass war und ist ja nichts anders als ein kirchliches Hilfsangebot an die Gläubigen zur

---

die ja erst in der Generation ihrer eigenen Schüler mit dem abwertenden Etikett „liberal" versehen wurden, sich selbst aber dezidiert „anti-liberal" verstanden hatten, erhob Einspruch: In seinem auch als Monographie erschienen letzten Aufsatz (Luthers Lehre von der Busse, Braunschweig 1892) wies er akribisch nach, dass Herrmanns Quelleninterpretation und Rekonstruktion durchgängig von den Zwängen seines eigenen Systems bestimmt sei. Luther habe das Gesetz durchgängig als Faktor im Leben des Christen anerkannt, sofern dieser ja eben immer auch Sünder sei und bleibe. Herrmann konnte erst replizieren, als Lipsius schon verstorben war (ThLZ 18/1 [1893], 17–20); er hat an seiner These festgehalten, die dann aber erst sehr viel später und in neuem Gewande in der Lutherdeutung Karl Barths und seiner Schüler ihre eigentliche Wirksamkeit entfaltet hat – gegen andere, in denen Lipsius' Widerspruch fortwirkte, die aber insofern über ihn hinausgingen, als sie die von ihm festgehaltene melanchthonisch-schultheologische Differenzierung von Rechtfertigung und Heiligung als Wahrnehmungsraster überwanden. Der Erinnerung wert bleibt die Kontroverse (eine Bilanz zog schon 1906 E.F. Fischer in der außergewöhnlich substantiellen Einleitung zu seiner Ausgabe von Luthers Sermo de poenitentia [Quellenschriften zur Geschichte des Protestantismus Heft 4, Leipzig 1906]) allemal, weil sie zeigt, wie albern und kenntnislos das verbreitete Ressentiment gegen die angeblich minderwertige „liberale Lutherdeutung" ist.

36 WA 56, 441f.

37 WA 7, 337; weitere Stellen bei G. Ebeling, Lutherstudien Bd. II/3, Tübingen 1989, 534–539.

38 A.H. Francke, Lebenslauf (1690/91), in: E. Peschke (Hg.), Werke in Auswahl, Witten 1969, 5–29: 28.

39 I. Kant, Die Religion innerhalb der bloßen Vernunft (1793), I. Hauptstück, Allgem. Anmerkung, 54 (Paginierung des Originaldrucks); vgl. E. Hirsch, Luthers Rechtfertigungslehre bei Kant (1922), in: ders., Lutherstudien Band II, Gütersloh 1954, 104–121.

vergleichsweise anstrengungslosen Bereinigung der nach der Wiedereingießung der Gnade noch anstehenden zeitlichen Sündenstrafen. Mit ganz unverhüllter Deutlichkeit tritt gerade hier die alles einzelne durchziehende Leitintention der gesamten herkömmlichen Bußanschauung zutage: Es geht darum, von Gott etwas zu erlangen, und zwar, zumal im Weltchristentum der Laien, mit möglichst geringem Aufwand. Deutet man allerdings wie Luther die Buße als den Widerschein eines göttlichen Bildungshandelns am Menschen in dessen Gewissen, so liegt es auf der Hand, dass diese ganze Annahme in sich widersinnig ist: Jede einzelne Bildungsmaßnahme will dann ja im Glauben als sinnvoll anerkannt sein, und der Versuch, ihnen auszuweichen, wäre der Gipfel der Bildungsverweigerung. So lautet auch die in dieser Hinsicht wichtigste unter den Ablassthesen: „Die Wahrheit der Reue sucht und liebt die Strafen".[40] Der in der Buße empfangene Glaube ist ja gerade die Überwindung jenes Willenszwiespalts, durch den der Mensch etwas von Gott will. Der Glaube hingegen nimmt Gottes Wirken, Walten und Bilden an sich vertrauensvoll hin.

Dieses Wirken, Walten und Bilden kann nicht in aparten Lebens- und Tätigkeitsbereichen bestehen, die der Mensch aussondert, um in ihnen Gott einen besonderen Dienst zu leisten. Ganz gleich, ob jemand disponibles Geld in einen Ablass oder ein Messstipendium investiert, oder ob er in einem Akt der heroischen Tugend seine natürlichen Bedürfnisse niederkämpft und sich der Radikalaskese widmet: Es handelt sich jedes Mal um dasselbe Motivations- und Handlungsmuster, gemäß dem der Mensch im (groben oder sublimen) eigenen Interesse etwas für Gott tut und damit den Willenszwiespalt, der ihn von Gott trennt, nicht etwa überwindet, sondern in Wahrheit noch vertieft. Gottes bildendes Wirken am Menschen ereignet sich in Wahrheit allein dort, wo Gott schöpferisch-spontan nach dem Menschen in seinem konkret-individuellen Lebensgeschick und Lebenskontext greift. Auch hier greift Luther wieder in das Repertoire der gängigen religiösen Kommunikationsmedien seiner Zeit, nimmt eines heraus, entkernt es und formt es für einen neuen Zweck um. Der Mose-Dekalog, in der mittelalterlichen Buß- und Beichtpraxis die Grundmatrix aller diagnostischen Frageschemata, anhand derer der Christ mit Hilfe seines Seelsorgers oder auch allein seiner Verpflichtung zur größtmöglichen materialen Vollständigkeit des Sündenbekenntnisses nachzukommen suchte, wird in seiner neuartigen, positiven Auslegung[41] zu einer Einweisung in die natürliche Lebenswelt, welche diese dem Glauben als den Ort

40 WA 1, 255, These 40.

41 Neben den Dekalogauslegungen in den beiden Katechismen (1529) ist vor allem auf den gewaltigen „Sermon von den Guten Werken" (1520, WA 6, 202–276) zu verweisen.

erschließt, an dem Gott seinen Dienst will: Genau das ist der Sinn der Auslegung des 1. Glaubensartikels im Kleinen Katechismus; der Sachgehalt des 2. und 3. Artikels ist in ihm ja immer schon vorausgesetzt. Das Satisfaktionswerk mitsamt dem ganzen Syndrom der Erwartungen und Probleme, welches es seit dem 2. Jahrhundert hervorgetrieben hat, ist aus der christlichen Lebensdeutung und Normierung restlos und unwiderruflich ausgeschieden. Die Bewährung des neu verstandenen Vergebungsglaubens wird an die Arbeit in den naturwüchsigen Strukturen gesellschaftlichen Lebens gewiesen, die in neuer Weise als „Beruf", nämlich als Gottes je ganz individuelle Berufung zum konstruktiven Wirken an den einzelnen, konkreten Christenmenschen gedeutet und gewertet werden.

Besonders signifikant und wirkungsreich ist die Spitze dieses Gedankens gegen die beiden großen Idealgestalten des papstkichlichen Elitechristentums, den Mönch und den Märtyrer,[42] soweit beide als religiöse Virtuosen oder Heroen verstanden und verehrt werden. Sie sind dann nämlich symptomatische Vertreter einer durch und durch pervertierten Frömmigkeitshaltung, die sich für ihre Geltung bei Gott auf ein bestimmtes, selbsterwähltes Tätigkeitsfeld, ein „frommes Werk", stützt, um mittels seiner Verdienste zu erwerben. Diese Haltung gibt zwar vor, sie erbringe das Höchstmaß an Gehorsam, will sich aber in Wahrheit durch eigene Leistung gerade vom Zugriff Gottes abschirmen: „Es sind viel leutt, die den hymel wollen stürmen und jah bald hyneyn kommen, drumb legen sie yhn selbs eyn creutz auff auß eygenem gutt duncken. Denn die vernunfft will doch ymer dar nur yhr eygen werck auff werffen, das will Gott nicht haben. Es sollen nicht eygene werck seyn, die wyr erwelen, sondern wyr sollen wartten was uns Gott aufflegt und zuschickt, das wyr gehen und folgen, wie er uns furet".[43]

In diese Bewährung in den Berufen des Lebens gehört Leid hinein und der Glaube darf es als Gottes Strafe deuten, die im Dienste seines von Liebe getragenen Erziehungshandelns steht, welches seine Kinder zum Ewigen Leben heranbildet. Schöner als Paul Gerhardt wird man das kaum auszudrücken vermögen: „Seine Straffen seine Schläge / Ob sie mir gleich bitter seynd / Dennoch / wenn ichs recht

42 Vgl. M. Ohst, Das Martyrium in der deutschen und in der englischen Reformation/Martyrdom in the German and English Reformations, in: D. Wendebourg (Hg.), Sister Reformations/Schwesterreformationen. The reformation in Germany and in England. Symposium on the Occasion of the 450th Anniversary of the Elizabethan Settlement September 23rd–26th, 2009, Tübingen 2010, 235–270.

43 WA 12, 272 (Auslegung des 1 Petr 1522); vgl. hierzu R.K. Rittgers, Embracing the ‚True Relic' of Christ. Suffering, Penance, and Private Confession in the Thought of Martin Luther, in: A. Firey (Hg.), A New History of Penance (Brill's Companions to the Christian Tradition Volume 14), Leiden/Boston 2008, 377–393.

erwege / Seind es Zeichen / daß mein Freund Der mich liebet / mein gedencke / Und mich von der schnöden Welt Die uns hart gefangen hält Durch das Creutze zu ihm lenke. *Alles Ding währt seine Zeit Gottes Lieb in Ewigkeit*".[44]

Zusammenfassung

Martin Luthers Verständnis der Buße wird rekonstruiert als das Grundmuster seines neuen Verständnisses von Gottes Willen und wahrem menschlichen Leben und zugleich als der Ursprungskontext seiner neuartigen Wesensbestimmung des Christentums.

Martin Luther's doctrine of penance is exposed as the basic pattern of his new understanding of God's will and of Christian life and as the context in which Luther's novel definition of the essence of Christianity emerged.

---

44 P. Gerhardt, Lob-Gesang, zit. nach D. Wendebourg/A. Stegmann (Hg.), Paul Gerhardt. Geistliche Lieder (Reclam Universalbibliothek 19058), Stuttgart 2013, 166; s. auch EG 325,8.

Martin Greschat

Zwischen Verdrängung und Aufarbeitung

Vom Umgang mit Schuld und Buße in der evangelischen Kirche angesichts des Nationalsozialismus

1 Voraussetzungen

Am 26. August 1941, also rund zwei Monate nach dem deutschen Überfall auf die Sowjetunion, schrieb Helmuth James von Moltke an seine Frau: „Die Nachrichten aus dem Osten sind wieder schrecklich. Wir haben offenbar doch sehr, sehr große Verluste. Das wäre aber noch erträglich, wenn nicht Hekatomben von Leichen auf unseren Schultern lägen. Immer wieder hört man Nachrichten, dass von Transporten von Gefangenen oder Juden nur 20% ankommen, dass in Gefangenenlagern Hunger herrscht, dass Typhus und alle anderen Mangel-Epidemien ausgebrochen seien, dass unsere eigenen Leute vor Erschöpfung zusammenbrächen. Was wird passieren, wenn das ganze Volk sich klar ist, dass dieser Krieg verloren ist, und zwar ganz anders verloren als der vorige? Dazu mit einer Blutschuld, die zu unseren Lebzeiten nicht gesühnt und nie vergessen werden kann?“[1] Wie sehr diese Fakten Moltke belasteten, belegt ebenso ein anderer Brief an seine Frau: „Neue, schreckliche Befehle werden gegeben und niemand scheint etwas dabei zu empfinden. Wie soll man die Mitschuld tragen? [...] Darf ich denn das erfahren und trotzdem in meiner geheizten Wohnung am Tisch sitzen und Tee trinken? Mach' ich mich dadurch nicht mitschuldig? Was sage ich, wenn man mich fragt: und was hast Du während dieser Zeit getan?“

Diese Texte fassen pointiert zusammen, was eine geistig-geistliche Elite in Deutschland im Sommer 1941 dachte und empfand. Die offizielle Version eines schnellen militärischen Erfolgs hatte sich verflüchtigt. Die Informationen über die direkten und indirekten Morde an Juden und sowjetischen Kriegsgefangenen lösten Erschrecken aus. Diese Schuld verlangte nach Reue und Buße. Doch würde es dazu kommen?

---

1 H.J. von Moltke, Briefe an Freya. 1939–1945, hg. von B. Ruhm von Oppen, München 1988, 278f. Dort auch der folgende Brief vom 21.10.1941 (307f.).

Moltke war damals Kriegsverwaltungsrat, d.h. er wirkte als Völkerrechtler in der militärischen Abwehr unter Admiral Canaris.[2] Trotz dieser Stellung, die ihm Zugang zu Informationen ermöglichte, die der Bevölkerung eher verborgen blieben, erkannte auch Moltke zu diesem Zeitpunkt noch nicht, dass Juden, sowjetische Kommissare und „asiatische" Kriegsgefangene systematisch ermordet wurden. Am 25. März 1943 jedoch schrieb Moltke an seinen englischen Freund Lionel Curtis: „Ich glaube, mindestens neun Zehntel der Bevölkerung weiß nicht, dass wir Hunderttausende von Juden umgebracht haben. Man glaubt weiterhin, sie seien lediglich abgesondert worden und führten in etwa dasselbe Leben wie zuvor, nur weiter im Osten, woher sie stammten, vielleicht etwas armseliger, aber ohne Luftangriffe".[3] Vorsichtige Hinweise auf die Wirklichkeit wurden als britische Gräuelpropaganda abgetan.

Von Schuld – und somit von Reue und Buße – lässt sich nur sinnvoll reden, wenn die Wirklichkeit ins Auge gefasst wird. Dass den Tätern – etwa 200.000 Personen – daran nicht gelegen war, liegt auf der Hand. Anders sah es bei den hunderttausenden Mitwissern aus.[4] Sie wussten, hörten oder vermuteten manches, in der Regel jedoch nicht allzu Konkretes.[5] Die Massenmorde geschahen abgeschirmt im Osten. Darüber zu reden, wurde streng bestraft. Doch das allein erklärt nicht, warum auch bruchstückhaftes Wissen höchstens ein vages, dumpfes Schuldbewusstsein auslöste. Es war Krieg und was als dessen Forderungen und Notwendigkeiten erschien, musste getan werden. Dabei spielte die Gewöhnung der Täter an das Morden, bald auch von Frauen und Kindern, eine wichtige Rolle.[6] Mit der zunehmenden Selbstverständlichkeit des Mordens an „Untermenschen" ging eine spezifische Umwertung aller Werte Hand in Hand. Nicht nur die nationalsozialistische Führungsschicht, sondern auch breitere Kreise der Bevölkerung waren dann überzeugt, dass die Vernichtung des „verbrecherischen jüdischen Bolschewismus" gerechtfertigt sei. Dieser Prozess der Preisgabe traditioneller humanistisch-christ-

2 Zu Moltke allgemein vgl. G. Brakelmann, Helmuth James von Moltke. 1907–1945. Eine Biographie, München 2007.

3 F. von Moltke/M. Balfour/J. Frisby, Helmuth James von Moltke, 1907–1945. Anwalt der Zukunft, Stuttgart 1975, 215.

4 Zu den Hintergründen und hier genannten Zahlen vgl. H. Mommsen, Das NS-Regime und die Auslöschung des Judentums in Europa, Göttingen [3]2014, 207f.

5 Vgl. W. Kempowski, Haben Sie davon gewusst? Deutsche Antworten, Hamburg 1979; B. Dörner, Die Deutschen und der Holocaust. Was niemand wissen wollte, aber jeder wissen konnte, Berlin 2007.

6 C.R. Browning, Ganz normale Männer. Das Reserve-Polizeibataillon 101 und die „Endlösung" in Polen, Reinbek bei Hamburg [3]1999; H. Welzer, Täter. Wie aus ganz normalen Menschen Massenmörder werden, Frankfurt a.M. [5]2011.

licher Werte und das Einsickern der nationalsozialistischen Weltanschauung in das Selbstverständnis „ganz normaler Menschen" lässt sich exemplarisch anhand der Berichte von Annette Schücking an ihre Eltern verdeutlichen.[7] Die junge Frau kam aus einer konventionell katholischen westfälischen Familie und arbeitete in Rowno in der Ukraine in einem Soldatenheim. Neben ausführlichen Berichten über diesen Alltag äußerte sie in ihren Briefen Bewunderung für die militärischen Erfolge der Wehrmacht und billigte zugleich die deutsche Politik des Verhungerns der Bevölkerung: „Diese Schlachten sind ja meisterhaft, und wir haben auch die nötige Brutalität, um uns durch hungernde Menschen auf der gegnerischen Seite nicht von unseren Operationen abbringen zu lassen." Scheinbar unberührt fuhr sie fort: „In den Kriegsgefangenenlagern herrscht schon der Kannibalismus, hörte ich gestern." Nüchtern wiederholte sie die offizielle Lesart, wonach Zehntausende Kriegsgefangene und Zivilisten verhungern müssten, weil die Nahrung lediglich für die Wehrmacht reichte. Die Juden galten durchgängig als die Verursacher und Förderer des Kriegs, die „Russen" zutiefst davon infiziert. „Mit diesem Volke Mitleid zu haben, ist reiner Selbstmord und zugleich ein Verbrechen." Unbarmherzigkeit und schließlich Mord galten dann als Tugenden. Gefordert war die sittliche Leistung, die deutschen Massaker nicht nur als notwendig anzusehen, sondern als gerecht und darum gut. Am 8./9. November 1941 hatten die Deutschen ca. 18.000 Juden in Rowno erschossen.[8] Frau Schücking zeigte sich trotz ihrer ideologischen Gesinnung von diesem Verbrechen unverkennbar bewegt. Doch nicht den Vorgang stellte sie in Frage, sondern ihre eigene humane Reaktion. Am 13. November ließ sie ihre Eltern wissen, sie sei „bald [...] auch so weit, dass ich die rechtlichen Empörungen in mir überwunden habe". Sobald man dahin gekommen wäre, sei alles leichter und man könne auch vergessen. Schücking unterstrich, dass diese Haltung nicht Ausdruck von Ungesetzlichkeit und Unmoral sei: „Auch die anständigsten Leute hier sind schon alle so weit." Sie sah sich allerdings erst auf dem Weg dorthin: „Bis jetzt zwar regt es mich immer noch wahnsinnig auf, ein Kind zu sehen und zu wissen, dass es in 2–3 Tagen tot sein wird."

Die hier etwas ausführlicher geschilderte individuelle Zustimmung zur vom Nationalsozialismus geforderten neuen Moral bildete keinen Sonderfall, sondern eine in weiten Teilen vor allem der jüngeren Generation dominierende Einstellung. Mochte es an der persönlichen Aneignung dieser Gesinnung noch mangeln – zumal wenn es um Massenmord an Frauen und Kindern ging: Im gegen-

7 Siehe J. Paulus/M. Röwekamp (Hg.), Eine Soldatenheimschwester an der Ostfront. Briefwechsel von Annette Schücking mit ihrer Familie (1941–1943), Paderborn 2015. Die folgenden Zitate finden sich ebd., 122.264.157.

8 Vgl. D. Cesarani, Final Solution. The Fate of the Jews 1933–1949, London 2016, 400.

wärtigen weltanschaulichen Ringen, von dem die Propaganda pausenlos sprach und das jeder Tag des Kriegs gegen die Sowjetunion zu bestätigen schien, mussten individuelle Vorbehalte im Blick auf Recht und Humanität zurücktreten, mussten die großen, alles übergreifenden nationalsozialistischen Zielsetzungen als Wahrheit gelten. Von Schuld konnte dann höchstens insofern die Rede sein, als man nicht alles für die Durchsetzung der neuen Moral gab und tat.

Eindeutig richtete sich diese nationalsozialistische Theorie und Praxis gegen die Wurzeln der Humanität und des Christentums. In diesen Zusammenhang gehören unverkennbar die mit knappen Anmerkungen versehenen Veröffentlichungen der Zehn Gebote durch beide Großkirchen. Sie entstanden unabhängig voneinander und konzentrierten sich auf die Aktualisierung des Gebots: „Du sollst nicht töten!" Angesprochen waren hier wie da die Gemeinden und die einzelnen Christen. Die Katholiken bezeichneten die „Zehn Gebote als Lebensgesetz der Völker".[9] Der Text wurde am 12. September 1943 von den Kanzeln verlesen. Nachdrücklich hieß es zuletzt: Es gehe entscheidend um „die Wahrung der Gottesrechte und der in ihnen wurzelnden Menschenrechte im öffentlichen Leben der Völker". Die Bekenntnissynode der Evangelischen Kirche der Altpreußischen Union, die im Oktober 1943 in Breslau tagte, rückte ebenfalls das Gebot „Du sollst nicht töten!" in den Mittelpunkt ihrer Überlegungen. In der knapp kommentierenden Darlegung der Bedeutung der Zehn Gebote für die Gemeinden hieß es: „Durch unser Volk und selbst durch unsere evangelischen Gemeinden geht eine große, ständig wachsende Unsicherheit darüber, ob die heiligen 10 Gebote Gottes noch gültig sind. Viele lassen sie nicht mehr in ihrem unerbittlichen Ernst gelten, nicht wenige verwerfen sie offen. Auch wird verschwiegen oder geleugnet, dass Gott mit der Achtung der 10 Gebote unserem Volk Segen über Segen geschenkt, Zucht und ehrbares Leben gewirkt, die Gewissen geweckt und zur Verantwortung vor ihm gerufen hat."[10] Die Kernsätze der Auslegung des 5. Gebotes lauteten: Das Leid, das der Krieg bringe, könne geistlich nur bewältigt werden „aus der Buße, mit der Anerkennung der eigenen Schuld an diesem Leid". Das bedeute: „Begriffe wie ‚Ausmerzen', ‚Liquidieren' und ‚unwertes Leben' kennt die göttliche Ordnung nicht. Vernichtung von Menschen, lediglich weil sie Angehörige eines Verbrechers, alt oder geisteskrank

9 Zum Kontext: H. Hürten, Deutsche Katholiken 1918–1945, Paderborn 1992, bes. 527–530.

10 Vgl. J. Kampmann, Die 12. Bekenntnissynode der Evangelischen Kirche der APU in Breslau am 16./17.10.1943. Eine Sammlung einschlägiger Quellen, in: W. Hüffmeier/J. Kampmann (Hg.), „Du sollst nicht töten" – Gottes Gebot im Totalen Krieg. Dokumentation des deutsch-polnischen Symposions vom 3. bis 5. Oktober 2003 in Wrocław zum Gedenken an die letzte Bekenntnissynode der Evangelischen Kirche der altpreußischen Union im Jahr 1943 in Breslau, Bielefeld 2006, 103–190. Die folgenden Zitate siehe ebd., 147.121.123f.125.

sind oder einer fremden Rasse angehören, ist keine Führung des Schwertes, das der Obrigkeit von Gott gegeben ist." Und in klarem Widerspruch zur neuen nationalsozialistischen Ordnung und Moral erklärte die Synode: „Wir können uns nicht von den Vorgesetzten die Verantwortung vor Gott abnehmen lassen. Gott wird die von uns fordern, die wir zu Unrecht töteten und furchtbar ist die Drohung, die gegen den Mörder ausgesprochen wird (Offenbarung 21,8; 22,15)."

Man hat oft erklärt, diese Äußerungen der Synode wie auch der Bischofskonferenz seien zu spät gekommen, um gegen die „Euthanasie" und den Mord an den Juden wirksam Front zu machen.[11] Doch darum ging es den Vertretern beider Kirchen höchstens an zweiter Stelle. Im Vordergrund stand für sie das Bemühen um die geistige und geistliche Stabilisierung der Gemeinden und des einzelnen Christen, um sie gegen jene Umwertung aller Werte stark zu machen. Das galt als Gebot der Stunde. In der Formulierung Moltkes: „Wie kann das Bild des Menschen in den Herzen unserer Mitbürger wiederhergestellt werden?"[12]

Einen mächtigen Widerpart gegen die Verbreitung und Wirkung solcher christlichen Zeugnisse und Mahnungen bildeten die Erfahrungen der Deutschen in den letzten Monaten des Kriegs. Sie sahen sich als Opfer – und sie waren es jetzt auch.[13] Die alliierten Bomberflotten legte eine deutsche Stadt nach der andern in Trümmer. Einen Höhepunkt bildete die Vernichtung Dresdens am 14./15. Februar 1945 mit ca. 35.000 Toten. Tiefflieger, die auf alles schossen, was sich bewegte, gehörten zum Alltag. Zugleich handelte das Regime nun rücksichtslos gegen die eigene Bevölkerung, um den Zusammenbruch hinauszuschieben. Flüchtlinge und Vertriebene aus dem Osten sahen sich hilflos der Rache der bis dahin Unterdrückten sowie der Roten Armee ausgeliefert. Systematische Vergewaltigungen begleiteten ihren Vormarsch. Dasselbe gilt von französischen Kolonialtruppen in Württemberg oder der Pfalz. An den Fronten fielen im letzten Kriegsjahr mehr deutsche Soldaten als in allen Jahren davor. An der Ostfront starben laut Statistik in jeder Minute 4 deutsche und 10 sowjetische Soldaten. Solche traumatischen Erfahrungen deckten zu, was in den Monaten und Jahren davor geschehen war.

---

11 So auch J. Kampmann, Die Breslauer Bekenntnissynode 1943 und der Weg der Bekenntnissynoden der APU als kirchliche Opposition, in: Hüffmeier/Kampmann, Bekenntnissynode (s. Anm. 10), 15–34: 32.

12 Brief Helmuth James von Moltke an Lionel Curtis, 18.4.1942, in: von Moltke/Balfour/Frisby, Moltke (s. Anm. 3), 185.

13 Vgl. dazu I. Kershaw, Das Ende. Der Kampf bis in den Untergang. NS-Deutschland 1944/45, München 2011, bes. 475–541.

„Wirklich im Gedächtnis blieb die für so viele Deutsche verheerende Erfahrung der furchtbaren letzten Monate.“[14]

2 Die Stuttgarter Schulderklärung

Es gab nur eine Institution in Deutschland, die es jetzt, nach dem Zusammenbruch des „Dritten Reiches“ wagte, von deutscher Schuld zu sprechen, nämlich der Rat der Evangelischen Kirche in Deutschland (EKD).[15] Opportun war das nicht. Die Argumente für die Verweigerung lagen bereit: Angefangen bei Notwehr und Kriegsnotwendigkeiten, über die Mächtigkeit der Forderungen und Befehle des Regimes bis hin zur Schuld der andern, der Siegermächte also. Aber zudecken ließ sich das Wissen um die deutsche Schuld nicht. Bei einem Treffen katholischer und evangelischer Persönlichkeiten am 17. Juni 1945 im Haus des ehemaligen Reichministers Andreas Hermes in Berlin ging es um die Bildung einer neuen Partei. Daraus entstand dann die CDU. Einig waren sich die Versammelten, dass von deutscher Schuld geredet werden müsse. Einer der Teilnehmer, der frühere Zentrumspolitiker Heinrich Krone, später Vorsitzender der CDU/CSU-Fraktion im Deutschen Bundestag, notierte dazu: „Wir tragen alle ein Stück Schuld. Wer könnte sich freisprechen, selbst wenn er im Zuchthaus saß. Doch auch das will gesehen und betont sein, dass die Gefängnisse und Zuchthäuser übervoll waren, voll von Menschen, die leidenschaftlich gegen den Nationalsozialismus standen.“ Von beidem müsse geredet werden, doch dabei sei „die nationale Würde auch vor dem Feinde nicht [zu] vermissen“.[16] Wie das miteinander zu verbinden wäre, beschäftigte in der Folgezeit in Deutschland viele.

Am 23. Februar 1946 schrieb ein angesehener Politiker der ehemaligen Zentrumspartei an einen ihm gut bekannten katholischen Pfarrer: „Nach meiner Meinung trägt das deutsche Volk und tragen die Bischöfe und der Klerus eine große Schuld an den Vorgängen in den Konzentrationslagern.“ Und weiter: „Ich glaube, dass wenn die Bischöfe alle miteinander an einem, bestimmten Tage von den Kanzeln aus dagegen Stellung genommen hätten, sie vieles hätten verhüten können. Das ist nicht geschehen und dafür gibt es keine Entschuldigung. Wenn die Bischö-

---

14 Kershaw, Ende (s. Anm. 13), 519.

15 Der Hirtenbrief der katholischen Bischöfe im August 1945 war kein Schuldbekenntnis der Kirche, sondern ein ausführlicher Beichtspiegel. Vgl. M. Greschat, Die evangelische Christenheit und die deutsche Geschichte nach 1945. Weichenstellungen in der Nachkriegszeit, Stuttgart 2002, bes. 137–139.

16 H. Krone, Tagebücher, Bd. 1, 1945–1961, Düsseldorf 1995, 17.

fe dadurch ins Gefängnis oder in Konzentrationslager gekommen wären, so wäre das kein Schade, im Gegenteil. Alles das ist nicht geschehen, und darum schweigt man am besten."[17] Der Verfasser des Briefes war Konrad Adenauer. Die Überzeugung, jetzt besser zu schweigen, hing fraglos auch mit der Einsicht zusammen, dass man mit der Erinnerung an die Schuld der Deutschen keine effiziente Politik betreiben könne.

Um eine andere Art von Politik sollte es bei den Bemühungen gehen, die deutsche evangelische Kirche wieder in die Genfer ökumenische Bewegung einzubinden. Der Vatikan mühte sich, die immense Not in Deutschland zu lindern. Dasselbe wollte man in Genf tun. Doch die Glieder dieser Ökumene erwarteten eine Stellungnahme zum Verhalten der evangelischen Kirche in der Zeit des Nationalsozialismus mitsamt ihrer Verwicklung in die Verbrechen jener Jahre. Auf keinen Fall sollte sich wiederholen, was die ökumenische Bewegung nach 1918 belastet und die Beziehungen vergiftet hatte: Als nämlich Franzosen hier und Deutsche da permanent erklärten, sie könnten nur dann an gemeinsamen Tagung teilnehmen, wenn die andere Seite zuvor ihre Schuld am Ausbruch des Ersten Weltkriegs bekannt hätte.[18] Jetzt, also 1945, sah die Situation völlig anders aus. An der deutschen Schuld am Zweiten Weltkrieg konnte niemand ernsthaft zweifeln. Nun gelte es, das auch auszusprechen, drängten etwa Karl Barth in Basel oder Adolf Freudenberg aus Genf. Der Diplomat Freudenberg hatte wegen seiner jüdischen Frau das Auswärtige Amt verlassen und arbeitete als Theologe im Stab der ökumenischen Bewegung. Er kenne die Stimmung im Ausland gegenüber Deutschland, schrieb Freudenberg Ende Juli 1945 an Otto Dibelius: „Je klarer unsere Kirchen zur Mitverantwortung für die Untaten des Nazismus stehen und in Wort und Tat zeigen, dass sie sich von diesem Ungeist freimachen, desto leichter wird es den Schwesterkirchen, sich für einen neuen konstruktiven Geist bei der Behandlung Deutschlands einzusetzen, und desto kräftiger wird sich eine ehrliche Bußhaltung auch in diesen Kirchen durchsetzen."[19] Mitte Oktober wiederholte Freudenberg seinen Appell: Wenn man bedenke, was Millionen Menschen in den von den Deutschen besetzten Ländern erleiden mussten, sei es nicht hoch genug zu schätzen, dass nun Männer von dort kommen wollten, „um Euch ehrlich und ohne Hintergedanken die Bruderhand zu reichen". Der Rat der EKD werde dann hoffentlich „in einem

17 K. Adenauer, Briefe 1945–1947, bearbeitet von H.P. Mensing, Berlin 1983, 172f.

18 Vgl. den Überblick bei W. Weiße, Praktisches Christentum und Reich Gottes. Die ökumenische Bewegung Life and Work 1919–1937, Göttingen 1991, 107–122.141–161.176–184.

19 G. Besier/G. Sauter, Wie Christen ihre Schuld bekennen. Die Stuttgarter Erklärung 1945, Göttingen 1985, 25. Das folgende Zitat ebd., 26. Allgemein: Greschat, Die evangelische Christenheit (s. Anm. 15).

kurzen, schlichten Wort [aussprechen], dass die Kirche in Deutschland die Schuld des deutschen Volkes an all dem Entsetzlichen, was in den letzten zwölf Jahren in seinem Namen geschehen ist, anerkenne und sich zu der Verantwortung der Kirche an dem Geschehenen bekenne“. Sehr konkret wäre zu reden, mit Worten tiefen Bedauerns „für das Terror-Regime, das in den von den Deutschen besetzten Ländern gewütet hat und besonders für alles Leid, das dieses Regiment über Brüderkirchen und treue Zeugen Christi gebracht hat, von denen viele Opfer dieses Verfolgung geworden sind (vgl. Holland, Norwegen, auch Frankreich, Länder des Ostens usw.)“. Ebenso wie andere Vertreter der Ökumene unterstrich Freudenberg zugleich, dass die Deutschen auf keinen Fall zu einer solchen Erklärung zu zwingen wären. Eine abgenötigte Stellungnahme wäre nutzlos.

Die ökumenische Delegation mit Männern aus den Niederlanden und der Schweiz, aus Frankreich sowie den USA und verspätet auch aus England traf am 16. Oktober 1945 in Stuttgart ein. Dort hatte sich der im August 1945 als neues Leitungsgremium gebildete Rat der EKD zu seiner zweiten Sitzung versammelt. Am Nachmittag des 18. Oktobers fand dann die Begegnung mit der Delegation aus der Ökumene (ÖRK) statt.[20] Nach dem Drängen des Ratsvorsitzenden, des württembergischen Bischofs Theophil Wurm, auf Schritte zur Rechristianisierung der Bevölkerung zielte Willem A. Visser ’t Hooft, der Generalsekretär des ÖRK, auf das zentrale Thema: Er erinnerte an die deutschen Verbrechen und schloss: „Helfen Sie uns, dass wir helfen können. Das ist der Sinn unseres Gesprächs.“ Die Ratsmitglieder verstanden, worum es ging. Hans Asmussen, jetzt Leiter der Kirchenkanzlei der EKD, antwortete, dass er als einzelner und als Glied seines Volkes an den vor ihm stehenden Brüdern gesündigt habe, wofür er sie um Vergebung bitte. Martin Niemöller schloss sich diesem Bekenntnis an und betonte, dass es sich bei Asmussens Worten um die „Stimme [handle], in der sich das Gewissen unserer Kirche ausspricht“. Niemöller fuhr fort: „Liebe Brüder von der Ökumene, wir wissen, dass wir mit unserem Volke einen verkehrten Weg gegangen sind, der uns als Kirche mitschuldig gemacht hat an dem Schicksal der ganzen Welt.“ Auch er bat Gott und die Vertreter der Ökumene um Vergebung. Im gleichen Sinn äußerte sich der reformierte Pfarrer Wilhelm Niesel, der 1946 zum Moderator, dem Vorsitzenden also des Reformierten Bundes, gewählt wurde.

Daraufhin ergriff sichtlich bewegt der Niederländer Hendrik Kraemer, Professor für Religionssoziologie, das Wort. Er war von den Deutschen einige Zeit als Geisel verhaftet gewesen und hatte deshalb beschlossen, nichts mehr mit Deutsch-

---

20 Vgl. zum Folgenden siehe M. Greschat, Die Schuld der Kirche. Dokumente und Reflexionen zur Stuttgarter Schulderklärung vom 18./19. Oktober 1945, München 1982 mit Zitatbelegen.

land zu tun haben zu wollen. Jetzt erinnerte er an die Leiden seines Volkes, dankte für das Gehörte und versicherte, fraglos allzu optimistisch: „In Holland herrscht der brennende Wunsch, dass der Weg offen wird und wir zusammenstehen für Christus in Deutschland und in Holland und in Europa". Auch ihm ging es um einen umfassenden Neuanfang im Geist des Evangeliums. Zuletzt wünschte Kraemer eine schriftliche Fixierung der deutschen Äußerungen. Alphons Koechlin, Präsident des Schweizer Evangelischen Kirchenbundes, schloss sich dieser Bitte nachdrücklich an: „damit viele in unserer Kirche die Worte hören, die hier gesprochen worden sind, damit wir sagen können: So empfindet es einmütig der Rat der Evangelischen Kirche in Deutschland. Möchte es Gott uns schenken, dass das durch seinen Geist in uns in dieser Stunde Geschenkte ganz echt werde in aller Wahrheit."

Am Abend formulierten die Ratsmitglieder den gewünschten Text. Vorher jedoch mussten zwei grundsätzliche Fragen geklärt werden. Zum einen: Am Nachmittag jenes 18. Oktobers hatten die Ratsmitglieder sowie die ökumenischen Gäste Berichte über die schlimmen Vorgänge im Osten Deutschlands und in der Tschechoslowakei gehört, Einzelheiten über die Verbrechen an deutschen Zivilisten, Frauen, Kindern und alten Männern. Musste man nicht auch darüber mit den Vertretern der Ökumene reden? War es nicht geboten, diese Ausschreitungen ebenso zu verurteilen wie die deutschen Verbrechen? Die Mitglieder des Rates kamen überein, das nicht zu tun. Ausdrücklich wollten sie „die Aufrechnung von Schuld und Gegenschuld" überwinden, um eine umfassende Wende, eine grundsätzliche Umkehr einzuleiten. Vielleicht war dieser Entschluss in dieser Situation die bedeutendste Tat des Rates der EKD.

Sodann standen seine Mitglieder vor der Frage, ob es zu verantworten sei, der ökumenischen Delegation, in der die Kriegsgegner Deutschlands dominierten, eine schriftliche Erklärung über die deutsche Schuld auszuhändigen. Andererseits war klar, dass man den Gästen nach den mündlichen Schuldbekenntnissen unmöglich eine schriftliche Stellungnahme verweigern konnte. Es wurde daher beschlossen, der ökumenischen Delegation den Text im Vertrauen darauf zu übergeben, dass sie ihn nicht politisch nutzten. Die Presse sollte das Dokument nicht erhalten! Die Naivität, die Erklärung vor der größeren Öffentlichkeit verbergen zu können, hatte, wie sich schnell zeigte, schlimme Folgen. Denn natürlich wurde die Stuttgarter Schulderklärung sogleich bekannt: jedoch mit politischen Kommentaren und gerade nicht mit kirchlichen Erläuterungen! Die Vertreter der Ökumene machten den Text nicht publik, sondern wahrscheinlich britische Militärs, die ihn teilweise oder ganz in weltlichen Tageszeitungen unter politisch-publizistisch griffigen Überschriften verbreiten ließen: „Evangelische Kirche bekennt

Deutschlands Kriegsschuld". So lernten die Menschen in Deutschland zunächst die Stuttgarter Schulderklärung kennen. Die allgemeine Empörung war enorm, nicht zuletzt in der evangelischen Kirche. Von Flensburg bis Lindau hagelte es nicht nur empörte Zurückweisungen solcher Aussagen, sondern auch massive Beschimpfungen der Autoren.

Was irritierte, ärgerte oder erbitterte an diesem Text? Zunächst die Aussage, dass die evangelische Kirche solidarisch sei mit der Schuld und dann auch dem Leiden des deutschen Volkes. Das hieß konkret: „Durch uns ist unendliches Leid über viele Völker und Länder gebracht worden." Wen dieses „uns" auch meinte: das deutsche Volk gehörte jedenfalls dazu, auch die evangelische Kirche und nicht zuletzt alle evangelischen Christen, bis hin zu den hier in Stuttgart anwesenden Mitgliedern der ehemaligen Bekennenden Kirche, die nun den Rat der EKD bildeten. Sie alle hafteten also, erklärte das Dokument, für das Schreckliche, das im deutschen Namen verübt worden war.

Sich dieser Verantwortung nicht zu entziehen, sondern sie persönlich zu akzeptieren, war das Ziel der folgenden Komparative: „Wir klagen uns an, dass wir nicht mutiger bekannt, nicht besser gebetet, nicht fröhlicher geglaubt und nicht brennender geliebt haben". Werden diese Worte aus dem Zusammenhang gerissen, müssen sie wie Selbstrechtfertigungen klingen. Welcher Christ konnte denn von sich sagen, dass er hinreichend bekannt, gebetet, geglaubt und geliebt hätte! In der Erklärung wollten diese Wendungen jedoch ausdrücken, dass die einzelnen Mitglieder des Rates der EKD stellvertretend bekannten, dass die Wurzel alles Üblen in jener Vergangenheit im Versagen des konkreten Vertrauens auf Gott lag, in der persönlichen Kraftlosigkeit des Glaubens, der Hoffnung und der Liebe des einzelnen Christen. Das sollte nun anders werden! Davon handelten die beiden letzten Abschnitte der Erklärung. Sie zielten auf die kirchliche Neuordnung zusammen mit der Ökumene. Die Notwendigkeit, aber auch die Möglichkeit eines solchen neuen Anfangs in der deutschen evangelischen Kirche stand im Zeichen der Hoffnung, dass Gott sie noch einmal als „sein Werkzeug" benutzte. Und dazu gehörte schließlich das Bemühen, zusammen mit den anderen Kirchen in der Ökumene „dem Geist der Gewalt und der Vergeltung zu wehren,[...], damit der Geist des Friedens und der Liebe zur Herrschaft komme, in dem allein die gequälte Menschheit Genesung finden kann".

Höchst problematisch war jedoch die Aussage, die vor dem individuellen und kollektiven Versagen der Christen gemacht wurde: Man habe „lange Jahre hindurch im Namen Christi gegen den Geist gekämpft, der im nationalsozialistischen Gewaltregime seinen furchtbaren Ausdruck gefunden hat". Die Subsumierung des Nationalsozialismus unter den „Geist des Säkularismus" verharmloste das

Regime Hitlers. 1928, auf der Tagung des Internationalen Missionsrats in Jerusalem, waren die Delegierten übereingekommen, den modernen Abfall von Gott mitsamt den daraus resultierenden, religiös aufgeladenen Phänomenen als „Säkularismus“ zu bezeichnen.[21] Dagegen hatte die evangelische Kirche in der Tat seit dem Zweiten Kaiserreich gestritten: gegen die gottlose Sozialdemokratie und den Kommunismus, gegen die Unmoral des liberalen Judentums, gegen Materialismus, Selbstsucht und den religionslosen Weimarer Staat. Dass der Nationalsozialismus hier eingeordnet wurde, macht die politisch-mentale Position des Rates der EKD deutlich. Gewiss, man wollte – im Sinne der oben erwähnten Überlegung Heinrich Krones – festhalten, dass es in der evangelischen Kirche durchaus auch Widerstand gegen den Nationalsozialismus gegeben habe. Aber die hier verwendete Formulierung relativierte dessen Terror und deckte zugleich zu, dass große Teile der evangelischen Christenheit, mit Einschluss der hier anwesenden Männer, zunächst der Bewegung Hitlers und dem „Führer“ erhebliche Zustimmung entgegengebracht hatten.

3 Auswirkungen

Am Morgen des 19. Oktobers trafen sich der Rat der EKD und die ökumenische Delegation zur gemeinsamen Sitzung. Asmussen verlas die Schulderklärung und übergab jedem Vertreter der Ökumene ein von den Ratsmitgliedern unterzeichnetes Exemplar. Zugleich bat er, den Text nicht politisch zu missbrauchen. Pierre Maury, Vertreter des Französischen Protestantischen Kirchenbundes, antwortete: „Entschuldigen Sie mein unzulängliches Deutsch. Wir sind tief dankbar für das Papier. Es ist Ihnen nicht leicht, uns dieses zu geben. Sie geben es uns aber in Christus, darum wird es leicht. Sie wollen Ihrem Volk treu sein, das in Verzweiflung lebt. Wir wollen es annehmen ohne pharisäischen Stolz, sondern auch vor Gott.“ Zuletzt wurden Bischof Wurm und Niemöller als die Vertreter der EKD in den im Aufbau begriffenen Ökumenischen Rat aufgenommen. Das Ziel der Begegnung war somit erreicht, die deutsche evangelische Kirche gehörte wieder vollberechtigt zur ökumenischen Gemeinschaft. Das bedeutete zugleich: Hier war eine Bresche in die Mauer des Hasses geschlagen, die Deutschland und alles Deutsche umgab. Christen aus zutiefst miteinander verfeindeten Nationen wagten es, gemeinsam

21 Vgl. K. Nowak, Zur protestantischen Säkularismus-Debatte um 1930, WPKG 69/1 (1980), 37–51; M. Huttner, Totalitarismus und säkulare Religion, Bonn 1999; H.A. Warren, Theologians of a New World Order. Reinhold Niebuhr and the Christian Realists, 1920–1948, New York 1997.

zu sprechen: „So bitten wir in einer Stunde, in der die ganze Welt einen neuen Anfang braucht: Veni creator spiritus!" Die Stuttgarter Schulderklärung war also keine Zusammenfassung dessen, was Christen und Deutsche zum Thema Schuld zu sagen hatten. Noch weniger war sie das Bekenntnis der deutschen Kollektivschuld. Es handelte sich vielmehr um ein Wort, das evangelische Christen zu anderen Christen in der besonderen Situation der Reue, Buße und Umkehr sagten.

Ganz anders reagierte, wie erwähnt, die breite Öffentlichkeit insbesondere in Westdeutschland und durchaus auch viele evangelische Christen.[22] Voller Entrüstung und Empörung warfen zahllose Briefschreiber dem Rat der EKD Verrat vor an Volk und Vaterland, feigen Opportunismus gegenüber den Siegermächten und die ebenso würdelose wie unverantwortliche Unterstützung der alliierten Behauptung der Kollektivschuld aller Deutschen. Der Rat der EKD wich unter diesem Druck zurück. Genauer gesagt: Den meisten seiner Mitglieder genügte die ökumenische Verständigung. Wollte oder musste man darüber hinausgehen, war es geboten, auch Anderes auszusprechen. Man wollte die Stuttgarter Erklärung gewiss nicht zurücknehmen, auch nicht relativieren, wohl aber „ergänzen". Der Mehrheit des Rates fehlten also die Kraft und der Mut, das, was man der ökumenischen Delegation gegenüber bekannt hatte, der eigenen Bevölkerung zuzumuten. Kennzeichnend für diese Einstellung war der Kommentar zur Stuttgarter Schulderklärung, den Hans Asmussen im November 1945 verfasste: Nach dem Eingeständnis ihrer Schuld hätten die Deutschen jetzt nicht nur das Recht, sondern die Pflicht, die Schuld der andern, also der Besatzungsmächte, beim Namen zu nennen. Der Rat der EKD und viele evangelische Kirchenleitungen schlugen sogleich in dieselbe Kerbe. Man wolle keinesfalls die eigene Schuld leugnen. Aber deshalb müsse man offen auf die falsche und gefährliche Politik der Alliierten hinweisen: bei der Entnazifizierung, den Demontagen sowie den Vertreibungen der Deutschen aus der Tschechoslowakei und den Ostgebieten des Deutschen Reichs.

Man wird es kaum abwegig nennen können, dass der Rat der EKD sich zum Anwalt des Volkes machte. Doch höchst problematisch war die Art und Weise, wie das im Dezember 1945 in einem Schreiben des Rates der EKD an den Erzbischof von Canterbury geschah.[23] Da wurde die Vertreibung der Deutschen auf eine Stufe mit der systematischen Ermordung der Juden gerückt. Die Nöte und der Hunger in Deutschland galten als Ergebnis einer gezielten Politik, um „Millionen Unschuldiger verhungern zu lassen". Von der Mitschuld des Auslands am Aufstieg des Nationalsozialismus aufgrund des Versailler Vertrags war die Rede und von

22 Vgl. zum Folgenden Greschat, Schuld (s. Anm. 20), bes. 110–155.216–301.

23 Greschat, Schuld (s. Anm. 20), 128–131.

der Steigerung dieser Schuld, wenn die Besatzungsmächte trotz solcher bitteren Erfahrungen noch einmal dieselbe Politik der Unterdrückung Deutschlands betrieben. Kein Volk sei ohne Schuld, hieß es zuletzt. Es komme deshalb darauf an, die politische Ebene zu verlassen und im Geiste Christi einen neuen, besseren Weg des Gehorsams gegenüber Gottes Geboten zu suchen und zu gehen.

In England löste dieses Schreiben verständlicherweise Ärger und Empörung aus. In Deutschland wurzelte die laute und erbitterte Kritik an der Schulderklärung nicht primär in deren Defiziten oder Mängeln, sondern unverkennbar in der herben Enttäuschung über das Verhalten der evangelischen Kirche. Man musste jetzt erleben, dass diese Kirche nicht wie bisher als Anwalt und Verbündeter des deutschen Volkes auftrat, keinen Trost spendete. Mit der Stuttgarter Schulderklärung löste sich die Leitung der evangelischen Kirche prinzipiell von jenem Nationalprotestantismus, in dem deutsches Volk und evangelisches Christentum eine nahezu unauflösliche Einheit gebildet hatten. Wie bedingungslos stand diese Kirche im Ersten Weltkrieg an der Seite Deutschlands! Wie kompromisslos hatte sie gegen den Vertrag von Versailles gekämpft! Wie entschlossen waren von ihr sämtliche Verdächtigungen und Unterstellungen seitens des Auslands in der Zeit der Weimarer Republik und auch noch in den Anfangsjahren des „Dritten Reiches" zurückgewiesen worden! Und nun sprach diese evangelische Kirche plötzlich von deutscher Schuld, statt zu rechtfertigen und zu trösten! Das schockierte und empörte.

Niemöller drängte in Predigten und Reden unermüdlich darauf, dass die Deutschen die eigene, persönliche Schuldverflochtenheit anerkannten. Doch der Rat der EKD distanzierte sich zunehmend von dieser Ausweitung der Stuttgarter Erklärung. Bereits im Sommer 1946 hieß es, nun sei genug von Schuld geredet. „Nicht noch einmal eine solche Wiederholung. Das ist einmal geschehen und damit abgeschlossen", urteilte der bayerische Landesbischof Hans Meiser. Diese Entwicklung wurde dadurch gefördert, dass die Ratsmitglieder und viele Theologen meinten, das Thema Schuld gehöre in den Bereich der Innerlichkeit. Vor Gott müsse sie der Einzelne regeln. Diese Interpretation der lutherischen Rechtfertigungslehre war weit, allzu weit verbreitet. Dadurch ließ sich das Faktum, dass Schuld Strafe nach sich zog, nicht zuletzt soziale und politische, immer weniger vermitteln. Das galt schließlich auch für Niemöller. Weil die Politik der Entnazifizierung zu Verhältnissen geführt habe, die die innere Umkehr verhinderten – worauf es doch entscheidend ankomme – und weil die Praxis der Entnazifizierung eine Situation geschaffen habe, „die auf Schritt und Tritt an die hinter uns liegenden Schreckensjahre erinnert", forderte er am 1. Februar 1948 die Gemeindeglieder im Namen der Kirchenleitung auf: „Wirkt an dieser Sache, die so viel Unrecht im

Gefolge hat, nicht länger aus freien Stücken als öffentlicher Ankläger oder als freiwilliger Belastungszeuge mit!“[24]

An den kirchlichen Reaktionen auf die von den Alliierten betriebene Entnazifizierung lässt sich dieser Sachverhalt ablesen.[25] Bei der Entnazifizierung handelte es sich gewiss um einen komplexen, auch widersprüchlichen Prozess, der durchaus manche berechtigte Kritik herausgefordert hat. Der Rat der EKD und die Landeskirchen bejahten prinzipiell die Entnazifizierung. Doch gleichzeitig attackierten sie nahezu sämtliche Einzelheiten und insbesondere die verhängten Strafen. Innere Reue, Buße und Umkehr einerseits und andererseits von außen, zumal von den Alliierten, auferlegte Strafen entwickelten sich dann schnell zu Gegensätzen. Aus diesem Selbstverständnis heraus verabschiedete der Rat der EKD am 2. Mai 1946 zusammen mit den Leitungen der ihm angeschlossenen Landeskirchen „zwei Entschließungen zu Entnazifizierung“.[26] Diese richteten sich an die Gemeinden, gleichzeitig aber auch an den Alliierten Kontrollrat in Berlin, an sämtliche Militärregierungen, die deutschen Landesregierungen sowie an alle evangelischen Kirchenleitungen. Inhaltlich unterzog das Schreiben das von den Amerikanern durchgesetzte „Gesetz zur Befreiung von Nationalsozialismus und Militarismus“ einer vernichtenden Kritik. Die Einrichtung von Spruchkammern sei „nicht geeignet, zu wirklich gerechten Ergebnissen zu führen“, weil der angeklagte Parteigenosse seine Unschuld beweisen müsse, anstatt bis zum Erweis des Gegenteils als unschuldig zu gelten. Schlimmer noch sei die automatische Entlassung aller Mitglieder der NSDAP. „Die Entfernung vieler Menschen aus Ämtern, die sie an sich untadelig wahrgenommen haben, und ihre Ausstoßung in wirtschaftliche Verelendung geht über die Maßnahmen hinaus, die in den vergangenen Jahren in der gleichen Frage in Deutschland getroffen wurden.“ Lüge und Denunziation, Nihilismus und zunehmende Hoffnungslosigkeit werde dieses Gesetz bewirken!

Das Ausland reagierte fassungslos. Wütend nahm Barth zur Kenntnis, dass auch Niemöller hinter jenem Schreiben stand. Am 7. Juni 1946 schrieb ihm Barth: „Eben der Typ derer, die ihre Ämter ‚an sich untadelig wahrgenommen‘ (und im übrigen Order pariert!) haben, war doch die stärkste Stütze des Nazi-Regimes. [...] Warum macht sich die Kirche zum Anwalt gerade dieses Typs? Und wie konnte sie meinen, die Alliierten mit dem Hinweis auf diesen Typ zu beeindrucken? [...] Hat

24 Siehe C. Vollnhals, Evangelische Kirche und Entnazifizierung 1945–1949. Die Last der nationalsozialistischen Vergangenheit, München 1989, bes. 103–111.

25 Vgl. dazu Vollnhals, Evangelische Kirche (s. Anm. 24); ders. (Hg.), Entnazifizierung. Politische Säuberung und Rehabilitierung in den vier Besatzungszonen 1945–1949, München 1991.

26 Die Protokolle des Rates der Evangelischen Kirche in Deutschland, Bd. 1, 1945/46, bearbeitet von C. Nicolaisen/N.A. Schulze, Göttingen 1995, 502–506.

man die Millionen Juden und Sozialisten schon wieder vergessen, denen wahrlich Schlimmeres widerfahren ist? Meint man, die Alliierten hätten sie auch schon vergessen?" Der Rat der EKD blicke „vor allem auf die durch die Entnazifizierung berührte mittlere und bessere Gesellschaftsschicht: gerade dahin, wo das für den Aufstieg und die Entfaltung des Nationalsozialismus entscheidend verantwortliche Tun und Lassen stattfand." Schroff schloss Barth: „Es ist eine im entscheidenden Punkt trotz Stuttgart noch immer unbußfertige und verstockte Kirche!"[27]

Bildete das im August 1947 veröffentlichte „Wort des Bruderrats der EKD zum politischen Weg unseres Volkes", nach dem Entstehungsort meist „Darmstädter Wort" genannt, eine Alternative?[28] Der Systematische Theologe Hans Joachim Iwand, ein mutiger Mann der Bekennenden Kirche und entschiedener theologischer Anhänger Barths, zeigte sich besorgt, „dass die Kirche als Rückzugsgebiet für den verdrängten Nationalismus benutzt wird". Dagegen gelte es, Front zu machen. „Es geht nicht, dass wir auf zwei Rechnungen wirtschaften: Hier sind wir Christen und hier sind wir Nationalisten!" Gefordert sei daher, „die politische Existenz des Christen verantwortlich [zu] klären". Der Bruderrat der EKD müsse „eine politische Linie" vertreten.

Zu diesem Zweck formulierte Iwand einen Text, der darauf zielte, den „Bindestrich zwischen christlich und konservativ" zu beseitigen. Der Entwurf wurde vom Bruderrat gestrafft und vor allem durch Barth verschärft. Hatte Iwand eher werbend argumentiert, wurde nun postuliert. Dementsprechend stand jetzt die Verwerfung von vier Irrwegen der evangelischen Kirche und des deutschen Volkes im Mittelpunkt des Dokuments. Zunächst war vom ungehemmten Nationalismus und dem „Traum einer besonderen deutschen Sendung" die Rede. Es folgte die Absage an einen Konservatismus, der mit christlichen Begründungen „Neuordnungen im gesellschaftlichen Leben der Menschen" verwarf. In die gleiche Richtung zielte der Vorwurf der ideologischen Frontenbildung, der sich zum „Kampf der Guten gegen die Bösen, des Lichtes gegen die Finsternis, der Gerechten gegen die Ungerechten" entwickelte. Als vierter Irrweg wurde schließlich die pauschale Verwerfung des Marxismus gegeißelt, die fehlende Bereitschaft, „sich der Sache der Armen und Entrechten" anzunehmen. Die positive Bezugnahme auf den Marxismus traf bei der Veröffentlichung die härteste Kritik. Sicherlich bot das „Darmstädter Wort" einen eher holzschnittartigen Überblick über die deutsche

27 Zit. bei Vollnhals, Entnazifizierung (s. Anm. 24), 133f.

28 Vgl. D. Buchhaas-Birkholz (Hg.), „Zum politischen Weg unseres Volkes". Politische Leitbilder und Vorstellungen im deutschen Protestantismus 1945–1952. Eine Dokumentation, Düsseldorf 1989, 77–104; Greschat, Die evangelische Christenheit (s. Anm. 15), bes. 329–338.

und protestantische Geschichte im 19. und frühen 20. Jahrhundert. Aber ebenso wenig lässt sich behaupten, dass hier nur ein Zerrbild gezeichnet wurde.

Schwieriger ist die Frage zu beantworten, ob es sich bei diesem Text um ein Konzept handelte, das die Abkehr vieler evangelischer Christen von der Besinnung auf ihre Schuld unterbrechen und das Gegenteil bewirken konnte. Weite Verbreitung fand das Dokument damals nicht. Das besagt natürlich nicht allzu viel. Problematischer erscheint der hier intendierte Zusammenhang zwischen harter Kritik und dem Aufweis neuer, zukunftsträchtiger Wege. Das „Darmstädter Wort" schloss mit der Aufforderung, dass „alle und jeder einzelne von uns für den Aufbau eines besseren deutschen Staatswesens" eintreten sollten, „das dem Recht, der Wohlfahrt, dem inneren Frieden und der Versöhnung der Völker dient". Doch auf welcher Seite und in welchem ideologisch-politischen Lager ließ sich das im beginnenden Kalten Krieg verwirklichen? Hermann Diems Kommentar zum „Darmstädter Wort" lief ebenso wie die Interpretation vieler bruderrätlicher Theologen darauf hinaus, eine problematische Gleichsetzung beider Systeme zu behaupten, die Situation im Osten also als ebenso fragwürdig darzustellen wie die westliche: um dann dagegen das Evangelium zu setzen, das von beiden Ideologien befreie. Das galt dann als der theologisch angemessene Weg der Kirche zwischen Ost und West, als der „dritte Weg", den Barth und seine Schüler proklamierten. Hierzu wäre gewiss manches zu sagen. Prinzipiell bleibt allerdings zu fragen, ob die hier theologisch und praktisch vollzogene Abgrenzung vom Konservatismus nicht dem Wesen des Evangeliums widerspricht. Diese Positionierung vollzog jedenfalls eine geistig-politische Einengung, die der Stuttgarter Schulderklärung fremd ist. Insofern bildet das „Darmstädter Wort" – denke ich – einen gewiss gewichtigen Versuch, das in Stuttgart angegangene Problem der deutschen Schuld zu bewältigen, aber kaum die Überbietung der dort vorgelegten Erklärung.

Die Stuttgarter Schulderklärung bildet einen Meilenstein in der Geschichte der deutschen evangelischen Kirche. Meilensteine bezeichnen die Position, an der man sich befindet, und sie dienen zugleich als Wegweiser. Texte der Bibel wie auch der Kirchengeschichte sind solche Meilensteine, die – traditionell formuliert – Reue und Buße bewirken wollen. Besser, weil verständlicher, spricht man wohl von Aufrufen zur Umkehr, zur Änderung der Richtung des Denkens, Handelns und Lebens. Freilich, im Unterschied zur juristisch fixierbaren Schuld, die auch ohne die Einsicht des Täters bestraft wird, gehört zur moralischen und religiösen Schuld das Bewusstsein des Verstoßes gegen humane oder göttliche Ordnungen und Gebote. Ein solches Schuldbewusstsein kann man jedoch nicht „machen", nicht allein durch noch so viele Argumente bewirken. Die Realität solcher Unverfügbarkeit über die innere – und dann wahrhaftig auch die äußere – Wandlung von Menschen verführt dann leicht dazu, dem durch Demonstrationen, Aktionen sowie moralische Appelle aufhelfen zu wollen. Doch Moral überwindet keine Schuld, sondern verewigt sie.

Enttäuscht erklärte Niemöller später: „Ich habe zwei Jahre nichts anderes getan, als den Menschen diese Schulderklärung zu predigen. Leider ohne Erfolg.“[29] Später bezeichnete er das Dokument und die dadurch ausgelöste Diskussion sogar als „ein für die Christenheit in Deutschland fast bedeutungsloses Intermezzo“.[30] Differenzierter urteilte Gustav Heinemann 1952: „Unser Volk hat uns diese Erklärung nicht abgenommen. [...] So wurde uns das in Hybris und Katastrophe, in Gericht und Gnade Erlebte aufs ganze gesehen nicht ein Anstoß zur Umkehr und neuer Besinnung.“[31] Solche Aussagen sind nur teilweise richtig. Gewiss, *die* Menschen und *das* Volk stellten sich der Aufforderung zu Buße und Umkehr nicht, ebenso wenig *die* evangelischen Christen oder *die* evangelische Kirche. Diese Urteile gehen freilich allzu selbstverständlich vom Ideal einer Volkskirche aus, die prinzipiell alle umfasst und ihnen Heimat und Weisung, Geborgenheit und Gebote vermittelt. Wirkungslos blieb die Erklärung darum nicht. Immer wieder begegneten Menschen, die sich in ihrem Leben, Denken und Handeln dauerhaft von dem mit der Stuttgarter Schulderklärung eröffneten Weg beeinflussen ließen. Dabei erweiterte und vertiefte sich im Laufe der Geschichte der Gehalt dieser Erklärung. Bei den Versuchen, es als Orientierung für den Neubeginn in der Kirche wie auch der Gesellschaft zu nutzen, brachen eine Fülle neuer Fragen auf, erwuchsen umgekehrt aber auch fruchtbare weiterführende Einsichten. Auf die ersten, zögernden Schritte folgten entschlossenere. Ich nenne drei Beispiele, um die weit reichenden Zusammenhänge anzudeuten, um die es geht. Heinemann erklärte im November 1971 in einem Grußwort: „Von der kirchlichen Arbeit hier in Essen bin ich dann in immer weitere Bereiche der Politik gegangen, aber nicht fortgegangen. Immer werde ich begleitet von dem, was uns hier in Essen bewegt hat, und immer begleitet von der Stuttgarter Erklärung.“[32] Im August 1956 schrieb Hermann Kunst, der CDU nahe stehend und nun Bevollmächtigter der EKD am Sitz der Bundesregierung in Bonn, an den Präses der Evangelischen Kirche von Westfalen, Ernst Wilm, der für die SPD eintrat: „Du weißt, dass ich Dir darin ein unablässiger Gefährte bin, dass in unserem Volk die fürchterliche Schuld jener Jahre nicht

---

29 H. Mochalski (Hg.), Der Mann in der Brandung. Ein Bildbuch um Martin Niemöller. Mit einem Geleitwort von A. Schweitzer, Frankfurt a.M. 1962, 44.

30 M. Niemöller, Das Stuttgarter Schuldbekenntnis – eine Frage an uns Christen heute, JK 32/9 (1971), 452.

31 Zit. bei D. Koch, Heinemann und die Deutschlandfrage, München 1972, 520.

32 G.W. Heinemann, Grußwort, in: ders., Reden und Interviews, Bd. 3, 1.7.1971–30.6.1972, o.O., o.J.

vergessen wird und wir Christen selber daraus die Konsekutive für unseren Dienst ziehen.“[33] Noch in den achtziger Jahren des 20. Jahrhunderts betonte Kunst, dass die Stuttgarter Schulderklärung „bis auf den heutigen Tag mein ganzes Leben lang einen zentralen Rang gehabt“ hat.[34] Im Juni 1984 schließlich bezog sich der Magdeburger Altbischof Werner Krusche in seinem in der Bundesrepublik ebenso wie in der DDR Aufsehen erregenden Vortrag „Schuld und Vergebung – ein Grund des christlichen Friedenshandelns“ ausdrücklich auf die Stuttgarter Erklärung: „Die Zuversicht, dass ich auch in Zukunft mit Gottes Vergebung rechnen darf, macht mir Mut, Verantwortung zu übernehmen und Entscheidungen zu treffen. Aber das Wissen um Gottes Vergebungsbereitschaft bedeutet keinen Freibrief für die Beliebigkeit meines Tuns, sondern lässt mich erst recht nach Gottes Willen fragen, dem ich mit meinem Entscheiden und Tun entsprechen möchte.“[35]

Die Stuttgarter Schulderklärung behält Rang und Gewicht im Kontext der Geschichte der evangelischen Kirche als ein Meilenstein der Umkehr, befreiten Denkens sowie der wagenden Nachfolge Jesu Christi. Schließlich hat dieser Text mitsamt den dadurch ausgelösten Herausforderungen nicht unerheblich dazu beigetragen, dass im öffentlichen Bewusstsein der [wiedervereinigten] Bundesrepublik nicht die Selbstrechtfertigung dominiert, sondern die Anerkennung der deutschen Schuld. „Trotz aller Schuldverdrängung setzte sich langfristig ein kritisches Selbstverständnis durch, das einen grundlegenden Sinneswandel ermöglichte.“[36]

4 Ausblick

Wie sehr die Erinnerung an die Verbrechen des Nationalsozialismus immer wieder die deutsche Politik (mit-)bestimmte und ebenso die kirchlichen Reaktionen darauf, lässt sich eindrücklich an den leidenschaftlichen Auseinandersetzungen

33 K. Buchna, Ein klerikales Jahrzehnt? Kirche, Konfession und Politik in der Bundesrepublik während der 1950er Jahre, Baden-Baden 2014, 265.

34 Buchna, Jahrzehnt (s. Anm. 33), 265.

35 W. Krusche, Schuld und Vergebung – der Grund christlichen Friedenhandelns, in: M. Greschat (Hg,), Im Zeichen der Schuld. 40 Jahre Stuttgarter Schulderklärung. eine Dokumentation, Neukirchen-Vluyn 1985, 87–114. Zu den Hintergründen vgl. E. Lohse/U. Wilckens (Hg.), Gottes Friede den Völkern. Dokumentation des wissenschaftlichen Kongresses der Evangelischen Kirche in Deutschland und der Nordelbischen Evangelisch-Lutherischen Kirche vom 17. bis 19. Juni 1984 in Kiel, Hannover 1984.

36 K.H. Jarausch, Die Umkehr. Deutsche Wandlungen 1945–1995, München 2004, 359.

in der Bundesrepublik über den Militäreinsatz im Kosovo-Krieg ablesen. Die Mitwirkung der Bundeswehr an der Bombardierung serbischer Stellungen im März 1999 im Rahmen der NATO war die erste direkte deutsche militärische Aktion seit 1945 und schon allein deshalb bemerkenswert. Es ging hier also nicht allein um die Frage der Bündnistreue gegenüber der NATO, sondern um grundsätzliche ethische Probleme – und für die evangelische Kirche um zentrale theologische Fragen. Das Ergebnis der breiten kontroversen Diskussion lautete übereinstimmend, also über sämtliche politischen, kirchenpolitischen und theologischen Unterschiede hinaus, dass man auf jeden Fall schuldig werde, was auch immer man tat oder unterließ. „Über die Feststellung der Schuldverstrickung sind die meisten kirchlichen Erklärungen aber nicht hinausgekommen."[37] Das war kein Zufall, galt es doch, den seit Jahrzehnten in Ost- und Westdeutschland gepflegten Pazifismus mit den neuen Herausforderungen durch die serbische Gewaltpolitik zu vereinbaren. Doch eine solche Leerformel bot keine Basis für eine argumentative Auseinandersetzung und erst recht nicht für verantwortliches politisches Handeln. Unverkennbar verwies dieses Faktum zugleich auf tiefer liegende Probleme: „Das Umschlagen von einem rigorosen Pazifismus [...] in einen rigorosen humanitären Interventionismus zur Zeit des Kosovo-Konflikts, auch in der evangelischen Kirche, ist nicht nur ein dringliches Forschungsthema, sondern auch eine Herausforderung an kirchliche Selbstkritik."[38]

Selbstverständlich verstummten die ebenso erschrockenen wie empörten Stimmen der verschiedenen Gruppierungen der Friedensbewegung nicht. Nahezu an sämtliche führende kirchliche Persönlichkeiten ergingen ungeduldige, bedrängende Anfragen: „Wann nimmt die EKD endlich mit klaren Worten gegen die Politik der NATO und der Bundesregierung Stellung?" Hermann Barth, Vizepräsident des Kirchenamtes der EKD, urteilte zu Recht: „Diese Briefe sind ein Indiz dafür, wie tief die pazifistische Option nach wie vor bei den Christen verwurzelt ist."[39] War diese Option jetzt überholt? Und belegte die Tatsache, dass die Bombardierungen nicht, wie erhofft, den Völkermord im Kosovo zu stoppen vermochten, dass militärische Aktionen den Frieden keineswegs ermöglichten, sondern eher verhinderten?

Die Gegenseite wandte ein, dass dieser Pazifismus bestenfalls ein gutes Gewissen verschaffe, sich aber weigere, Verantwortung für die Opfer zu übernehmen. Um diese jedoch gehe es, also um Hilfsleistungen für konkrete Menschen. Darü-

37 G. Arnold, Die evangelische Kirche und der Kosovo-Krieg, Gütersloh 2001, 57.

38 Arnold, Kosovo-Krieg (s. Anm. 37), 35.

39 Arnold, Kosovo-Krieg (s. Anm. 37), 43.

ber müsse nachgedacht werden. Erhard Epplers Stellungnahme machte Eindruck. Bekannt als die Galionsfigur der westdeutschen Friedensbewegung, erklärte er auf dem Parteitag der SPD am 12. April 1999: „Es fällt mir nicht schwer, denen gerecht zu werden, die unbeirrt Nein sagen [zum Militäreinsatz], schließlich war ich selbst immer wieder in Versuchung, dies zu tun."[40] Doch die veränderte Situation erfordere neues Nachdenken: „Tragisch ist eine Situation, wenn man schuldig wird, ganz gleich, was man tut." Wesentlich sei allerdings, dem Vertreter der anderen Überzeugung zuzugestehen, „dass er gute Gründe hat". Die Regierung freilich müsse handeln. Nach dem Urteil Epplers würde sie beim Militäreinsatz „ein bisschen weniger schuldig werden, als wenn wir nichts täten".

Um Bundeskanzler Gerhard Schröder in diesem Sinn zu stärken, schrieb ihm der Hannoversche Landesbischof Horst Hirschler am 10. Mai 1999: „Sie wissen, dass ich selbst in diesem Zusammenhang von der inneren Freiheit eines Christenmenschen spreche, der sein eigenes Schuldigwerden nicht ausblendet, auf Gottes Vergebung setzt, das Unausweichliche entschlossen anpackt und gleichzeitig weiß: Wir müssen zu politischen Wegen finden. Mir ist klar, dass solch eine differenzierte Aussage in unserer Medienlandschaft schnell missbraucht werden kann."[41] Schröder stimmte Hirschler weitgehend zu. Doch unabhängig von solchen und ähnlichen Voten beharrten viele, gerade auch evangelische Christen, leidenschaftlich auf ihrer Position des grundsätzlichen Pazifismus.

Dagegen wandte sich zunehmend schroff der Bundesaußenminister Joschka Fischer. „Der grün-protestantische Nationalpazifismus erhob also auch diesmal wieder sein Haupt", urteilte er im September 2001,[42] gerade im Blick auf seine Partei. Fischer hatte inzwischen wie andere Persönlichkeiten die Überzeugung gewonnen, dass die Losung nicht mehr lauten könne „Nie wieder Krieg", sondern lauten müsse „Nie wieder Auschwitz!"[43] Gegen jede Form von Völkermord müsse umfassend, also auch militärisch, Widerstand geleistet werden. Diese Überzeugung und dieses Argumentationsmuster verbreiteten sich in Deutschland schnell. Dahinter stand unverkennbar die Erinnerung an die deutsche Schuld. „Auf der Grundlage von Auschwitz rechtfertigt man in Deutschland nahezu ausschließlich – anders als in anderen Ländern – diesen Krieg", schrieb Frank Schirrmacher am 17. April 1999 in der FAZ. Fischer gehörte dann zu den „führenden Evangelisten

---

40 E. Eppler, Komplettes Stückwerk. Erfahrungen aus fünfzig Jahren Politik, Frankfurt a.M. ^{2}2001, 304–306.

41 Zit. bei E. Wolfrum, Rot-Grün an der Macht. Deutschland 1998–2005, München 2013, 96.

42 J. Fischer, „I am not convinced". Der Irak-Krieg und die rot-grünen Jahre, München 2012, 18.

43 Ausführlich dazu H. Kundnani, Utopia or Auschwitz. Germany's 1968 Generation and the Holocaust, New York 2009. Die Zitate siehe ebd., 249.258.

der humanitären Intervention". Eine ähnliche Argumentation begegnete in der UNO. Im September 2005 verabschiedete sie ein Dokument, das das Prinzip der internationalen „Schutzpflicht" (Responsibility to Protect) entfaltete. Danach war eine internationale Intervention gerechtfertigt im Sinne der „Anwendung bewaffneter Gewalt zur Verhinderung oder Beseitigung von massiven Menschenrechtsverletzungen in einem fremden Staat, der sein Gewaltmonopol bewusst eklatant missachtet".[44] Doch genügte diese Beschreibung als Kriterium? Hinzu kam und kommt, dass die Staatengemeinschaft aus vielerlei Gründen keineswegs in allen in Frage kommenden Staaten intervenieren kann. Diese Einsicht ist gewiss moralisch unbefriedigend. „Aber die Beschränkung von Interventionen auf Ausnahmefälle konkreter Genozidgefahr verhindert Überforderungen und Überdehnungen, denen stets die Gefahr neuer Verwerfungen und unvorhergesehener Konsequenzen innewohnt."[45]

Die Thematik der deutschen Schuld im Kontext der Verbrechen des Nationalsozialismus führt unverkennbar in weite historische, politische und moralische Zusammenhänge. Dass diese Realität aufs Ganze gesehen nicht aus der Erinnerung ausgeblendet wurde und wird, „der Erinnerungsimperativ" vielmehr doch „zum Zentrum westdeutschen [und fraglos auch des ostdeutschen, M. Greschat] Selbstverständnisses" gehört, wurde zu Recht oftmals hervorgehoben.[46] Einen keineswegs geringen Beitrag dazu leistete der deutsche Protestantismus, nicht zuletzt mit der Stuttgarter Schulderklärung.

Zusammenfassung

Christen beider Konfessionen in Deutschland wussten, vollends seit dem Überfall auf die Sowjetunion, um Verbrechen ihres Volkes und somit um Schuld. Der Nationalsozialismus dagegen war bestrebt, die Grundsätze der christlichen Moral zu vernichten. Dagegen protestierten die Kirchen. Doch eine eindeutige Wirkung ging davon nicht aus. Das galt auch für die am 18./19. Oktober 1945 vom Rat der EKD in Stuttgart gegenüber Vertretern der Ökumene abgegebene Schulderklärung. Ihr antworteten anhaltende Zustimmung ebenso wie erbitterte Zurückweisung. Langfristig wuchs allerdings in Deutschland die Einsicht in die eigene

44 Zit. bei E. Wolfrum (s. Anm. 41), 94.

45 A. Rödder, 21.0. Eine kurze Geschichte der Gegenwart, München 2015, 348.

46 E. Wolfrum, Die geglückte Demokratie. Geschichte der Bundesrepublik Deutschland von ihren Anfängen bis zur Gegenwart, Stuttgart 2006, 400.

Schuldverflochtenheit. Davon nicht abzuweichen, bleibt als Herausforderung auch unter gewandelten historischen Bedingungen.

Christians of both confessions knew, especially since the attack against the Soviet Union, about crimes of their people and thus about guilt. The national socialism on the other hand was striving to demolish the basics of Christian moral. The churches protested against this but an explicit effect failed to appear. This also applies for the declaration of guilt that the council of the EKD gave on October 18./19. 1945 in Stuttgart to the representatives of the ecumenism. Lasting approval as well as fierce rejection were the reactions towards it. In the long run the understanding of their own interconnection with guilt grew in Germany. To not diverge from it remains a challenge under changed historic conditions.

Ehrhart Neubert

Schuld und Buße angesichts der DDR

Es ist kaum möglich das Thema Schuld und Buße allein auf die Periode der Aufarbeitung nach der deutschen Wiedervereinigung 1990 und der Neuvereinigung der evangelischen Kirchen zu beschränken. Vielmehr handelt sich um eine verflochtene und eng verwobene Schuldgeschichte, die von der Zeit des Nationalsozialismus bis in die Jahrzehnte nach 1990 reicht.[1] Dem soll hier nachgegangen werden. Freilich können angesichts des gewaltigen Materialberges nur einige Linien der Debatten und Handlungen nachgezogen werden. Und es sollte auch nicht der Eindruck entstehen, dass diese Periode der Kirchengeschichte nur eine Schuldgeschichte der Kirchen war. Es gibt auch eine wunderbare Geschichte der Bewährungen, des Rechtes und der Wahrheit, die hier kaum zur Sprache kommt. Aber das eine ist nicht ohne das andere zu denken.

1 Alte Schuld und neue Diktatur

Unmittelbar nach Kriegsende 1945 inmitten einer chaotischen Lage mussten sich die evangelischen Landeskirchen in der Sowjetischen Besatzungszone mit der unabweisbaren Schuldfrage auseinandersetzen. Die Sowjets begannen sofort mit der Entnazifizierung, die aber vorrangig den eigenen Machtinteressen zu dienen hatte.

Für die Kirchen bildete die Kollaboration der Kirchenpartei „Deutsche Christen" (DC) mit dem NS-Staat eine Herausforderung. So entwickelten sie in der Regel auf der Grundlage eigener Gesetze Verfahren zur Entnazifizierung. Die „Selbstreinigung", zumeist von Pfarrern der Bekennenden Kirche (BK) initiiert, hatte aber Grenzen. Die Spruchkammern entließen nur wenige belastete Pfarrer und Kirchenbeamte aus dem kirchlichen Dienst. Selbst in der Thüringer Landeskirche, die

1 Vgl. F. Stengel, Kirchen-DDR-Geschichte zwischen Gedächtnispolitik und Erinnern, in: Abgeschlossen? Stand und Folgen der Aufarbeitung der Geschichte der Kirche in der DDR. Tagung der Theologischen Fakultät der Martin-Luther-Universität Halle-Wittenberg, 12.–13.6.2015, epdD 40 (2015), 4–15.

den höchsten Anteil von Pfarren mit NSDAP, SA und DC-Mitgliedern hatte, wurden nahezu alle Überprüften übernommen.[2] Manche der früheren NS-Gefolgsleute erreichten später hohe und allerhöchste Stellungen.

Die Gründe könnten an den restaurativen Motiven beim Wiederaufbau der Landeskirchen, am Personalmangel und auch an der allgemeinen gesellschaftlichen Ablehnung der Entnazifizierung gelegen haben. Schließlich haben sich selbst Kirchenvertreter öffentlich gegen die Praxis der Entnazifizierung gewandt. Eine innerkirchliche Schulddebatte hat es angesichts zahlreicher NS-Belasteter im kirchlichen Dienst daher kaum gegeben. Über die mangelhafte Bearbeitung der Schuldfrage beklagten sich zwar Theologen, die aus der BK kamen. Das blieb auch deswegen unwirksam, da im eigenen Lager die Loyalität zum NS-Staat ebenfalls ausgeprägt war.

Zum Kontext der verkümmerten Schuldfrage gehört das besondere politische System der Sowjetischen Besatzungszone und ab 1949 das der DDR. Die Sowjets hatten anfangs den Schein eines demokratischen Neuaufbaus gewahrt, setzten aber bald schon auf die Etablierung einer kommunistischen Diktatur in der SBZ. Die Kirchen bekamen es daher mit einem System zu tun, das zunehmend die kommunistische Transformation gewaltsam durchsetzte. Bis zum Tode Stalins 1953 waren willkürliche rechtswidrige Übergriffe und Menschenrechtsverletzungen an der Tagesordnung. Die Kirchen mussten schwere Einschränkungen ihrer Arbeit und alle möglichen Versuche politischer Einflussnahme hinnehmen.

Zum ideologischen Korsett der Kommunisten und der Legitimation ihrer Machtansprüche gehörte ihr Antifaschismus. So konnten ehemalige Träger des NS-Regimes verfolgt werden oder eben auch nicht, wenn sie gebraucht wurden. In den Speziallagern des sowjetischen NKWD wurden viele Nazis interniert. So kamen in das Speziallager II, im ehemaligen KZ Buchenwald, auch zwei DC-Pfarrer. Aber seit 1946 wurden dort auch zahlreiche Menschen ohne NS-Belastung eingesperrt, die sich der Einführung des sowjetischen Systems widersetzt hatten. Zu-

---

2 Vgl. J. Seidel, „Neubeginn" in der Kirche? Die evangelischen Landes- und Provinzialkirchen in der SBZ/DDR im gesellschaftspolitischen Kontext der Nachkriegszeit (1945–1953), Göttingen 1989, 108ff.; T.A. Seidel, „In Sturm und Gericht der Gegenwart". Kirchliche Neuordnung in Thüringen 1945–1951, in: ders. (Hg.), Thüringer Gratwanderungen. Beiträge zur fünfundsiebzigjährigen Geschichte der evangelischen Landeskirche Thüringens, Leipzig 1998, 166–188; Ch. Koch-Hallas, Die Evangelisch-Lutherische Kirche in Thüringen in der SBZ und Frühzeit der DDR (1945–1961). Eine Untersuchung über Kontinuitäten und Diskontinuitäten einer landeskirchlichen Identität, Leipzig 2009, 97–111. Bis Anfang der 1950er Jahre wurden auch die 81 in Thüringen zunächst Entlassenen (höchste Zahl aller Landeskirchen) oder vom Dienst Suspendierten bis auf 10 Fälle wieder- oder weiterbeschäftigt.

dem wurden denunzierte aber unschuldige Jugendliche eingeliefert, denen Beteiligung am „Werwolf“ vorgeworfen wurde. Neben solchen Willkürakten hatte die Bevölkerung mit einer prekären Versorgungslage und anhaltenden Flüchtlingsströmen aus dem Osten zu tun.

In diesem Klima fand die am 19. Oktober 1945 herausgegebene Stuttgarter Schulderklärung keinen Resonanzboden. Die sich anschließenden innerkirchlichen Debatten, die hier nicht referiert werden sollen, kreisten u.a. um die Frage, vor wem die Schuld bekannt werden solle. Vor Gott, also als intimer religiöser Akt der um Gottes Vergebung ringenden Sünder? Oder vor den Menschen, also als Ausdruck des Eingeständnisses politischer Fehler?

Die Kirchen in der SBZ waren unversehens in ein politisches Dilemma geraten und mussten sich fragen, wie und wann sie bekennend handeln müssen. Eine typische kirchliche Äußerung zur Schulderklärung war die Reaktion der vorläufigen Kirchenleitung der Kirchenprovinz Sachsen vom 9. Februar 1946, die dem Rat der EKD zugestellt wurde. Grundsätzlich stand diese Kirchenleitung zur Schulderklärung, verwies aber auch darauf, dass Christen gegenüber der Obrigkeit im „schriftgetreuen Gehorsam die Schranken für den Aufstand der Herzen und Gewissen“ gefunden hätten. Das gelte doch offenbar auch jetzt der sowjetischen „Obrigkeit“ gegenüber. Wie sollte reagiert werden auf deren neue Bedrückungen, wie der „ungerechten Behandlung der Parteigenossen oder der ungerechten Methoden der Bodenreform oder der Überhandnahme der staatlich verlangten Sonntagsarbeit oder der Behinderung kirchlicher Frauen- und Jugendarbeit“?[3] Etwas umständlich und sarkastisch erklärt das Papier, dass diejenigen in der Ökumene, die ein Schuldbekenntnis forderten, auch jetzt sagen sollten, wie und ab wann widerstanden werden müsse, damit kein Schuldbekenntnis nötig würde.

Das blieb nun Jahrzehnte ein Problem. Die Kirchen hatten schon in der SBZ oft Gelegenheit zum Protestieren, sie widersprachen und verhandelten. Zumeist aber vergeblich. Nach Stalins Tod konnten sie mit dem aus Moskau befohlenen „Neuen Kurs“ kurzfristig Entlastung erfahren. Doch die SED entwickelte ab 1954 eine Religions- und Kirchenpolitik, die ihre alten kommunistischen Ziele der Verdrängung der Kirchen beibehielt, aber auf offen konfrontative Maßnahmen zunehmend verzichtete.

---

3 Vorläufige Kirchenleitung der Kirchenprovinz Sachsen, Brief an den Rat der EKD, abgedruckt in: M. Greschat (Hg.), Die Schuld der Kirche. Dokumente und Reflexionen zur Stuttgarter Schulderklärung vom 18./19. Oktober 1945, München 1982, 240.

2 Schuld im antifaschistischen Staat

In den vierzig langen Jahren der DDR waren die Kirchen unentwegt auf der Suche nach einem Platz im realen Sozialismus. Der rückte nie von seinem Gründungsmythos als der antifaschistische und damit bessere deutsche Staat ab, der Sieger der Geschichte sein würde. Kategorien, wie Schuld und Vergebung, Umkehr und Buße kannte die Staatsideologie nicht. Der sozialistische Staat hatte keine Anteile am Bösen. Alle seine Kämpfe sollten dem Glück der höchstentwickelten Klasse dienen, die durch die Partei repräsentiert wäre. Die SED entschuldete sich selbst. Oftmals auch diejenigen, die einst im NS-Staat willfährig waren und jetzt im Sozialismus mitarbeiteten. Die Kirchen waren zu Randsiedlern der Geschichte erklärt worden, über die die Geschichte hinweggehen würde. Dieser Okkupation der Geschichte mussten sich die Kirchen erwehren. Kirchenpolitisch wollten sie wenigstens einen Status quo erreichen. Dazu mussten sie nach einem Minimalkonsens Ausschau halten. Der bot sich mit der Verknüpfung vom Antifaschismus der SED mit der Selbstlegitimation durch die Anerkennung der eigenen Schuld an, die das Stuttgarter Schuldbekenntnis generiert hatte.

Das freilich brauchte Zeit. Anfänglich konnte unter Berufung auf den kirchlichen Widerstand in der NS-Zeit kirchenpolitisch auch gegen die SED gehandelt werden. Als die Verfolgung von jungen Christen 1952/1953 auf den Höhepunkt kam, setzten die Kirchen ein geschichtspolitisches Instrument ein, das bewusst an den Widerstand in der NS-Zeit anknüpfte. Sie erklärten diese Auseinandersetzungen zu einem neuen „Kirchenkampf" und setzten damit die kirchenfeindlichen Maßnahmen der NSDAP und der SED auf eine Stufe.[4] Noch 1963 hatte die Konferenz der Kirchenleitungen einen Grundsatztext zur Standortbestimmung der Kirchen in der DDR unter dem Titel „Zehn Artikel über Freiheit und Dienst der Kirche" herausgegeben. Der Text war inhaltlich und formal an der „Barmer Theologischen Erklärung" der Bekennenden Kirche von 1934 orientiert. Neben der Abwehr des Wahrheits- und Totalitätsanspruchs der SED traten die Autoren für „gutes irdisches Recht" ein: „Trotz der Sünde vermag der Mensch brauchbare Rechtsordnungen zu finden. Aber er erliegt in seinem Widerspruch gegen Gott, der das Recht will, immer wieder der Versuchung, das Recht für eigensüchtige Interessen zu missbrauchen oder es dem Absolutheitsanspruch einer Ideologie

---

4 Vgl. E. Ueberschär, Junge Gemeinde im Konflikt. Evangelische Jugendarbeit in SBZ und DDR 1945–1961, Stuttgart 2003; dies., Ein neuer „Kirchenkampf"? Kirchliche Deutungen im Vorfeld des 17. Juni, in: M. Greschat/J.-C. Kaiser (Hg.), Die Kirchen im Umfeld des 17. Juni 1953, Stuttgart 2003, 109–129.

zu unterwerfen und damit zu zerstören. Die Kirche müsse sich für vernünftiges Recht" einsetzen.[5]

Damit war das machtpolitische Raster des Antifaschismus zurückgewiesen und die Schuldfrage als ständige Aufgabe offengehalten. Aber die Kirchen mussten auch das Risiko aushalten, Zielscheibe im antifaschistischen Kampf zu werden. Davon war auch der Mitverfasser der Stuttgarter Schulderklärung, der Berlin-Brandenburgische Bischof Otto Dibelius betroffen. Häufig protestierte er gegen Unrechtsakte, verglich die Zustände in der DDR wegen des Unrechtes gegen junge Christen und willkürlichen Verhaftungen mit dem NS-Staat. Zu schweren Auseinandersetzungen kam es 1959, als Dibelius in seiner Schrift „Obrigkeit?" die DDR als totalitär klassifizierte und ihr jede Legitimität absprach.[6] Die SED verstärkte nun ihre Propaganda gegen den Bischof und ließ ihn in beispielloser Weise als Atomkriegsbefürworter und Faschisten verleumden. Die SED nutzte den Umstand, dass er die Festpredigt am Tag von Potsdam 1933 hielt. Dass sich Dibelius schon kurz darauf radikal von Hitler losgesagt hatte und der Bekennenden Kirche angehörte, wurde nicht erwähnt.

Anfang der 1970er Jahre erregte der Görlitzer Bischof Hans-Joachim Fränkel den Unwillen der SED, da er das Menschenrechtsverständnis der SED kritisierte. In seiner Rede „Was haben wir aus dem Kirchenkampf gelernt?" am 8.11.1973 in der Annenkirche in Dresden sagte er: „Wir haben damals der herrschenden völkischen Ideologie das Bekenntnis zur Herrschaft Jesu Christi entgegengestellt. Man könnte uns daher mit einem gewissen Recht in die Front der Antifaschisten einreihen, aber damit würde man uns ideologisch missverstehen."[7] Und an anderer Stelle: „Es könnte naheliegen, angesichts der Versäumnisse der Kirche in der Vergangenheit zu sagen: ‚Nun seid aber mal bescheiden und haltet euch zurück!' Aber die im Auftrag der Evangeliumsverkündigung gründende öffentliche Verantwortung der Kirche wird auch nicht durch Versagen in Vergangenheit und Gegenwart außer Kraft gesetzt. ‚Buße heißt nicht Lähmung angesichts der Schuld, sondern besserer Gehorsam gegenüber dem Auftrag'".[8] Umgehend sah sich Fränkel schärfsten Angriffen ausgesetzt. Dies geschah nicht mehr so plakativ wie noch bei Dibelius. Jetzt kamen verdeckte Maßnahmen auch mit Hilfe von IM in der Kirche zum Zuge.

---

5 J.E. Christoph (Hg.), Kundgebungen. Worte und Erklärungen der Evangelischen Kirche in Deutschland, Bd. 2 1959–1969, Hannover 1994, 113.

6 O. Dibelius, Obrigkeit? Eine Frage an den 60-jährigen Landesbischof, Berlin 1959.

7 H.-J. Fränkel, Was haben wir aus dem Kirchenkampf gelernt? Vortrag 8.11.1973, Dresden, epdD 50 (1973), 51.

8 Fränkel, Kirchenkampf (s. Anm. 7), 54.

Sowohl Dibelius, wie später auch Fränkel, wurden zum kirchenpolitischen Ärgernis in den Kirchen erklärt. Die ostdeutschen Kirchenleitungen wollten die Konfrontation vermeiden. Dabei gaben sie Stück um Stück Grundsätze kirchlichen Selbstverständnisses auf, wie sie in Barmen einmal formuliert worden waren. Auch die Zehn Artikel verschwanden aus dem Argumentationsvorrat. Selbst Dietrich Bonhoeffers Widerstandsethik wurde nur in nicht offiziellen Kreisen, etwa in der kirchlichen Opposition, rezipiert. Die Defizite der Bonhoeffer-Rezeption können hier nicht ausführlich erörtert werden. Nur so viel: Die offizielle und lizensierte Bonhoeffer-Rezeption, die allein die Druckgenehmigung des Regimes erhielt, stellte die nackte Tatsache seines Widerstandes heraus, ohne seine rechtlichen und ethischen Motive zu berücksichtigen. Bonhoeffer musste auch zur Legitimation der Säkularisierung herhalten. Eine Erklärung seiner reichen Spiritualität wurde von der politischen Existenz Bonhoeffers abgetrennt. Die Bonhoeffer-Interpretationen spiegeln den verwirrenden Umgang mit dem deutschen Schuldtrauma. Für oppositionelle Theologen in der DDR wurde wichtig, dass in Polen Adam Michnik eine Brücke zu Bonhoeffer baute und die Grundlagen einer christlichen Widerstandsethik schuf.[9]

Die Entwicklung zu einer ideologisch entschärften Kirche verlief aber nicht glatt. Ein Feld von Auseinandersetzungen zwischen den Kirchen und dem SED-Staat waren dessen Versuche, die Juden als Opfergruppe zu relativieren und den Staat Israel als rassistischen Täter erscheinen zu lassen. Seit Anfang der 1950er Jahre hatte es in der DDR eine Fülle von antijüdischen Maßnahmen gegeben, die sich in die gegen Israel gerichtete aggressive Politik einfügten. Die Propaganda zeigte sich manchmal unverhüllt antisemitisch.[10] Während die SED sich und die DDR-Gesellschaft von aller Verantwortung für die NS-Verbrechen freisprach, war neben einigen Künstlern die Kirche die einzige Institution, in der die deutsche Schuld direkt und indirekt zur Sprache kam.

Gelegentlich bezogen die Kirchenleitungen gegen die antiisraelische Politik Stellung. So gaben am 27.11.1975 die ostdeutschen Bischöfe eine kritische Erklä-

---

9 Vgl. A. Michnik, Die Kirche und die polnische Linke. Von der Konfrontation zum Dialog, München 1980, 103.

10 Vgl. K. Weiß, Gebrochener, nicht „verordneter" Antifaschismus, in: M. Agethen/E. Jesse/E. Neubert (Hg.), Der missbrauchte Antifaschismus. DDR-Staatsdoktrin und Lebenslüge der Linken, Freiburg 2002, 160–167; L. Mertens, Offizieller Antifaschismus und verborgener Antisemitismus in der DDR, ebd.,168–185.

rung zur Zionismusresolution der UNO heraus. Sie stellten fest, „dass wir die Gleichsetzung von Rassismus und Zionismus nicht mitvollziehen können."[11]

Vor allem aber nahmen Pfarrer, Oppositionelle und Gemeinden das Thema Deutsche und Juden auf, obwohl es durch die SED tabuisiert wurde. Dem oppositionellen Pfarrer Dietmar Linke, der dies zum Jahresthema der Gemeindearbeit gewählt hatte, wurden 1975 in Meinsdorf bei Jüterbog entsprechende Veranstaltungen von staatlichen Stellen verboten. Als Begründung wurde angegeben, er würde Propaganda für den imperialistischen Staat Israel betreiben. In der Berliner Sophiengemeinde gründete Pfarrer Johannes Hildebrandt die rasch zu Bedeutung kommende Arbeitsgemeinschaft „Judentum und Christentum". 1977 bildete sich mit Christoph Hinz und Christfried Berger beim Magdeburger Konsistorium der Arbeitskreis „Kristallnacht", der 1978 Arbeitsmaterialien für den Gemeindegebrauch herausgab. Diskutiert wurden sowohl die verdrängten antisemitischen Vorstellungen und Haltungen in der Bevölkerung, wie auch die Haltung der DDR zum Staat Israel. Der unaufhörlichen Hetze gegen den „imperialistischen Zionismus" stellten Kirchenleute eine historisch-religiöse Betrachtungsweise entgegen, die die Möglichkeit bot, sich mit dem Staat Israel zu identifizieren.

Zu einem kirchenpolitischen Eklat kam es, als der Saalfelder Superintendent Ludwig Große am 23.9.1978 auf einer Synode davon sprach, dass in der DDR so getan würde, als wäre „die Vergangenheit geographisch bewältigt" und die NS-Problematik „nunmehr längst westlich von Fulda und Werra angesiedelt." Er berichtete vom akuten Antisemitismus, von Ausländerfeindlichkeit, besonders gegenüber Polen, und: „Ich leide an meinem Lande, da, wo es sich offiziell zum Staat Israel äußert."[12] Trotz staatlicher Behinderungen begannen Gemeinden Mahnmale für getötete Juden aufzustellen oder die verwahrlosten jüdischen Friedhöfe zu pflegen.

Mitte den 1980er Jahren veränderte Honecker seine Haltung gegenüber den Juden und auch dem Staat Israel. Offensichtlich stand auch das wirtschaftliche Interesse dahinter, das Verhältnis zu den USA zu verbessern. Öffentlich zeigte sich das 1988 in der Wiederherstellung der Synagoge in Berlin und im aufwendigen Gedenken an den Pogrom am 9. November 1938. Während bis dahin nur im kirchlichen Bereich seit den 1970er Jahren des Pogroms gedacht wurde, veranstalte nun der SED-Staat einen Staatsakt. Zugleich reisten erstmals auch politische Delegationen nach Israel.

---

11 M. Falkenau (Hg.), Worte, Erklärungen und Dokumente des Bundes der Evangelischen Kirchen in der DDR. Kundgebungen, Bd. I 1969–1980, Hannover 1995, 145.

12 Protokoll der Synode des Bundes der Evangelischen Kirchen in der DDR, epdD 42 (1978), 113f.

Zum 9. November 1988 gaben der Bund der Evangelischen Kirchen (BEK) in der DDR und die Evangelische Kirche in Deutschland ein gemeinsames Wort zum fünfzigjährigen Gedenktag an den Pogrom heraus. Das Wort erinnerte an die Haftung aller „für die Folgen der schuldhaften Vergangenheit." Die Herausgeber wollten sich dafür einsetzen, „dass der Staat Israel mit seinen Nachbarn in gerechten Grenzen einen sicheren Frieden findet."[13] Für die DDR-Kirchen war das mutig. Aber sie war nun durch Honeckers Wendung gedeckt.

In den letzten Jahren der DDR wurde immer sichtbarer, dass die SED trotz oder vielleicht auch wegen ihres Antifaschismuskonzeptes nicht verhindern konnte, dass der latente Rassismus ebenso zunahm, wie es zu unzähligen Gruppenbildungen von Neonazis bis in die Volksarmee hinein kam. Das wurde ein Dauerthema für die oppositionelle Bewegung, die seit 1986 rasch an Gewicht zunahm. In ihrem Schriftgut finden sich dazu zahlreiche Texte. Der SED-Staat bekämpfte die neonazistischen Phänomene nur halbherzig und versuchte eine öffentliche Debatte zu umgehen. Dafür griff sie immer häufiger darauf zurück, die Opposition mit Faschismusvorwürfen zu belegen. Die Propagandapresse versuchte den Eindruck zu erwecken, dass die oppositionellen Gruppen faschistische Zusammenschlüsse seien.[14]

Als die SED ihre Macht abtreten musste, korrigierte die demokratische Volkskammer die antifaschistische Politik sofort.[15] Auf ihrer ersten Sitzung am 12. April reagierte sie auf die antiisraelitische Politik: „Wir bitten die Juden in aller Welt um Verzeihung. Wir bitten das Volk Israel um Verzeihung für Heuchelei und Feindseligkeit der offiziellen Politik gegenüber dem Staat Israel und für die Verfolgung und Entwürdigung jüdischer Mitbürger nach 1945 in unserem Land [...] Wir erklären, uns um die Herstellung diplomatischer Beziehungen und um vielfältige Kontakte zum Staat Israel bemühen zu wollen."[16] Der Initiator war Konrad Weiß, der schon lange vorher in den Schriften der Opposition die Mängel im Umgang mit der Vergangenheit in der DDR beklagt hatte. Wie nachhaltig und dauerhaft

---

13 Wort des Bundes der Evangelischen Kirchen in der DDR und der Evangelischen Kirche in Deutschland zum 9. November 1988, Berlin 26.5.1988, abgedruckt in: Ch. Demke/M. Falkenau/H. Zeddies (Hg.), Zwischen Anpassung und Verweigerung. Dokumente aus der Arbeit des Bundes der Evangelischen Kirchen in der DDR, Leipzig 1994, 111f.

14 Vgl. E. Neubert, Faschismusvorwurf und die Opposition in der DDR, in: Agethen/Jesse/Neubert, Der vmissbrauchte Antifaschismus (s. Anm. 10), 186–201.

15 Dokumentiert in: Deutschland Archiv 23/5 (1990), 794f.

16 Zitiert nach: A. Timm, „Hammer, Zirkel, Davidstern". Das gestörte Verhältnis der DDR zu Zionismus und Staat Israel, Bonn 1997, 9.

die Versäumnisse der SED-Politik gewirkt haben, lässt sich in manchen Regionen Ostdeutschlands bis heute feststellen.

3 Schuld und Mauer

Die Teilung Deutschlands mitsamt der Mauer hatte sich aus der tiefen Zerrüttung der Siegermächte ergeben. Die DDR-Propaganda hatte aus der Mauer, die den Fluchtweg der Ostdeutschen in den Westen abschneiden sollte, einen antifaschistischen Schutzwall gemacht. Tatsächlich hat sie der DDR auch eine vorübergehende Stabilisierung gebracht. Alle Welt wusste, dass die Mauer die Existenzgrundlage der SED-Diktatur war. Dennoch entwickelte sich unter den Protestanten in der DDR ein Dictum, das die Mauer mit der deutschen Kriegsschuld verknüpfte. Dabei wurde die historisch eindeutig definierbare deutsche Schuld als Grund der Teilung soweit verinnerlicht, dass das Ertragen der DDR samt ihrer Mauer zum angemessenen Schicksal erklärt wurde. Die Akzeptanz von Teilung und Mauer war danach ein Akt frommer und tätiger Buße.

Das war eine Zuspitzung der Aufforderung Karl Barths, der das deutsche Volk angesichts seiner Kriegsschuld zur Umkehr aufgerufen hatte. Deutlicher im Sinne einer Kollektivschuld drückte dies 1965 die Denkschrift der EKD zur „Lage der Vertriebenen und das Verhältnis des deutschen Volkes zu seinen östlichen Nachbarn" aus: „Danach verlangen die Unrechtstaten der nationalsozialistischen Herrschaft von der Schuld- und Haftungsgemeinschaft des deutschen Volkes, dass es sich zur Wiedergutmachung des den östlichen Nachbarn angetanen Unrechts bereitfindet und darin die Glaubwürdigkeit seiner Umkehr unter Beweis stellt."[17]

Die Verfasser der Denkschrift empfahlen in diesem Sinne auch politische Konsequenzen für eine neue Ostpolitik, die nicht mehr den „deutschen Rechtsstandpunkt starr und einseitig"[18] betonen sollte. Das bedeutete letztlich die Empfehlung zur Anerkennung der neuen Grenzen. Damals gehörten die ostdeutschen Landeskirchen noch zur EKD und die Debatten zur Schuldfrage unterschieden sich wenig. Nach der Trennung des Bundes der Evangelischen Kirchen in der DDR von der EKD bezog sich die Schulddebatte immer stärker auf den jeweiligen politischen Kontext. Um den 40. Jahrestag des Kriegsendes wurden in West und Ost je-

---

17 Rat der Evangelischen Kirche in Deutschland, Die Lage der Vertriebenen und das Verhältnis des deutschen Volkes zu seinen östlichen Nachbarn. Eine evangelische Denkschrift, in: R. Henkys (Hg.), Deutschland und die östlichen Nachbarn. Beiträge zu einer evangelischen Denkschrift, Stuttgart 1966, 209.

18 Rat der Evangelischen Kirche in Deutschland, Lage (s. Anm. 17), 217.

weils sehr typische Reden gehalten, die zwar Gemeinsamkeiten zeigten, aber doch die jeweiligen politischen Bezüge erkennen ließen.

Der Magdeburger Bischof Werner Krusche hatte 1984 in dem Vortag in Kiel „Schuld und Vergebung – der Grund christlichen Friedenshandelns“[19] unter Aufnahme der Stuttgarter Schulderklärung ausgeführt, dass Schuld vor Gott bekannt werden müsse. Aber das Schuldbekenntnis dürfe nicht auf die persönlich-private Sphäre beschränkt bleiben, sondern hätte auch eine politische Dimension, da der politische Irrtum zur Schuld geführt hätte. Darum sah er eine verhängnisvolle Verweigerung von Schuldübernahme und Schuldbekenntnis gegenüber den Kommunisten und der Sowjetunion in der Nachkriegszeit. Würde dieser maßlose diskriminierende Antikommunismus abgebaut, könnten sich friedenspolitische Handlungsräume ergeben. Schuldeinsicht und Buße waren damit politisch aufgeladen.

In beiden Deutschlands beachtet wurde vor allem der Vortrag „zum 40. Jahrestag der Beendigung des Krieges in Europa und der nationalsozialistischen Gewaltherrschaft“ des Bundespräsidenten Richard von Weizsäcker im Bundestag. Er bezeichnete den 8. Mai als Tag der Befreiung, was bislang im Westen umstritten war. Die Verbrechen an den Völkern Europas, auch an den deutschen Vertriebenen, sowie die belastende Spaltung Europas und die Teilung des eigenen Landes wären ohne den von Deutschland begonnen Krieg nicht geschehen. „Wir alle, ob schuldig oder nicht, ob alt oder jung, müssen die Vergangenheit annehmen. Wir alle sind von ihren Folgen betroffen und für sie in Haftung genommen.“ Aber er schloss eine Wiedervereinigung und Versöhnung nicht aus. Er endete: „Ehren wir die Freiheit. Arbeiten wir für den Frieden. Halten wir uns an das Recht.“[20]

Beide Reden boten Wünsche und Wahrheiten, die die Realität der Spaltung und der Mauer deuteten, aber die Zuhörer auch ratlos zurückließen. Die kirchlichen Schuldbekenntnisse erlebten 1985 geradezu eine Inflation. Sie enthielten aber keine Botschaft, wie die Zukunft gestaltet werden könnte.

Eine geradezu typische Verlautbarung war das „Wort zum Frieden“, das der DDR-Kirchenbund und die EKD zum 40. Jahrestag des Endes des 2. Weltkrieges 1985 herausgaben. Sie erinnerten an die Stuttgarter Schulderklärung und beklagten die anhaltende Bedrohung des Friedens. Auch die Kirchen wären Fehlein-

19 W. Krusche, Schuld und Vergebung – der Grund christlichen Friedenshandelns, in: M. Greschat (Hg.), Im Zeichen der Schuld – 40 Jahre Stuttgarter Schuldbekenntnis. Eine Dokumentation, Neukirchen-Vluyn 1985, 87–114.

20 Von Weizsäckers berühmte Rede vom 8. Mai 1985 (im Wortlaut), Die Welt vom 31.01.2015, https://www.welt.de/politik/deutschland/article136982300/Von-Weizsaeckers-beruehmte-Rede-vom-8-Mai-1985.html (Abruf 6.2.2017).

schätzungen erlegen. „Es wurde uns schwer, die Realität zweier deutscher Staaten anzunehmen." Deswegen und wegen anderer verzögerter Einsichten müssten die Kirchen „wie die Väter der Stuttgarter Erklärung" sagen: „Wir klagen uns an, dass wir nicht mutiger bekannt, nicht treuer gebetet, nicht fröhlicher geglaubt und nicht brennender geliebt haben." In Mahnungen an die Deutschen hieß es: „Wir bitten die deutschen Menschen, die heutigen Belastungen vor allem als Folge des 2. Weltkrieges zu begreifen und als Folge unserer Schuld zu bedenken."[21]

In welchem Maße die Kirchen das Unrecht der Mauer mit der deutschen Schuld zu kompensieren trachteten, zeigte sich 1986, dem 25. Jahr nach dem Mauerbau. Die Bischöfe Martin Kruse aus West-Berlin und Gottfried Forck aus Ost-Berlin tauschten aus diesem Anlass Briefe aus. Kruse hatte am 18.5.1986 gefragt: „Was hat die Kirche zum 13. August 1986 zu sagen?" Und er stellte zur Mauer, der „Hinterlassenschaft des Krieges", fest, dass beide politische Lager nach dem Kriege versucht hätten, die „Grenze zu verschieben" und damit „das Risiko eines neuen Krieges" heraufbeschworen hätten. „Die Mauer bedeutet doch wohl das Ende solcher Versuche." Und er gab der Hoffnung Ausdruck, dass die Kirche zur „vernünftigen Nachbarschaft" helfen könne und Christen zu „Brückenbauern und Friedensstiftern"[22] über die Grenze werden könnten. Forck schrieb in seiner Antwort vom 26.6. von der „nüchternen Wahrhaftigkeit", die gebiete die Mauer „als Folge deutscher Schuld an[zu]sehen, und nicht etwa als ein unverschuldetes Verhängnis." Er erklärte seine Hoffnung nach mehr innerdeutschen und zwischenkirchlichen Verbindungen und war ratlos, was die westlichen Kirchen tun könnten, „dass Menschen mit freiem Gewissen in der DDR bleiben"[23] könnten. Immerhin wäre doch schon manches besser geworden. Der Briefwechsel durfte in den DDR-Kirchenzeitungen nicht veröffentlicht werden, da die Bischöfe auf das Leiden an der Mauer aufmerksam machten. Allerdings fand er auch im Osten schnell Verbreitung.

Die Bischöfe erhielten zahlreiche Beschwerdebriefe. Jetzt meldete sich eine kirchliche und intellektuelle Generation zu Wort, die nicht wie die Prediger der Schuld, Krusche oder Weizsäcker, als Soldaten im Krieg gedient hatten. Eine Gene-

---

21 Bund der Evangelischen Kirchen in der DDR und die Evangelische Kirche in Deutschland zum 40. Jahrestag des Endes des 2. Weltkrieges, Wort zum Frieden, unterzeichnet von Landesbischof Johannes Hempel für den Kirchenbund und Landesbischof Eduard Lohse für die EKD, herausgegeben mit Sperrfrist 19.3.1985, 5.00 Uhr, DDR-Ausgabe, Wachsmatrizenabzug, Sammlung Neubert.

22 M. Kruse, Brief an Dr. Gottfried Forck, Bischof der Evangelischen Kirche in Berlin-Brandenburg (Region Ost), epdD 33a (1986), 1.

23 G. Forck, Antwortbrief an Dr. Martin Kruse, Bischof der Evangelischen Kirche in Berlin-Brandenburg (Berlin West), epdD 33a (1986), 3.

ration, die das Schweigen ihrer Eltern und Großeltern ertragen musste, der seit sie denken konnte in der Schule die Mauer als antifaschistischer Schutzwall indoktriniert wurde. Sie schützte vor einem Land, wohin nur Rentner fahren durften, wohin sich die Bevölkerung träumte und für das viele Menschen riskante Fluchten unternahmen. Ein Land, in der es Meinungsfreiheit gab, was täglich im Fernsehen zu sehen war. Diese Generation fragte sich, ob jetzt die alltägliche Verknechtung unter der Last der Schuld und der Aufforderung zur Buße zur Selbstverknechtung mutiert war. Und dieser Bußruf kam vom Leitungspersonal der Kirchen, das sich mit und ohne Ehefrau das Sonderprivileg unzähliger Dienstreisen in den Westen erarbeitet hatte.

So schrieb der christliche Oppositionelle Arnold Vaatz an den einstmaligen Befürworter der Mauer, den Schriftsteller Stephan Hermlin, Anfang 1987 in einem offenen Brief: „Was, Herr Hermlin, hat Ihnen unsere kaputtgeschurigelte Generation denn eigentlich getan, dass Ihre Antwort auf unsere Vorstellung von Völkerfreundschaft Streckmetallzäune, Hundelaufstränge und das Klicken von Handschellen sind? Haben wir ‚Heil Hitler‘ geschrien? Uns vom Führer die Wangen tätscheln lassen?[...] Als wir sprechen lernten, waren wir schon stummgeschlagen.“[24]

Ludwig Mehlhorn, Aktivist in der Aktion Sühnezeichen und Mitglied oppositioneller Gruppen, die die Idee der Blockfreiheit vertraten und an den mittelosteuropäischen Diskussionen zur Teilung Deutschlands beteiligt waren, schrieb an Forck einen elfseitigen Brief, in dem er die nüchterne „Wahrhaftigkeit“ einforderte und die Schuldfrage relativierte. Er erinnerte an die inneren Ursachen des Mauerbaus und forderte „an der Perspektive der Einheit fest[zu]halten“. „Hier sollten gerade kirchliche Kreise, die wissen und glauben, dass Gott die Welt nicht so lässt wie sie ist, den Mut haben, auch tabuisierte Fragen aufzunehmen.“ Es ginge vorrangig darum, die Folgen des Mauerbaus zu benennen. „Im Schutz und im Schatten der Mauer ließ sich trefflich eine Politik der Abgrenzung und Abschottung realisieren, an deren Folgen unser gesamtes gesellschaftliches Leben schwer und [...] tödlich erkrankt ist.“

Zu den Folgen gehöre nicht nur das Leid der Trennung, sondern auch die Todesopfer, die Kontakt- und Einreiseverbote, die Reiseverbote nach Polen und für viele auch in die ČSSR, die innere Grenze zwischen Privilegierten und denen, die nie reisen dürften, die kulturelle Abschottungspolitik nach dem Westen und die Zensur im Inneren. Die Kirche selbst unterliege einem „neuen Partikularismus“

24 A. Vaatz, Offener Brief an Stephan Hermlin, in: I.-S. Kowalczuk (Hg.), Freiheit und Öffentlichkeit. Politischer Samisdat in der DDR 1985–1989, Berlin 2002, 210.

und es wäre doch eindeutig, dass bei der Wahrnehmung von „Mitverantwortung für Staat und Gesellschaft gewisse Grenzen nicht überschritten werden“ dürften. Christen mit „nonkonformem Verhalten“ und zahlreiche Schriftsteller wären im Inneren ausgegrenzt oder hätten die DDR verlassen müssen. Der Brief mündete in die Forderung ein, die Kirche „dürfte die ‚kritische Mitverantwortung für alles, was bei uns geschieht‘ nicht nur postulieren. Sie müsste diese Mitverantwortung auch ganz konkret wahrnehmen, indem sie sich eindeutig und unmissverständlich gegen Geist und Logik der Abgrenzung öffentlich ausspricht.“[25]

Mehlhorn hatte seinen Brief nach einer denkwürdigen Protestaktion, die der Berliner Vikar Reinhard Lampe am 13.8.1986 unternahm, geschrieben. Lampe hatte sich an einem Fensterkreuz nahe der Mauer angekettet und hatte westliche Journalisten bestellt. Auf zwei Transparenten stand: „25 Jahre sind genug“ und „Jesus stirbt an der Mauer im Kopf“. Er wurde sofort verhaftet. Nach Protesten kam er nach vier Monaten frei. Lampe hatte sich schon Anfang 1986 in einer Predigt und einer theologischen Arbeit „Lazarus am 13. August“ zur Mauer geäußert. Dies wurde im Samisdat veröffentlicht.

Lampe lieferte eine umfassende Kritik an den kirchlichen Sprechern ab, die mit dem Hinweis auf die Dritte Welt andere Nöte relativierten. Es werde übersehen, dass sich Armut auch anders zeige, etwa: „Lazarus, der nach der Gewährung der Menschenrechte hungert. Auch bei uns.“[26] Die pathologischen Folgen der unterdrückten Freizügigkeit zeigten sich u.a. im „Bettelverhalten in Richtung Westen“. Mit materiellen Begehrlichkeiten habe das nichts zu tun. Wenn ein Volk derart eingesperrt wäre, käme unabweisbar das Gefühl auf, „unter allen Nachbarn Menschen zweiter Klasse zu sein“.[27]

Auch wies er die Fixierung auf die „Schuld der Väter“ zurück und fragte, ob die Strafe für diese Schuld „unbedingt ewig so aussehen“ müsse. Die Menschen in der geschlossenen Gesellschaft würden für den offenen Umgang mit anderen nichts lernen und die Ursachen der Schuld würden nicht abgebaut: „Falls sie es je getan hat, heute jedenfalls und in Zukunft erhält diese geschlossene und schwerbewachte Grenze nicht mehr den Frieden in Mitteleuropa, sondern gefährdet ihn.“[28] Bittere Kritik übte er an den „Reichen“, den Kirchenleuten, die mit ihren Reiseprivilegien gleichzeitig diejenigen zum Bleiben in der DDR aufforderten, die

25 L. Mehlhorn, Brief an die Bischöfe Kruse und Forck vom 27. August 1986, in: Kowalczuk, Freiheit (s. Anm. 24), 405–412. Die vorangehenden Zitate beziehen sich auf diese Seiten.

26 R. Lampe, Lazarus am 13. August, in: S. Bickhardt, Aufbrüche I. Belege, DDR-Samisdat Reihe radis-blätter, Wachsmatrizenabzug (bis heute kein vollständiger Nachdruck), 10.

27 Lampe, Lazarus (s. Anm. 26), 14f.

28 Lampe, Lazarus (s. Anm. 26), 16.

solche Privilegien nicht hätten. „Welches jugendliche Versuchskaninchen wagte es schon, angesichts eines solchen Auditoriums über seine paar Jahrzehnte Stallarrest zu mäkeln – geht es doch um das faszinierende Experiment, an einem ganzen Volk in vivo die Folgen der Isolationshaft zu studieren.“[29] Für die armen „Lazarusse“, die bis zum Rentenalter warten müssten, wäre der religiös-moralische Trost „Opium des Volkes“. An die kirchliche Adresse appellierte er: „Daher dürfen wir nicht schweigen, sondern müssen denen unsere Stimme leihen, die da gedankenlos ihre Lebenszeit herunterreißen, bis sie endlich die ersehnte Altersgrenze erreichen, falls sie sie erreichen.“[30]

Eines der unmittelbaren Ergebnisse dieser Wortmeldungen war die Gründung einer Arbeitsgruppe unter Beteiligung von Lampe, Mehlhorn und Stephan Bickhardt, die als die deutschlandpolitische „Initiative Absage gegen Praxis und Prinzip der Abgrenzung“ Bedeutung bekam. Diese Initiative, ihre Nachfolgeorganisation war die 1989 gegründete Bürgerbewegung „Demokratie jetzt“, stellte an die Synode des Kirchenbundes vom 18. bis 22. September 1987 in Görlitz einen gleichlautenden Antrag. Die Synode sollte sich für uneingeschränkte Reisemöglichkeiten in die Bundesrepublik und in die östlichen Nachbarstaaten sowie für eine rechtsförmige Behandlung von Bürgern mit Reisebegehren einsetzen. Die kirchliche Reisepraxis sollte verändert werden.

Mit diesem Antrag, den Heino Falcke einbrachte, traf die Initiative einen besonders wunden Punkt des SED-Staates. Dieser hatte im Zuge der Entspannungspolitik die ideologische und politische Abgrenzung verschärft, um den Öffnungsprozess nicht aus dem Ruder laufen zu lassen und den Einfluss der Bundesrepublik zu minimieren. Die Synode wies den Antrag mehrheitlich zurück. Dies geschah, so wurde es auch begründet, in Rücksichtnahme auf den Staat. Landesbischof Leich sagte, dass der Antrag die „Zumutbarkeit“[31] gegenüber dem Staat überschreite. Falcke hielt dagegen, dass, was zumutbar sei, nicht der Staat vorschreiben könne. Doch eines der stärksten und wirkungsvollsten Argumente lieferte der Jenaer Theologieprofessor Klaus-Peter Hertzsch, der sagte: „Dass durch Berlin, durch Deutschland und Europa eine Grenze geht, das geht, daran können wir nichts abmarkten, auf deutsche Schuld zurück. Mir läge daran, dass dies nicht aus dem Blick gerät und dass wir nicht nur fragen, was wollen wir fordern um der Menschen willen in unserem Lande, sondern was wollen wir anbieten den Völkern der Erde angesichts dessen, dass wir an der Schuld der Väter nach wie vor zu tragen

29 Lampe, Lazarus (s. Anm. 26), 20.

30 Lampe, Lazarus (s. Anm. 26), 39.

31 Zitiert nach: A. Silomon, Synode und SED-Staat. Die Synode des Bundes der Evangelischen Kirchen in der DDR in Görlitz vom 18. bis 22. September 1987, Göttingen 1997, 98.

haben, eben dieser Frage der Grenzziehungen durch unsere Welt."[32] Noch im September 1989 konnte der Berliner Konsistorialpräsident Manfred Stolpe die Frage der Vereinigung Deutschlands als Friedensgefahr beschreiben.[33]

Die politische Literatur der Opposition weist zahlreiche Beiträge zur deutschen Frage auf. Die meisten Autoren waren protestantische Theologen, die fast immer auch die Schuldfrage bearbeiteten. Manche ihrer Äußerungen liegen sprachlich nahe an den offiziellen Erklärungen der Kirchen. Aber immer verbanden sie dies mit der Forderung nach einer staatlichen Rechtsordnung, die Freiheiten ermöglicht und die Gewährung von Menschenrechten stützt. Und immer wieder klingt durch, dass alte Schuld nicht neue Schuld rechtfertigt.

So haben Martin Gutzeit und Markus Meckel, die später im Zuge der Revolution die sozialdemokratischen Partei gründeten, zum 8. Mai 1985 erklärt: „Auch wenn wir es nicht wahrhaben wollen: Unsere Gegenwart ist entscheidend von den unbewältigten Schuldzusammenhängen unserer Geschichte geprägt. [...] Wenn wir heute nach einer deutschen Identität suchen, kann dies nur in der Übernahme der gemeinsamen schuldhaften Vergangenheit beider deutscher Staaten und in der Anerkennung der Zweistaatlichkeit geschehen." Zur notwendigen Veränderung schrieben sie: „Auch in unserer Gesellschaft sind Strukturen und Einstellungen wirksam, die schon damals die bekannten Folgen hatten. Bewältigung der Vergangenheit enthält die Verpflichtung, gegen das System von Angst und Bedrohung auch innerhalb der Gesellschaft, gegen Unrecht und Machtmissbrauch aufzutreten."[34] Solche Formulierungen gingen auch in die Gründungspapiere der SDP ein, die sich am 7. Oktober 1989 in Schwante konstituierte. Freilich gab es auch Widerspruch, da die Ostdeutschen sarkastisch meinten, nur sie wären für den Krieg bestraft worden.

4 Protestantische Revolution, der Stasischock und die Schuldfrage

Als im Herbst 1989 die friedliche Revolution die Macht der SED zerzauste, spielte die Evangelische Kirche eine herausragende Rolle. Freilich gab es auch noch viele Irrläufer, Kollaborationen, Rettungsversuche zu Gunsten der alten Macht. Doch das änderte nichts am Laufe des revolutionären Prozesses. Die Kirche wurde zur „Kirche der Freiheit". Drei Aspekte wären zu nennen.

---

32 Zitiert nach: Silomon, Synode (s. Anm. 31), 94.

33 M. Stolpe, Ein deutsches Sommertheater, Der Spiegel 39 (1989), 39.

34 M. Meckel/M. Gutzeit, Opposition in der DDR. Zehn Jahre kirchliche Friedensarbeit – kommentierte Quellentexte, Köln 1994, 270ff.

Die evangelische Kirche war ein erfahrener und akzeptierter Verhandlungs- und Gesprächspartner der SED-Funktionäre gewesen. Sie konnte in kritischen Lagen vermitteln und an unzähligen Stellen den Übergang an den Runden Tischen moderieren. Ab September stellte sie ihre bislang auf Ausgleich bedachte Kirchenpolitik ein und förderte die Einführung demokratischer Verfahren.

Die Kirchen stellten anfänglich weithin das Personal der Revolution, Theologen, kirchliche Mitarbeiter und befähigte Laien, die auch in den sich formierenden Oppositionsparteien und Bürgerbewegungen wichtige Funktionen hatten. Ihr Einfluss hatte mentale, geistige und praktische Facetten.

Die Kirchen haben mit den Friedensgebeten öffentliche Räume zur Verfügung gestellt, wie sie die Sprachfähigkeit der Bürger wiedererweckten. Nicht zuletzt übte die politische Spiritualität auf die Bevölkerung eine Faszination aus. Die Kirchen selbst haben, wenn auch verändert, ihren Dienst an der Gesellschaft in der Öffentlichkeit, den Medien, der Kultur und im Sozialwesen wieder neu besetzen können.

Das Diktum von der deutschen Schuld, das den Status quo mitsamt der Mauer nicht antasten durfte, verschwand. Jahrzehnte war es mit tiefem Ernst in den Kirchen vorgetragen und den Gemeinden vorgehalten worden. Plötzlich war es unbrauchbar, wie die Mauer an die es geheftet worden war. Die Revolution nagte und fraß an den Beständen kirchenpolitischer Legitimationsmuster. Freilich war die Schuldfrage nicht völlig ausgeblendet. Es passte irgendwie zur deutschen Geschichte, dass am 9. November 1989 in vielen Städten die kirchliche Friedensdekade mit dem Gedenken an den Pogrom von 1938 durchgeführt wurde. Am gleichen Abend öffneten Demonstranten die Berliner Mauer. Die Kirchen haben die neuen Chancen der Öffnung der europäischen Räume genutzt und etwa die Versöhnung mit Polen aktiv gefördert.

Auch der innere Einigungsprozess zwischen Kirchenbund und EKD verlief nicht ganz reibungslos, wurde aber insgesamt ein Erfolg. Die kirchlichen Dokumente dieser Vereinigung, angefangen mit der „Erklärung von Loccum" im Januar 1990, enthalten keine Rückgriffe auf die jahrelange Schulddebatte.[35]

Aber schon 1990 kündigte sich neues Ungemach an. Es gab erste Enthüllungen über Inoffizielle Mitarbeiter (IM) des Ministeriums für Staatssicherheit (MfS), die eng mit der kirchlichen Arbeit verflochten waren. Am 14. März 1990, kurz vor den ersten freien Wahlen zur Volkskammer am 18. März, gestand der Rechtsanwalt Wolfgang Schnur seine langjährige Tätigkeit als IM ein. Schnur war Synodaler, saß

35 Bund der Evangelischen Kirchen, Die Erklärung von Loccum, 17. Januar 1990, in: Demke/Falkenau/Zeddies, Anpassung (s. Anm. 13), 121-123.

in mehreren wichtigen kirchlichen Gremien, vertrat als Rechtsanwalt zahlreiche Verfolgte und war Vertrauensmann in der Opposition. Er war Gründungsmitglied des „Demokratischen Aufbruchs". Das fand eine erhebliche mediale Aufmerksamkeit. In den nächsten Wochen und Monaten folgten weitere spektakuläre Enttarnungen, auch von Kirchenleuten.

Der Entrüstungssturm rührte aus dem Hass der Bevölkerung auf das MfS und dem Ringen der Bürgerbewegungen in der Revolution gegen dieses Organ der SED. Das MfS stand im Focus des Sturzes der Diktatur. Die Bürgerbewegungen hatten mit großer Unterstützung der Bevölkerung das MfS lahmgelegt, deren Gebäude besetzt, die Aktenvernichtung eingeschränkt und am Runden Tisch alle Versuche der SED vereitelt, Nachfolgeorganisationen zu schaffen. Seit Januar wurde am Runden Tisch[36] um die Öffnung und den Zugang zu den Akten gestritten. Der Runde Tisch bildete im Februar 1990 eine Arbeitsgruppe, die den Auflösungsprozess des MfS begleiten sollte. Berufen wurde auch Bischof Gottfried Forck, der als Vertreter Oberkirchenrat Ulrich Schröter entsandte.

Unter der letzten kommunistischen Regierung von Hans Modrow und der ersten am 18. März 1990 frei gewählten Regierung mussten die Aktenbestände gesichert und der Zugriff auf sie geregelt werden. Wegen anhaltender Aktenvernichtungen kam es zu Hungerstreiks, schweren Auseinandersetzungen im Parlament, da Innenminister Peter Michael Diestel der Aktenvernichtung zustimmte. Die Volkskammer traf erste Regelungen für den Umgang mit den Akten, die dann auch entsprechend dem Einigungsvertrag in das am 20.12.1991 erlassene Stasiunterlagengesetz eingingen. Schon die Volkskammer hatte den Rostocker Pfarrer Joachim Gauck zum Sonderbeauftragten gewählt, der 1992 auch der Bundesbeauftragte für die Stasiunterlagen wurde.

Die Kirchen waren in diesen Prozess involviert und beteiligten sich an der Debatte. Überraschend traten nun einflussreiche kirchliche Vertreter für einen restriktiven Umgang mit den Akten ein. Der Vorsitzende der Konferenz der Kirchenleitungen, Bischof Christoph Demke, sprach noch Tage nach der ersten freien Wahl mit dem letzten SED-Ministerpräsidenten Hans Modrow und bat, den Zugang zu den Akten möglichst zu verhindern oder nur auf einige Ausnahmen zu beschränken. Andere schlugen die Vernichtung der Akten vor.

Angesichts immer neuer Fälle, auch angesichts von unbewiesenen Verdächten, ahnten offenbar manche Verantwortlichen in den Kirchen, was auf die Kirchen zukam, wenn die Akten geöffnet würden. Und die allermeisten IM an verantwortli-

---

36 H. Schultze, Stasi-Belastungen in den Kirchen? Die Debatten in den Evangelischen Kirchen zu Befunden und Unterstellungen (1990–1996) (KJ 123), Gütersloh 1996, 288.

chen Stellen in den Kirchen konnten noch unerkannt wirken und förderten sicher auch diese Stimmung.

Die Kirchenleitungen und die Synoden sahen sich herausgefordert, die IM-Problematik aufzunehmen und erste Orientierungen und Handlungsvorschläge anzubieten. Es gab die große Sorge, dass bei der öffentlichen Namensnennung von IM die Zersetzungsarbeit des MfS fortgesetzt würde. Ergänzt wurden die Gremienbeschlüsse durch eine Fülle von öffentlichen Äußerungen in den Medien. In den Stellungnahmen wurde regelmäßig zur Versöhnung aufgerufen, die auch die IM einbezog. Dies sollte vornehmlich auf der seelsorgerlichen Ebene erreicht werden. Schuld wurde als individuelles Problem betrachtet. Der verstehenswillige und apologetische Unterton war unüberhörbar. Die Sprache entglitt manchmal ins Hysterische. In einem Bußaufruf zum Bußtag 1990, der vom Landeskirchenrat und vom Landesjugendkonvent in Thüringen ausging, hieß es „Wehrt der Lüge und dem Terror". Auch von „Hexenjagd"[37] war die Rede. An anderer Stelle wurde von den „teuflischen" Aktivitäten des MfS gesprochen, die nicht durch die Aufklärung fortgesetzt werden dürften.

Der Rechenschaftsbericht der Konferenz der Kirchenleitungen für die BEK-Synode vom 21. bis 25.9.1990 erklärte: „Die Konferenz hält es für erforderlich, dass auch die Verwertung von Kenntnissen aus der Tätigkeit im Staatssicherheitsdienst bzw. aus dessen Auflösung an den geordneten Rechtswegen vorbei unter Strafe gestellt wird. Akten und Dokumente sollten nur für die beantragten Rehabilitierungsverfahren, zu Zwecken strafrechtlicher Aufklärung und Verfolgung und für die Abwehr unberechtigter Vorwürfe zur Verfügung stehen. Es muss sichergestellt werden, dass nicht mittels Aktenmaterials die Herrschaft des Misstrauens und der Angst, die der Staatssicherheit errichtete, fortwirkt oder gar fortgesetzt wird." Es sollten „die ehemaligen Mitarbeiter des Staatssicherheitsdienstes Chancen für einen Neubeginn bekommen". Im Text wurde auch von „Schuld und Schuldverstrickung" gesprochen. Es müsse geklärt werden „warum in den evangelischen Kirchen die Auseinandersetzung [...] mit dem marxistisch geprägten Sozialismus zurückgetreten" sei.[38]

Im Beschluss der Bundessynode zum Thema Staatssicherheitsproblematik hieß es: „Wir halten es für eine besondere Chance der Christen, dabei zu helfen, dass Schuld bekannt, Angst abgebaut und Vertrauen dort wiederhergestellt wird,

37 Zitiert nach Schultze, Stasi-Belastungen (s. Anm. 36), 298.

38 Zitiert nach Schultze, Stasi-Belastungen (s. Anm. 36), 293.

wo es zerbrochen war. Wir ermutigen die Schuldiggewordenen, Menschen ihres Vertrauens zu suchen, um sich im seelsorgerlichen Gespräch mitzuteilen".[39]

Im November 1990 stellte eine Reihe von bürgerbewegten Theologen an die Synode der Kirchenprovinz Sachsen den Antrag, dass sich alle kirchlichen Mitarbeiter „auf eine eventuelle Stasi-Mitarbeit überprüfen lassen."[40] Die Synode lehnte den Antrag ab. Sie wolle „jeden Betroffenen ermutigen, sich vor der einsam machenden Angst vor Aufdeckung seiner Mitarbeit bei der Stasi dadurch zu befreien, dass er sich in einem seelsorgerlichen Gespräch einem anderen anvertraut." Sie sprach sich „gegen einen kollektiven Druck zur Selbstüberprüfung"[41] aus.

Im Spätherbst 1990 richtete der Thüringer Landesbischof Leich ein Schreiben an seine Superintendenten, in dem er sich energisch gegen die Nutzung von MfS-Akten aussprach. Durch MfS-Mitarbeit Belastete sollten sich einem vertraulichen seelsorgerlichen Gespräch stellen, das in Verschwiegenheit die Umstände ihrer Mitarbeit klärt. „Am Ende eines solchen Gesprächs werden in der Regel die Vergebung der Schuld, der Schlussstrich unter eine Vergangenheit und ein neuer Anfang stehen."[42] Nur bei schweren Fällen sollten ausnahmsweise rechtliche Schritte eingeleitet werden. Ähnliche amtliche Briefe wurden auch in anderen Landeskirchen verschickt. Nur die Mecklenburger Synode hat auf ihrer Tagung am 1–4.11.1990 eine Überprüfung beschlossen, die allerdings auf freiwilliger Grundlage erfolgen sollte.[43]

1991 kam es in mehreren Landeskirchen zur Einrichtung von Vertrauensräten, -ausschüssen bzw. Seelsorgegruppen. Allerdings zeigte sich bald, dass die Ausschüsse kaum frequentiert wurden. Belastete haben sich nur sporadisch gemeldet. Manche Landeskirchen stellten diese Arbeit bald ein. Diese Praxis im rechtsfreien Raum bewährte sich nicht. Einer der sich schon 1990 meldete, war der Thüringer

39 2. Tagung der VI. Synode des BEK, 21.–25.9.1990 in Leipzig, Beschluss zum Bericht der KKL, in: Recht und Versöhnung I. Texte aus den Kirchen zum Stand der Aufarbeitung der Vergangenheit. Staatsicherheitsproblematik, Theologische Studienabteilung, Berlin 19.9.1991, 3.

40 Antrag an die Provinzialsynode der Kirchenprovinz Sachsen vom 1.–4.11.1990 in Halle, in: Recht und Versöhnung (s. Anm. 39), 5.

41 Beschluss betr. Aufarbeitung der Stasi-Mitarbeit von kirchlichen Amts- und Mandatsträgern, Synode der Evangelischen Kirche der Kirchenprovinz Sachsen, in: Recht und Versöhnung (s. Anm. 39), 7.

42 Landesbischof W. Leich, Brief an die Superintendenten in Thüringen, in: Recht und Versöhnung (s. Anm. 39), 31f.

43 Vgl. Tagung der Landessynode Mecklenburg, 1.–4. November 1990, in: Recht und Versöhnung (s. Anm. 39), 14f.

Pfarrer H., der seine inoffizielle Mitarbeit reuig eingestand. Kurz nach einem Gespräch im Landeskirchenamt wurde er entlassen. Er wurde nie wieder eingestellt.[44]

Aber der innerkirchliche und auch der mediale Druck auf die Kirchen wuchsen weiter rasch an. Immer mehr Enthüllungen legten es nahe nach einem geregelten Umgang Ausschau zu halten. Die erste Landeskirche, die nun einen völligen Umschwung vollzog, war Thüringen. Die Landessynode beschloss auf ihrer Tagung vom 15. bis 18. März 1991 eine generelle Überprüfung ihres Personals.[45] Einige andere Landeskirchen folgten. Die Brüdergemeine Herrnhut und das reformierte Moderamen lehnten die Überprüfungen total ab. Die Landeskirchen Berlin-Brandenburg, Pommern, Anhalt, Sachsen, Kirchenprovinz Sachsen, Oberlausitz-Schlesien sahen Überprüfungen vor, schränkten diese zugleich auch wieder ein. 1993 wurde in der Kirchenprovinz Sachsen die Regelüberprüfung nachholend eingeführt. Auch die EKD mit Sitz in Hannover beteiligte sich mit einem Vorüberprüfungsausschuss, der vorwiegend Recherchen initiierte. Mit dieser Praxis bahnte sich eine Entwicklung an, die zu einer weitgehend kirchen- und disziplinarrechtlichen Behandlung der als IM registrierten kirchlichen Mitarbeiter führte. Nach einigen Jahren konnten erste Bilanzen vorgelegt werden.[46]

Zu einer Beruhigung kamen aber die öffentliche und die innerkirchliche Debatte nicht. Vor allem in Sachsen und Berlin-Brandenburg kam es zu heftigen Protesten in der Mitarbeiterschaft. Immer neues Aktenmaterial wurde veröffentlicht, Namen wurden genannt, Bischöfe waren darunter, Bürgerrechtler und kritische Theologen erhoben Vorwürfe, die Medien skandalisierten zusätzlich. Die Kirche der Freiheit schien ihren Glanz zu verlieren. Viele kirchenleitende Persönlichkeiten gingen in die Defensive. Manchmal wurde das peinlich. Als der im Frühjahr 1991 jung verstorbene Konsistorialpräsident der Kirchenprovinz Sachsen, Detlev Hammer, der Stasi-Mitarbeit bezichtigt wurde, stritt das die Kirchenleitung vehement ab. Später musste sie einräumen, dass Hammer ein geheimer Offizier des MfS war.[47] Zusätzlich hatten die ostdeutschen Landeskirchen mit der Eingliederung in die EKD zu kämpfen. Die EKD musste millionenschwer den Zusammen-

---

44 Vorgang Pfarrer H., Sammlung Neubert, Akte Recht und Versöhnung III, von Pfarrer H. überlassen.

45 Vgl. Beschluss der Landessynode Thüringen, 15.–18.3.1991, in: Recht und Versöhnung (s. Anm. 39), 25.

46 Vgl. L. Große/H. Schultze/F. Winter (Hg.), Überprüfungen auf Stasikontakte in den östlichen Gliedkirchen der EKD, ZdZ Beiheft 1 (1997).

47 Vgl. H. Schultze/W. Zachhuber, Spionage gegen eine Kirchenleitung. Detlef Hammer – Stasi-Offizier im Konsistorium Magdeburg, Magdeburg 1994.

bruch der Ostkirchen verhindern. Es gab konfessionelle Reibereien. Der beginnende Strukturwandel machte den Mitarbeitern zu schaffen.

In dieser Lage kulminierte die Stasidebatte in einer heftigen Auseinandersetzung um das im Dezember 1991 erschienene Buch von Gerhard Besier und Stephan Wolf „Pfarrer, Christen und Katholiken“, das 155 ausgewählte Dokumente des MfS über die Bearbeitung der Kirchen bot, Schriftverkehre, Maßnahmepläne, Einschätzungen, IM-Akten u.dgl.m. In den Kirchen erhob sich ein Entrüstungssturm. Kirchenleitungen und viele Persönlichkeiten des öffentlichen und kirchlichen Lebens kritisierten vehement und hoch emotionalisiert das Buch. Abgesehen von einigen biographischen und historiographischen Fehlern der Herausgeber wurde bemängelt, dass zu den behandelten Vorgängen die kirchliche Überlieferung ausgespart und auch kaum Zeitzeugen befragt worden waren. Allein die Sicht des MfS wäre zum Zuge gekommen.

Die Vorwürfe machten sich besonders an der Feststellung von Besier fest, dass die Beziehungen zwischen „kirchenleitenden Persönlichkeiten und SED-Funktionären“ als „Kumpanei“ bezeichnet werden können. Einschränkend hatte Besier aber geschrieben: „Aber nur in den seltensten Fällen erreichte das sachliche wie persönliche Einverständnis eine Dimension, die es rechtfertigte, von einer vollständigen Vereinnahmung der Kirchenleitungen durch den SED-Staat zu sprechen.“[48] Diese Einschränkung half nicht mehr. Die „Kumpanei“ blieb der Stein des Anstoßes. Er hatte die verletzt, die tatsächlich viele Privilegien in Anspruch genommen hatten.

Noch mehr und mit noch längeren Nachwirkungen aber störte die Kritiker, dass Besier ein Schuldbekenntnis gefordert hatte, das über individuelle Schuldeingeständnisse einzelner hinausgeht. Die Einleitung endend stellt er die „Frage nach der Schuld von Kirche und Theologie gewiss für die Zeit vor der ‚Wende‘, aber auch – ja vielleicht noch brennender – für die Art und Weise, in der Kirchenmänner und Theologen, und zwar in ganz Deutschland, seither die ‚Schuldfrage‘ handhaben.“[49]

Er konnte sich zwar darauf berufen, dass verschiedene Autoren, auch kirchenleitende, die Schuldfrage thematisiert hatten. Aber so deutlich hatte es bisher niemand ausgesprochen. Dazu war Besier ein Außenstehender aus dem Westen, der die Lebensumstände im Osten nicht kannte – so seine Kritiker. Aufgeheizt wurde

48 G. Besier/S. Wolf (Hg.), „Pfarrer, Christen und Katholiken“. Das Ministerium für Staatssicherheit der ehemaligen DDR und die Kirchen, Neukirchen-Vluyn 1991, 39.

49 Besier/Wolf, Pfarrer (s. Anm. 48), 96.

die Debatte auch durch die Besier fälschlich zugeschriebene aber auch absurde Angabe, dass bis zu 3.000 IM in den Kirchen gearbeitet hätten.

Die schon 1990 laut gewordenen Stimmen, die ein Schuldbekenntnis oder ein Bußwort verlangten, meist aus dem bürgerrechtlichen Bereich, hatten die Synoden und Kirchenleitungen abgelehnt, wenngleich sie Fehleinschätzungen, Mutlosigkeit und häufiges Schweigen eingestanden. Aber wichtige Meinungsäußerungen erkannten die Legitimität der Fragen nach der Schuld an.

Werner Krusche, der inzwischen pensioniert war, äußerte sich mehrfach zur Schuldfrage. Eine unmittelbare Verknüpfung mit der Schuld der Deutschen in der NS-Zeit stellte er nur mittelbar her. Er brachte in Anschlag, dass jetzt ein Unterschied zwischen Irrtum und Schuld gemacht werden müsse. Er selbst wäre auch Fehleinschätzungen über die DDR unterlegen. Aber seit dem Ende der DDR seien die Kirchen auch selbstkritisch gewesen und müssten sich auch in Zukunft befragen lassen. Aber die Kirchen hätten es jetzt „wie die Jünger gemacht, als Jesus davon sprach, einer würde ihn verraten, und haben ihn gefragt: Bin ich's? und nicht: War's der?“[50]

Friedrich Winter, Präsident der Kirchenkanzlei der Evangelischen Kirche der Union, wies auf die zahlreichen Schuldbekenntnisse der Kirchen in der DDR hin und machte wie Krusche auf die unklare Abgrenzung zwischen Irrtum und Schuld aufmerksam. Er fragte ob „das Mitwandern in Systemzusammenhängen“ nicht immer von „Schuld- und Sündenverfallenheit geprägt“ sei? „War es Sünde, in dieser sozialistischen Gesellschaft einfach sein Leben anzunehmen und zu gestalten, ohne immer sogleich nach Wahrheit und Lüge, gesellschaftlicher Bindung und Freiheit in einem ethischen Tag- und Nachtrigorismus zu fragen und zu leben?“ Da diese Frage nicht klar zu beantworten sei, würde er „vor einem rein welt- und öffentlichkeitsbezogenen Schuldbegriff“ warnen. „Ohne theologische Tiefe werden Schuldbekenntnisse zu flach.“[51] Dazu brauche die Kirche aber Zeit.

Einige Autoren, wie Michael Beintker, haben „schuldhaftes Fehlverhalten“ in den zögerlichen kirchenpolitischen Strategien der Kirchen gesehen. Aber eigentlich ginge es um die Schuld vor Gott: „Das Scheitern am ersten Gebot ist der Schlüssel zum Verständnis jeglicher Schuld.“[52] Auch Heino Falcke, damals Propst in Erfurt und jahrelang ein Unterstützer oppositioneller Gruppen in den Kir-

---

50 W. Krusche, Nun wissen wir endlich, wer wir waren. Zum Besier/Wolf-Buch über Stasi und Kirche, in: Recht und Versöhnung (s. Anm. 39), 78.

51 F. Winter, Öffentlich Schuld bekennen. Schuld und Vergebung vor und nach der ‚Wende‘ im Bund der Evangelischen Kirchen (in der DDR), KZG 4/2 (1991), 340.

52 M. Beintker, Die Schuldfrage im Erfahrungsfeld des gesellschaftlichen Umbruchs im östlichen Deutschland. Annäherungen, KZG 4/2 (1991), 460.

chen, hat die Schuldfrage theologisch reflektiert. Zwar sparte er nicht mit Kritik an Besier und Wolf, erkannte aber deren Vorhalt an, dass die Kirchen durch die SED instrumentalisiert worden wären. Dies verlange einen offenen Umgang mit dem Vergangenen: „Schlimmer noch als eine schuldige Kirche ist eine Kirche von Weißwäschern, die eben damit zeigt, dass sie nicht aus dem Evangelium lebt. Die Glaubwürdigkeit der Kirche hängt nicht an ihrer Sündlosigkeit, sondern daran, dass sie mit ihrer Schuld anders umgeht als die Welt, nämlich im Geist des Evangeliums, also in Wahrhaftigkeit, Vergebung und Umkehr." Und im Blick auf die IM-Problematik sagte er: „Wir dürfen auch daraus nicht nur persönliche Sündenfälle machen, von denen wir uns abgrenzen. Wir müssen vielmehr das kirchliche Gesamtverhalten und theologische Deutungsmuster wie zum Beispiel die Zwei-Reiche-Lehre, die solche Sündenfälle begünstigt haben, kritisch prüfen".[53] Falcke hat mehrfach betont, dass das Bekenntnis der Schuld vor Gott darin bestehen müsse, die theologischen Positionen aufzuarbeiten, die letztlich die Kirche in ihrem Auftrag behindert hätten.

Es kam in den Kirchen zu manchen Fehlereingeständnissen. Ein Schuldbekenntnis blieb aber aus. Westdeutsche Kirchenleute wie Hartmut Löwe, der spätere Militärbischof oder der SPD-Politiker und Präses der EKD-Synode, Jürgen Schmude, assistierten und wiesen ein solches Bekenntnis zurück. Auf der EKD-Synode in Suhl im November 1992 äußerte sich der Ratsvorsitzende der EKD Landesbischof Klaus Engelhardt dazu. Er beklagte die anhaltende Diskussion über die Stasibelastungen und zeigte viel Verständnis für die ostdeutschen Verantwortlichen, die sich für die Menschen eingesetzt hätten. „Das hat Kontakte zwischen Kirchenleuten und Vertretern des Staatsapparates, der SED und auch der Staatssicherheit notwendig gemacht." Und er fragte: „Ist also ein Schuldbekenntnis der Kirche fällig? Ich halte dagegen: es gibt nicht nur die billige Gnade, es gibt auch den billigen Bußruf und die billige Buße."[54]

5 Handlungsfelder der Buße

Die Kritik an und in den Kirchen ließ aber nicht nach. Zahlreiche Veröffentlichungen wiesen auf die Selbstgefährdung und grundsätzlichen Mängel der Kirchen im

53 H. Falcke, Vor allem ist Selbstkritik unserer Kirchen angebracht. Epd-Interview mit Propst Heino Falke zur Stasi-Aufarbeitung, in: Recht und Versöhnung (s. Anm. 39), 79ff.

54 Ratsbericht Klaus Engelhardt auf der 3. Tagung der 8. Synode der EKD, 1.–6 November 1992 in Suhl, in: Schultze, Stasi-Belastungen (s. Anm. 36),343.

Zusammenwirken mit dem SED-Staat hin.[55] In den Kirchenleitungen aber überwogen die apologetischen Stimmen. Seit 1992 die intensiven Kontakte des Konsistorialpräsidenten und damaligen Ministerpräsidenten in Brandenburg, Manfred Stolpe, in einem parlamentarischen Untersuchungsausschuss[56] verhandelt wurden, dominierten in den Kirchen die Abwehrhaltungen. Jetzt erschien manchem Kirchenvertreter die Zusammenarbeit mit dem MfS sogar in bestimmten Fällen als geboten.

Das rief nun eine kräftige innerkirchliche Gegenwehr hervor. Theologen und kirchliche Laien, zumeist ehemals in den Bürgerbewegungen engagiert, formierten sich in Gruppen und gemeindlichen Arbeitskreisen, die auch Öffentlichkeitsarbeit betrieben. Ihre Anliegen waren die Fortführung der Stasi-Aufklärung, die Beteiligung an den Debatten zum Umgang mit IM, die theologische Auseinandersetzung in der Versöhnungsfrage und der Einsatz für die Opfer, besonders die Opfer im kirchlichen Bereich. Da sich die Diskussionen in der Stasifrage vor allem um die Täter gedreht hatten und Betroffene von MfS-Machenschaften kaum erwähnt wurden, gab es hier besonderen Handlungsbedarf.

Zu den vielen von MfS-Zersetzungsmaßnahmen Betroffenen gehörten eben auch kritische und oppositionelle kirchliche Mitarbeiter und Laien. Diese meldeten sich immer lauter zu Wort, vor allem als sie ab Frühjahr 1992 in ihre Akten einsehen konnten. Jetzt sahen sie, dass zu den auf sie angesetzten IM auch Kirchenleute, eben Amtsbrüder und Kollegen, gehörten. Es gab Fälle von Pfarrern, die nach Zersetzungsmaßnahmen des MfS in den Westen gingen. Nach Vereinbarungen zwischen den Kirchen in Ost und West wurden diesen Theologen die Ordinationsrechte aberkannt. Ursprünglich sollte die Flucht oder Abwanderung von Pfarrern dadurch erschwert werden. Der Ausschluss vom Pfarramt war kirchenrechtlich geregelt. In vielen Fällen vermengten sich kirchliches Handeln und die Intrigen des MfS. Seit 1992 wurden diesen Pfarrern auf Antrag die Ordinationsrechte wieder erteilt. Eine umfassende Rehabilitierung wurde ihnen aber in der Regel verweigert. Manche verlangten jetzt auch eine Entschuldigung von den Kirchenleitungen.[57]

Zu den 1991 gegründeten bekannteren Aufarbeitungsgruppen gehörten der „Ökumenische Arbeitskreis für Vergangenheitsbewältigung – Recht und Versöhnung“ um Pfarrer Rolf-Michael Turek in Leipzig und die Berliner „Initiative Recht und Versöhnung“. Letztere gab am 21.9.1991 eine Erklärung ab, die die Kirchen

55 Vgl. W. Krötke, Musste die Kirche mit der Stasi reden?, Die Zeit 37 (1992), 8f.

56 Vgl. Heinrich-Böll-Stiftung e.V. (Hg.), Abschlußbericht des Stolpe-Untersuchungsausschusses (lesbar gemacht von Ehrhart Neubert, mit einem Vorwort von Viktor Böll), Köln 1994.

57 Vgl. E.S. Hasse, „Form von Einseitigkeit“, Deutsches Allgemeines Sonntagsblatt 15 (1993), 18.

und die Gemeinden zur entschlossenen Aufarbeitung aufrief. „Erst die ganze Wahrheit und die Herstellung des Rechtes können für Ausgleich, Vergebung und Versöhnung die Voraussetzungen schaffen." In einem Forderungskatalog wurde verlangt, dass umfangreiche Überprüfungen stattfinden sollten, um die „Opfer von Stasiaktivitäten öffentlich zu rehabilitieren". Die IM sollten disziplinarisch belangt werden. Ihnen wurde aber nach einem Schuldbekenntnis „ein Recht zur Umkehr" eingeräumt.[58]

Da sich immer mehr kirchliche Mitarbeiter meldeten, die vom MfS verfolgt worden waren und sich jetzt von den Kirchen nicht angemessen behandelt fühlten, hat sich die Initiative an den Rat der EKD gewandt und die „Einrichtung einer Beratungs- und Seelsorgestelle für Opfer der SED-Kirchenpolitik" vorgeschlagen. Im Brief an den Vorsitzenden des Rates, Landesbischof Engelhardt, wurde über die Betroffenen gesagt: „Sie fühlen sich, ihre Haltung und ihr Verhalten von den Kirchen nicht angenommen und werfen den Kirchen vor, dass sie die Opfer in Stich lässt."[59] Eine von den östlichen Landeskirchen unabhängige Stelle solle seelsorgerlichen und juristischen Beistand leisten.

Eine solche Stelle wurde 1995 eingerichtet. Vorher noch ging 1994 aus der Initiative Recht und Versöhnung der Arbeitskreis „Versöhnung in Wahrheit" hervor, der den Status einer Selbsthilfegruppe hatte. Diese war seit 1996 dem Berliner „Bürgerbüro e.V. zur Aufarbeitung von Folgeschäden der SED-Diktatur" unter Vorsitz von Bärbel Bohley angegliedert.[60] Hier konnte zahlreichen Betroffenen Beistand gewährt werden. Vor allem musste immer wieder Rechtshilfe organisiert oder durch Eingaben an Kirchenleitungen und öffentliche Stellungnahmen dem Anliegen Nachdruck verliehen werden.

Fast alle kirchlichen Aufarbeitungsinitiativen fühlten sich verpflichtet, in die Versöhnungsarbeit auch „Täter" einzubeziehen. Die Erfahrung zeigte, dass sich nur sehr wenige IM solchen Angeboten stellten. Mehrfach aber gab es Gesprächskreise, die hauptamtliche MfS-Offiziere und kirchliches Personal zusammenführten. So entstand auf Initiative von Bürgerrechtlern und Theologen in der Berliner Bartholomäusgemeinde der „Gesprächskreis DDR" und unter Leitung des Theologen Ulrich Schröter ein Kreis mit ehemaligen MfS-Offizieren. Dieser Kreis gab die

---

58 Erklärung der Initiative Recht und Versöhnung. Erstunterzeichner Rudi Pahnke, Ehrhart Neubert, Ludwig Mehlhorn, Wolfram Hülsemann, Joachim Görtz, in: E. Neubert, Vergebung oder Weißwäscherei. Zur Aufarbeitung des Stasiproblems in den Kirchen, Freiburg i.Br. 1993, 182–184.

59 Initiative Recht und Versöhnung, Brief an den Vorsitzenden des Rates der EKD, 18.10.1993, Unterzeichner Peter Bickhardt, Klaus Dieter Kaiser, Sammlung Neubert, Akte Recht und Versöhnung II.

60 Das Material der Gruppe in der Sammlung Neubert, Akte „Versöhnung in Wahrheit" I bis 4.

Schriftenreihe „Zwiegespräch“ heraus. Solche Dialogkreise erbrachten wohl nicht viel mehr als den mehr oder weniger gelungenen Versuch überhaupt miteinander zu sprechen. Heino Falcke hat solche Erfahrungen auch theologisch aufgenommen. 1992 sagte er in einem Vortag: „Was können wir wirklich tun für die Versöhnung und den Neuanfang von Opfern und Tätern miteinander? Ich denke sehr wenig! Dieses Eingeständnis sollten wir offen und ehrlich der Anmaßung entgegenstellen, die sich im Begriff der ‚Vergangenheitsbewältigung‘ ausspricht. Dieses Eingeständnis ‚sehr wenig‘ heißt aber auch: wir können in dieser Sache nie genug tun und wir können trotz dieses Defizits leben, weil da einer ist, der ‚ein für alle Mal‘ genug getan hat“.[61]

Neben den Versuchen die kirchenpolitischen Ansätze der Aufarbeitung voranzutreiben, wollten die Initiativen auch das Informationsmonopol der verfassten Kirche brechen. Dazu gehörte eine am 20. November 1992 von der Initiative Recht und Versöhnung durchgeführte Veranstaltung „Geschichtswerkstatt“ in der Gethsemanekirche in Berlin. In einem Vorbereitungspapier wurde faktisch ein Schuldbekenntnis gefordert: „Wir beklagen, dass die Kirchen, denen in der Vergangenheit im besonderen Maße Vertrauen entgegengebracht wurde, bei der Aufarbeitung zögern. Wir fühlen uns mitverantwortlich. Wir schämen uns, dass viele in den offiziellen Leitungsgremien und Synoden nicht genügend Offenheit und Mut haben, Fehler einzugestehen und Schuld zu bekennen und sich sogar von manchen distanzieren, die sich dieser Aufgabe konkret stellen – mit all den darin liegenden Problemen und Irrtümern.“[62]

Die damals entstandenen theologischen Arbeiten zur Aufarbeitung sind später wenig rezipiert worden. Sie wurden in der grauen Literatur verbreitet, fast wie zu DDR-Zeiten. Aber sie sind interessant und auch originell. Rudi Pahnke schrieb den Aufsatz „Stasi und Kirche im Lichte der Bibel“. Er zitiert Kohelet 10,20: „Nicht einmal auf deinem Lager fluche dem König, und selbst in deinem Schlafgemach fluche keinem Reichen, denn ein Vogel des Himmels könnte die Stimme forttragen und ein Geflügelter dein Wort weitersagen.“ An Judas, Petrus und Paulus buchstabierte er Lebensmodelle in der Bibel mit der Problematik des Seitenwechsels.

Klaus-Dieter Kaiser kritisierte unter dem Titel „Wissen ist Macht“ die konspirative nicht öffentliche Verhandlungspolitik von Staat und Kirche. „Die anderen, für die man da sein wollte, für die man das Handeln übernahm, wurden unmün-

---

61 H. Falcke, Verdrängen, vergelten oder versöhnen. Über den Umgang mit Wahrheit, Vortrag in der Evangelischen Akademie Berlin, 22.2.1992, Typoskript-Kopie, Sammlung Neubert.

62 Erklärung der Vorbereitungsgruppe der Geschichtswerkstatt, 18.11.1992, Berlin, Erstunterzeichner Hanfried Zimmermann, Joachim Görtz, Rudi Pahnke, in: Neubert, Vergebung (s. Anm. 58), 178–181.

dig gehalten. Statt aufzuklären, um aus selbstverschuldeter Unmündigkeit herauszukommen, wurde die akzeptiert und fortgeschrieben."

Jochen Goertz schrieb über „Konsequenzen aus Barmen", die Kirche „hätte den Staat zugleich daran erinnern müssen, dass der Staat mit Hilfe der Staatssicherheit gerade nicht seinem Auftrag gerecht werden kann, für ‚Recht und Frieden zu sorgen', weil er durch die Stasi die Gleichschaltung der Gesellschaft mit sich selbst und deren konspirative Eliminierung vorantrieb."

Peter Bickhardt untersuchte seelsorgerliche Aspekte der Stasiproblematik. Mit den von den IM gewählten Decknamen „Prinz", „Amos" oder „Brunhilde" „bekamen die IM mit neuen Namen eine zweite Identität zugesprochen[...]. ‚Getauft' in Bindung an eine Größe, die unbedingten Gehorsam, d.h. vor allem anderen Verschwiegenheit verlangt: ‚Ich habe dich bei deinem Namen gerufen, du bist mein' (Jes. 43,1). Die Gegengröße Gottes hatte gerufen".

Und Heike Krötke dachte über „Kontakte und Zusammenarbeit zwischen Staatssicherheit und Kirche im Lichte der Bekenntnisschriften" nach. Bischöfe, die die Kirche den Fürsten anvertrauen, veranlassen dadurch, dass „weltliche Fursten [...] geystlich vber seelen regiern" wollen. Aber die weltliche Gewalt, die sich anmaßt „der seelen gesetz zu geben [...] verderbet nur die seelen."[63]

Die Protestanten in Ostdeutschland fanden nie eine gemeinsame Haltung zum Schuldproblem, auch nicht zur Verantwortung der Täter. Bei manchen ging es um die Versöhnung des ostdeutschen Kollektivs. Nach Friedrich Schorlemmer müsse „zähneknirschend akzeptiert" werden, dass nicht alle zur „Schuldeinsicht" zu bringen seien. Es ginge um „letztendliche Befreiung"[64]. Er hat aufklärende und versöhnende Gespräche gefordert und vom „humanistischen Großversuch" des Strafrechtsverzichtes gesprochen, weil er annahm, dass Offenheit der Täter nur ohne „Drohgesten"[65] möglich wäre. Dagegen war Joachim Gauck als Bundesbeauftragter für die Stasiunterlagen stets der Meinung, dass die Öffnung der Akten die Verantwortung der Staatsbürger stärken könne.

Die evangelischen Kirchen in den Neuen Ländern haben bis etwa 2000 die juristische Aufarbeitung des Stasiproblems weitgehend abgeschlossen. Die Bußrufe haben sie gehört, aber sie haben – gewiss auch aus guten theologischen Gründen –

63 Alle hier genannten Texte in: Wer oder was war da Kirche? Handreichung der Initiative Recht und Versöhnung zur theologischen und rechtlichen Aufarbeitung der Staatssicherheitsproblematik in der Kirche, Berlin 1992; Graue Literatur, Sammlung Neubert.

64 F. Schorlemmer, Neue Herrn, neue Kriecher – und manchmal sind es dieselben, Ein FR-Streitgespräch zwischen Schorlemmer und Wolfgang Templin, Frankfurter Rundschau vom 7.12.1996, 20.

65 F. Schorlemmer, Was ich denke, München 1995, 115.

ein öffentliches Schuldbekenntnis abgelehnt. Obwohl die Stuttgarter Schulderklärung in einem anderen Kontext entstand, bleibt sie doch eine Anfrage an das, was in der SBZ und in der DDR mit den Kirchen geschah.

Die Netze der Schuld bestehen aus dünnen Fäden, die von 1933 bis 1989 gesponnen sind. Dazu gehört, dass das MfS gezielt nach NS-belasteten Theologen gesucht hat, die es zur „Wiedergutmachung“ anwerben konnte. Sie hat sie gefunden.

Wenn es eine Schuld vor Gott zu bekennen gibt, liegt die in der offenen Frage nach der Entkirchlichung im Osten. Sicher war das von der SED gewollt und strategisch auch praktiziert. Aber es bleibt offen, welchen Eigenanteil die Kirchen hatten. Es gab genug Texte, die die Entkirchlichung ins Positive wendeten. Und es gibt offene Fragen nach dem oft freiwilligen Rückzug aus der Öffentlichkeit, nach dem Verzicht Freiheit und Menschenrechte einzuklagen und der religiösen Verkleidung machtpolitischer Instrumente, wie etwa der Mauer und der Grenzen. Sicher geht es dabei nicht um eine kollektive Schuld der Kirchen, sondern um die Verantwortung vor Gott oder wenigstens vor den universalistischen Prinzipien der Menschlichkeit. Und damit bleibt offen, ob die Kirchen zukunftsfähig, das heißt geistlich und missionarisch auf die Freiheit von 1990 vorbereitet waren.

Zusammenfassung

Die Aufarbeitung der NS-Verbrechen und der eigenen Verstrickung der Kirchen in die Nazi-Diktatur verschwand alsbald hinter den Nöten eines neuen Kirchenkampfes. In der späten DDR-Zeit boten die Kirchen den einzigen offenen Raum, in dem eine kritische Auseinandersetzung mit nationalsozialistischem Gedankengut und dem Völkermord an den Juden erfolgen konnte. Damit entstand aber auch eine konfliktminimierende Sicht auf die Gegenwart, wonach das Grenzregime und die Mauer als Folgen der NS-Schuld in Buße anzunehmen seien. Mit dem Mauerfall war diese Argumentation obsolet. Dafür entbrannte ab 1990 eine Debatte über die Schuld der Kirchen durch die Kollaboration mit dem SED-Regime.

The reprocessing of the NS-Crimes and the own entanglement of the church in the Nazi-dictatorship disappeared soon behind the needs of a new “Kirchenkampf”. In the late GDR-time the churches offered the only space, where a critical confrontation with national socialist ideas and the genocide of the Jews was possible. Though through this arose a conflict-minimizing view on the present time, according to which the border regime and the wall were to be accepted in atonement as a result of the NS-guilt. With the Fall of the wall this argumentation was obsolete.

In return the debate about the guilt of the church through collaboration with the SED-regime erupted in 1990.

Martin Leiner

Beichte und Buße in Südafrikas Wahrheits- und Versöhnungskommission

Wie lässt sich die Bedeutung der Buße und Beichte für die südafrikanische Wahrheits- und Versöhnungskommission (TRC) exakter bestimmen? Diese Frage wird insofern kontrovers diskutiert, als zwei grundlegend unterschiedliche Interpretationen des Geschehens in Südafrika vertreten werden, eine mehr juristisch-politische und eine mehr religiöse. Auf der einen, den religiösen Charakter des Geschehens betonende Seite der Antworten steht die manchmal positiv, manchmal kritisch gewendete Auffassung, die TRC sei die Durchführung eines christlichen Rituals im öffentlich-politischen Kontext gewesen. Spezifischer wird behauptet, dass ohne die christliche Tradition der Beichte die TRC niemals hätte durchgeführt werden können, ja ohne die Beichte zu kennen, konnte niemand überhaupt das Geschehen bei der TRC verstehen. Am extremen Ende der anderen, juristisch-politischen Deutung steht die Auffassung, dass Buße und Beichte nur eine geringe, durch die religiöse Kultur Südafrikas bedingte Rolle gespielt haben. Die südafrikanische TRC (1996–1998, bzw. 2002)[1] sei im Wesentlichen eine Form von Transitional Justice, wie sie ähnlich in zahlreichen Wahrheitskommissionen weltweit durchgeführt wurde.[2] In zahlreichen Ländern hatten Transitional Justice Prozesse wenig mit Religion zu tun, in bestimmten Ländern, vor allem Nordafrikas, spielte nicht die christliche, sondern allenfalls die islamische Religion eine Rolle bei den Kommissionen, die die gewaltsame Vergangenheit aufarbeiten sollten. Folgt man dieser Sicht, stehen die rechtliche Einsetzung der südafrikanischen Kommission durch den *Promotion of National Unity and Reconciliation Act*[3] und die juristischen Entscheidungen des Amnestiekomitees sowie die – unbefriedigende – juristische

---

1 Die ursprünglich festgesetzte Arbeitszeit für die Hearings der drei Kommissionen der TRC war 1996–1998. Für das Amnestiekomitee wurde dieser Zeitraum verlängert, um alle Anträge bearbeiten zu können. Es beendete 2002 seine Arbeit, während die Menschenrechts- und die Reparationskommission ihre Arbeit im Wesentlichen 1998 abgeschlossen haben.

2 Vgl. P. Hayner, Unspeakable Truths. Transitional Justice and the Challenge of Truth Commissions, Abingdon-on-Thames ²2010.

3 Text in: E. Doxtader/Ph.-J.Salazar, Truth and Reconciliation in South Africa. The Fundamental Documents, Kapstadt 2007, 13–27.

Nachgeschichte der TRC im Fokus. Unbefriedigend war, so wird man als Konsens festhalten können, dass entgegen den Aussagen des Gesetzes, diejenigen Täter, die keine Aussage vor der Kommission machten, ohne Strafverfolgung blieben. Unbefriedigend war zumindest auch, dass die von der Reparationskommission empfohlenen Wiedergutmachungszahlungen an Opfer nicht oder in nicht ausreichendem Maße geleistet wurden. Zufrieden konnte man sein, dass trotz der weitgehenden Amnestieregelungen durch den *Indemnity Act* (1990) und den *Further Indemnity Act* (1992) politisch motivierte Straftaten von Oppositions- und von Regierungsseite überhaupt verhandelt wurden und dass dies in einer Intensität und Neutralität geschah, dass sowohl die National Party als auch der ANC nach Abschluss der Hearings versuchten, die Veröffentlichung des Abschlussberichts der TRC gerichtlich zu unterbinden.

Um die Frage nach der Bedeutung der Beichte für die TRC zu klären, werden wir in einem ersten Schritt (1) religiöse, insbesondere christliche Personen, Orte, Symbole und Texte in der Arbeit der TRC beschreiben. In einem zweiten Abschnitt (2) werden wir fragen, inwiefern die TRC Hearings ein Ritual waren, das mit Hilfe von Ritualtheorien verstanden werden kann. Der dritte Abschnitt (3) differenziert zwischen den einzelnen Kommissionen der TRC und vergleicht sie mit christlichen Vorstellungen von Bußen und Beichte. In einem vierten Abschnitt (4) werden die Ergebnisse zusammengefasst und auf das Thema Versöhnung bezogen.

1 Religiöse Elemente in der südafrikanischen Wahrheits- und Versöhnungskommission

Während in Deutschland der christliche Hintergrund der staatlichen Versöhnungspolitik nach dem Zweiten Weltkrieg in vielen Fällen implizit und unbenannt blieb, tritt der religiöse Sinn der Versöhnung in politischen Kontexten in Südafrika öffentlich hervor. Das augenfälligste Beispiel dafür sind *Personen*, die bei der TRC mitwirkten. Der Vorsitzende der Wahrheits- und Versöhnungskommission, Desmond Tutu, war bis 1996 anglikanischer Bischof von Kapstadt. In der Vorbereitungszeit des TRC war er noch im aktiven Bischofsamt und noch nicht emeritiert. Er agierte bei den Hearings der TRC zwar nicht als Bischof und war auch nur noch emeritierter Bischof, er trug aber seine Bischofsrobe oder andere Kleidung, die ihn als Geistlichen zu erkennen gab. Tutu berichtet, dass für ihn ausschlaggebend war, dass das Kommissionsmitglied Yasmin Sooka, eine nicht christliche Rechtsanwältin und Südafrikanerin mit indischen Wurzeln, sich dafür aussprach, Tutu solle in Bischofskleidern die Sitzungen der TRC leiten.[4] Auch blieb Tutus Rolle als Priester insofern präsent, als er, wenn er selbst ein Hearing der TRC leitete, dieses stets mit einer Lesung aus der Bibel und Gebet begann und mit einem Gebet beendete. Um die Mittagszeit unterbrach Tutu die Hearings um sich zum Gebet zurückzuziehen. Tutu sorgte so für einen spirituellen Rahmen des TRC-Prozesses. Zu Beginn der Arbeit berief er die Mitglieder der Wahrheits- und Versöhnungskommission in seinem Amtssitz in Bishopscourt zusammen. Bei diesem Treffen schlug Tutu ein gemeinsames Retreat vor, das er so beschreibt: „Despite our diversity, the commissioners agreed to my proposal at the first meeting that we should go on a retreat, where we sought to enhance our spiritual resources and to sharpen our sensitivities. We sat at the feet of a spiritual guru, who happened to be my own spiritual counsellor, while we kept silence for a day, seeking to open ourselves to the movement and guidance of the transcendent Spirit, however conceived or named."[5] Kurz vor Ende der Hearings fand ein zweites Retreat auf Robben Island statt.

Neben Tutu waren auch weitere Mitglieder der 17-köpfigen Kommission ordinierte christliche Geistliche: der Presbyterianer Bongani Finca, der Methodist Khoza Mgojo und Piet Meiring von der Dutch Reformed Church. Alex Boraine, der für die konkrete Arbeit der TRC äußerst wichtige Vizepräsident, war ebenfalls ursprünglich ordinierter methodistischer Pfarrer, der sich der Politik und der Arbeit in NGOs zugewandt hatte. Neben den sieben Juristen stellen die christlichen Theologen damit die zweite große Berufsgruppe in der TRC. Trotz dieser Konzentration legte die TRC Wert darauf, dass alle größeren Religionen Südafrikas vertreten waren. „There were a number of Christians, a Muslim, a Hindu, some lapsed believers, and possibly an agnostic or two."[6] Auch der Beitrag von Südafrikanern jüdischen Glaubens zum Gelingen der TRC war beträchtlich. Die Richter Richard Goldstone und Albie Sachs spielten sowohl im Vorfeld als auch während der TRC eine einflussreiche Rolle.

Nicht nur die Kommissionsmitglieder, auch die Personen, die vor der TRC aussagten, zeigten in nicht wenigen Fällen in den Sitzungen ihre religiöse Prägung. Das betraf Institutionen, die auftraten wie die Religionsgemeinschaften in den Faith Communities Hearings 1997 in East London, es betraf die Kirchengemeinde, die 1993 Opfer des Saint James Church Massakers in Kenilworth/Kapstadt geworden war und vor der TRC erschien, dies betraf auch einzelne, bis hin zu Vertretern

4 Für diese und die anderen Angaben zu Tutu in der Kommission vgl. D. Tutu, No Future without Forgiveness, New York 1999, 74ff.

5 Tutu, No Future (s. Anm. 4), 81.

6 Tutu, No Future (s. Anm. 4), 74.

der weißen Regierung. Der frühere Präsident und Parteichef der National Party, Frederik de Klerk, betonte bei seiner von vielen als unzureichend angesehenen Aussage vor dem TRC am 21.8.1996: „The National Party is prepared to admit its many mistakes of the past and is genuinely repentant. In our quest for reconciliation we have apologized [...]. We have also forgiven. And we have also gone on our knees before God Almighty to pray for His forgiveness."[7] „Weiter meint de Klerk, dass das Ziel der TRC, Versöhnung zu fördern, nicht erreicht werden kann, wenn es nicht zur Buße (repentance) in allen politischen Lagern kommt."[8]

Schließlich hat auch das Publikum sich wie in einem Gottesdienst verhalten und Kirchenlieder gesungen. In einem Interview mit Ralf Wüstenberg sagte das Kommissionsmitglied Dumisa Ntsebeza: „South Africa is predominantly a religious country. And the work of the TRC is obviously be shaped by the expectations of the people in South Africa. At all gatherings that we went to people were singing although it was not a service. And there was never a suggestion that the TRC should not allow that."[9] Neben dem christlichen Hintergrund brachten alle Beteiligten und insbesondere auch das Publikum der TRC-Treffen das traditionell afrikanische Verständnis der TRC als Reinigungsritual mit.

Die einzige bedeutende Ausnahme eines Schlüsselakteurs des Versöhnungsprozesses in Südafrika, der seinen spezifischen religiösen Glauben weder in seinen Reden noch in seinen Büchern zum Ausdruck bringt, ist Nelson Mandela. Ein 2016 erschienenes Buch zeigt nun auch für ihn, dass der christliche Glaube und insbesondere seine Schulbildung in einer methodistischen Missionsschule ihn neben der traditionell afrikanischen Spiritualität und dem *ubuntu*-Prinzip tief geprägt haben.[10] Tutu reflektiert über die Sichtweise des Präsidenten und über das Verhältnis von TRC und traditioneller Politik: „The President must have believed that our work would be profoundly spiritual. After all, forgiveness, reconciliation, reparation were not the normal currency in political discourse. There it was more normal to demand satisfaction, to pay back in the same coin, to give as good as you got, for it was more common to have the ethos of ‚dog eat dog' in the jungle world of politics. [...] Forgiveness, confession, and reconciliation were far more at home in

---

7 F. de Klerk, zit. aus R.K. Wüstenberg, Die politische Dimension der Versöhnung. Eine theologische Studie zum Umgang mit Schuld nach den Systemumbrüchen in Südafrika und Deutschland, Gütersloh 2004, 167.

8 Wüstenberg, Dimension (s. Anm 7), 167.

9 Zitiert in: Wüstenberg, Dimension (s. Anm. 7), 187.

10 Vgl. D. Cruywagen, The Spiritual Mandela. Faith and Religion in the Life of South Africa's Great Statesman, Kapstadt 2016.

the religious sphere."[11] Dieses Zitat zeigt, dass in Tutus Wahrnehmung die TRC etwas anderes war als der übliche politische Betrieb. Sie war für ihn zumindest eine Unterbrechung der normalen Politik zugunsten der politischen Entwicklung in Südafrika oder sogar eine neue, bessere, weil menschlichere und spirituellere Form von Politik.

Neben den in der TRC agierenden Personen transportierten häufig auch die *Orte* – es waren nicht selten kirchliche Versammlungsorte[12] – religiöse Dispositionen bereits vor allem Inhaltlichen. Am Versammlungsort oder meist in einer anderen Kirche wurden an den Sonntagen vor den Anhörungen gemeinsame Gottesdienste zur Vorbereitung auf das Geschehen gefeiert.[13] Die Räume der Hearings waren auch symbolisch ausgestaltet mit Hinweisen auf den christlichen Glauben. In manchen Fällen war es durch die kirchliche Nutzung gegeben, dass Kreuze oder Bibelzitate zu sehen waren. Bei den Hearings hing auch das Motto, das die TRC als Banner selbst mitführte: „Truth – the way to reconciliation". Dieses Motto erinnerte zumindest manche an Joh 8,32 und beeinflusste die Treffen der TRC. Neben dem rechtlich-politischen Framing hatten die TRC damit ein religiös-christliches Framing, das sich eminent repräsentiert durch Erzbischof Tutu durch den ganzen Prozess hindurch zog.

Dieses religiöse Framing freilich hatte bereits lange vor dem Beginn der Kommissionsarbeit 1996 begonnen und lässt sich besonders in Texten nachzeichnen. Der *Promotion of National Unity and Reconciliation Act* steht rechtlich nicht selbständig. Er setzt den Epilog der Interimsverfassung Südafrikas von 1993 um. Der Epilog fordert eine Überwindung (to transcend) der Spaltungen der Vergangenheit im Blick auf nationale Einheit und Versöhnung. Diese Ziele „can now be addressed on the basis that there is a need for understanding but not for vengeance, a need for reparation but not for retaliation, a need for *ubuntu* but not for victimisation."[14] Der Text spielt damit nicht auf ein christliches Prinzip an, sondern auf ein Prinzip der afrikanischen Kultur, welches aber eine weite Rezeption in der christlichen und in der muslimischen Predigt in Südafrika gefunden hat. Ubuntu wird häufig übersetzt als „Zusammengehörigkeit" oder „Gegenseitigkeit". Es bedeutet so viel wie „Ich kann nur ich sein, weil Du bist". Ubuntu hat als Prinzip

---

11 Tutu, No Future (s. Anm. 4), 80f.

12 Zu nennen sind beispielsweise für die im Großraum Johannesburg stattfindenden Anhörungen das Gebäude der Central Methodist Mission in Johannesburg und die Rhema Bible Church in Randburg.

13 Vgl. Wüstenberg, Dimension (s. Anm. 7), 186 Anm. 290.

14 „Epilogue, Interim Constitution of South Africa, 1993", zitiert aus Doxtader/Salazar, Truth (s. Anm. 3), 5.

verstanden deutliche Verwandtschaft mit Martin Bubers dialogischem Prinzip, ist aber stärker gruppen- und gemeinschaftsbezogen. Mehr noch als bei *ubuntu* wird man beim Ziel der Versöhnung und bei der Unterschrift unter dem Epilog fündig, wenn man nach christlich-religiösen Aussagen in dem Text sucht. Versöhnung ist zweifellos ein aufgrund von 2 Kor 5,18–21 mit der christlichen Botschaft und Ethik aufs engste verbundener Begriff. Die Unterschrift unter der Verfassung entspricht dem Text der Nationalhymne des neuen Südafrika: „Nkosi sikelel'i Afrika. God seën Suid-Afrika. Morena boloka sechaba sa heso. May God bless our country. Mudzimu fhatutshedza Afrika. Hosi katekisa Afrika."[15] Die Formulierung „Gott segne Afrika" unter dem Text, der die Einrichtung der Wahrheits- und Versöhnungskommission bestimmt, ruft religiöse Assoziationen und Reaktionen hervor. „Gott segne Afrika" erinnert im südafrikanischen Kontext spezifischer an ein viel gesprochenes Gebet des Mentors von Tutu, des aus England stammenden, weißen anglikanischen Priesters, später Bischofs und Aktivisten gegen die Apartheid Trevor Huddleston (1913–1998). Sein Gebet für Afrika wird in unterschiedlichen Formen gebetet. Eine übliche und einfache Form lautet: „God bless Africa, Guard her people, Guide her leaders, And give her peace."[16]

Durch diese Konnotationen ist die Unterschrift unter dem Epilog der Interimsverfassung mehr als eine religiöse Formel, wie man sie in einer religiös geprägten Kultur gebraucht. „Gott segne Afrika" erinnert diejenigen, die es verstehen können, an die Bischöfe Huddleston und Tutu und fördert auf seine Weise Versöhnung und nationale Einheit als politische und als religiöse Ziele.

Auch die Kritik an der Apartheid war, wie jeder in Südafrika wusste, keineswegs nur eine rechtliche oder politische Kritik. Aus christlicher Sicht hatten Huddleston, Tutu, Allan Boesak, Beyers Naudé und viele andere Theologen in vielen Jahrzehnten daran gearbeitet, Apartheid christlich als Häresie zu verstehen und dieses Verständnis auch im Ökumenischen Rat der Kirchen zur Geltung zu bringen. Apartheid, so war die Argumentation, schafft eine Trennung im Leib Christi, die mit der biblischen Botschaft und auch mit dem Sakrament des Abendmahls nicht vereinbart werden kann. Umgekehrt hatten auch Theologen und Synoden der Nederduitse Gereformeerde Kerk (NGK/Dutch Reformed Church) Apartheid theologisch gerechtfertigt.

Aus diesen Gründen werden wir festhalten können, dass beide ehemaligen Konfliktgegner eine christlich-theologische Sprache sprachen. Trotz unterschiedlicher

---

15 Doxtader/Salazar, Truth (s. Anm. 3), 5.

16 Deutschen Lesern ist die Rede „Gott segne Afrika" auch durch eine Sammlung mit Reden und Predigten Tutus bekannt. Vgl. D. Tutu, Gott segne Afrika. Texte und Predigten des Friedensnobelpreisträgers, Reinbek bei Hamburg 1986.

Bibelinterpretationen waren sie durch den gemeinsamen Glauben verbunden und hatten Zugang zu den christlichen Versöhnungsressourcen wie sie in der Bibel und in der theologischen Tradition aufbewahrt sind. Apartheid wurde nicht nur politisch und menschenrechtlich, sondern auch theologisch legitimiert und delegitimiert. Im gesamten Prozess, der in der TRC einen Kulminationspunkt erreicht hat, spielten Theologie und christlicher Glaube somit eine Rolle. Dies mag einer der Gründe sein, weshalb sich der südafrikanische Versöhnungsprozess nicht einfach auf andere Konflikte übertragen lässt.

Erstaunlicher Weise geht das explizite christliche Reden in politischen Zusammenhängen in Südafrika einher mit der Einbeziehung muslimischer, hinduistischer, jüdischer und religiös distanzierter Akteure im Versöhnungsprozess. Die religiös explizite und interreligiös tolerante Kultur Südafrikas hat diese Zusammenarbeit ermöglicht. Die Religionstheologie des Kommissionsvorsitzenden Tutu hat diese Zusammenarbeit zusätzlich begünstigt.[17] Verstärkt wird die Zusammenarbeit zudem durch wichtige Ideen der afrikanischen Kultur, insbesondere durch das *ubuntu*-Prinzip und die traditionell afrikanische Interpretation des TRC als Reinigungsritual, welches Täter wieder in die Gemeinschaft aufnimmt.

Nachdem unsere bisherige Betrachtung gezeigt hat, dass alles, was in der südafrikanischen Wahrheits- und Versöhnungskommission geschah, religiös und insbesondere christlich beeinflusst, sozusagen imprägniert war, bleibt immer noch die Frage, wie tief dieser Einfluss ging. Der Jurist und Commissioner Dumisa Ntsebeza beschreibt etwa in dem oben angeführten Interview die Präsenz der Religion in den Hearings, er versteht das Geschehen in den Hearings aber dennoch weitgehend als nicht religiös bestimmt. „I disagree that religion by itself played a critical role determining the visions of reconciliation."[18] Ntsebeza antwortet mit dieser Aussage kritisch auf den Minority-Report des Commissioners Wynand Malan, der schrieb: „The danger of applying religious frames to phenomena in general should not be underestimated"[19], so sei in den Anhörungen die Bibel „not as a canon", sondern „as a cannon" gebraucht worden. Die Diskussion, inwieweit die TRC-Hearings selbst religiöse Vorgänge waren, lässt sich durch eine Betrachtung ihres rituellen Charakters näher klären.

17 Vgl. D. Tutu, God is not a Christian. and other Provocations, San Francisco 2011. Oder auch D. Tutu/Dalai Lama, The Book of Joy. Lasting Happiness in a Changing World, New York 2016.

18 Interview mit Wüstenberg am 19.3.1999, in: Wüstenberg, Dimension (s. Anm. 7), 187.

19 Final Report V, Minority Position, submitted by Commissioner Wynand Malan, 439.

2 Die TRC-Hearings als Rituale?

Nicht wenige Beobachter der TRC haben auf die Anhörungen den Begriff des Rituals angewandt. John de Gruchy etwa schrieb: „There was a framework in which the TRC operated, but it was more than a legal framework, it was a ritual".[20] Auch Charles Villa-Vicencio, Leiter der wissenschaftlichen Abteilung der TRC, bezeichnete in einem Interview mit Wüstenberg die TRC „as symbolism, as theatre, as ritual, as liturgy".[21] Besonders weit in diese Richtung geht ein Artikel von Antjie Krog in Missionalia.[22] Ein Ritual ist ihr zufolge „a highly condensed form of action composed of metaphors and symbols, the essence of which is to focus the intimate attention of an individual or a group."[23] Zweifellos wird man ihr zustimmen können, dass die Anhörungen der TRC dieser Definition entsprechen. Hochkondensierte Metaphern und Symbole und intime Aufmerksamkeit auf Individuen und Gruppen lassen sich an vier Punkte im Anschluss an Krog[24] namhaft machen:

(1) Die TRC schufen einen „heiligen" Raum für die Opfer durch die Einzugsprozession der Commissioners, Entzünden einer Kerze für die Opfer der Apartheid, Stille, Einzug der Opfer, wobei die Anwesenden aufstanden, teilweise ergänzt durch Bibellesungen, Gebete oder Eingangsstatements.

(2) Die intime Aufmerksamkeit auf die Opfer wird unter anderem in folgenden Elementen des Rituals deutlich: Begrüßung der Opfer durch zugewandtes Fragen der Commissioner und Schaffung eines Raums der Konzentration und des Vertrauens. Die für Hearings ausgewählten Kandidatinnen und Kandidaten sind nach Krog wie Erwählte aus einer großen Zahl von Opfern, die nicht alle eingeladen werden konnten, anzusehen. Sie stehen stellvertretend für viele. Die Opfer nehmen an Tischen in derselben Höhe Platz wie die Kommissionsmitglieder.

(3) Erzählen der persönlichen Geschichte und würdigendes aufmerksames Zuhören der Commissioner und der Anwesenden. Häufig Tränen, auch beim Kommissionspräsidenten Tutu.

(4) Abschluss und Wiederaufnahme in die Gemeinschaft. Die Schlussfragen an Opfer lauteten meist: „How do you feel now?" „What do you want from the commission?" Dann erfolgt der Dank an das Opfer für sein Kommen und eine

20 Wüstenberg Interview mit de Gruchy am 12.3.1999, in: Wüstenberg, Dimension (s. Anm. 7), 178.

21 Interview am 25.2.1999, in: Wüstenberg, Dimension (s. Anm. 7), 187.

22 Vgl. A. Krog, „The Truth and Reconciliation Commission – A national Ritual?", Missionalia 26/1 (1998), 5–16.

23 Krog, Ritual (s. Anm. 22), 7.

24 Vgl. Krog, Ritual (s. Anm. 22), 7.

Interpretation der Leidensgeschichte in größerem gesellschaftlichen oder auch menschlichen Zusammenhang.

Da es sich um wiederholte, in feierlicher Stimmung durchgeführte Handlungssequenzen handelte, dürfte die Charakterisierung der Kommissionstreffen als Ritual kaum sinnvoll zu bestreiten sein. Unter den Funktionen von Ritualen ist die Schaffung von Szenen gemeinsamer Aufmerksamkeit zum Zwecke eines aus dem Alltag herausgehobenen sozialen Lernens für die Arbeit der TRC von besonderer Bedeutung. Die TRC sollte der Aufklärung über die Vergangenheit und der Einheit der Nation dienen. Dieses Ziel wurde auch dank der intensiven Medienberichterstattung erreicht. Diese Medienberichterstattung war ein Glücksfall für die politische Wirkung der Wahrheits- und Versöhnungskommission. Ursprünglich war es geplant, dass die TRC-Treffen nicht von den Medien übertragen werden sollten. Erst auf Druck von NGOs hin entschloss man sich, die Hearings zu übertragen. Für interessierte Südafrikaner entstand so ein weiteres Ritual.[25] Zwischen April 1996 und Juni 1998 wurde jeden Sonntagabend ein 60-minütiger „Truth Commission Special Report" im nationalen südafrikanischen Fernsehen gesendet. Die ritualisierten Szenen gemeinsamer Aufmerksamkeit einer ganzen Nation haben zu sozialem Lernen geführt. Südafrika nach der TRC war nicht mehr das Südafrika vor der TRC. Bestimmte Fakten waren allgemein anerkannt, bestimmte Sichtweisen der Vergangenheit waren delegitimiert, der Weg für Versöhnung war bereitet. Für die Teilnehmerinnen und Teilnehmer der TRC bot der ritualisierte Charakter Stabilität und Sicherheit, vor allem in der schweren Situation vor der Kommission aussagen zu müssen. Das Ritual und die an ihm beteiligten Kommissionsmitglieder vermittelten Erwartungssicherheit und Vertrauen. Opfer konnten verständnisvolle Aufmerksamkeit und Wertschätzung erwarten und mussten nicht darum kämpfen, dass ihren Narrativen Gehör und Glaubwürdigkeit geschenkt wurde.

Gleichzeitig entsprach das Ritual der TRC, vor allem im Amnestiekomitee, aber auch in allen anderen Komitees, einer Gerichtsverhandlung. Wie ein Gericht konnte die TRC Personen vorladen und selbständig Untersuchungen anordnen. Es wurden Fälle verhandelt, Aussagen wurden aufgenommen, vor dem Amnestiekomitee traten Anwälte auf und es wurden Entscheidungen mit Rechtsgeltung gefällt. Die TRC Hearings waren damit ein hybrides Ritual. Dieses Ritual setzt sich zusammen aus juristischen, religiösen und – durch die Fernsehübertragung vermittelt – auch aus medial-politischen Elementen. Schon dies lässt skeptisch gegenüber dem Gedanken werden, dass die TRC Hearings eine Form der Beichte

25 Zum Verständnis von Fernsehen als Ritual vgl. G. Thomas, Medien, Ritual, Religion. Zur religiösen Funktion des Fernsehens, Frankfurt a.M. 1998.

gewesen seien. Im nächsten Abschnitt soll dieser Frage systematisch nachgegangen werden: War dieses Ritual inhaltlich eine Beichte?

3 Die Kommissionen der TRC und das Ritual der Beichte

Um diese Frage beantworten zu können, muss zunächst die Arbeit der drei Komitees der südafrikanischen TRC unterschieden werden. Es gab: (1) Das Menschenrechtskomitee (Human Rights Violations Committee), (2) Das Reparations- und Rehabilitationskomitee (Reparation and Rehabilitation Committee) und (3) Das Amnestiekomitee (Amnesty Committee).

Das Human Rights Violations Committee hörte Opfer und Täter und entsprach in seinem Umgang mit Opfern dem von Krog beschriebenen Ritual. Das Amnestiekomitee verfuhr mehr wie ein Gerichtsprozess. 5.392 Täter und ihre Anträge auf Amnestie standen in dieser Kommission im Vordergrund. Geprüft wurde, ob die Bedingungen für Amnestie, nämlich politische Motivation des Verbrechens und vollständige Aufdeckung der Wahrheit, gegeben waren. Reue hatte man bewusst nicht als Kriterium für Amnestie eingeführt, vor allem aus dem Grund, weil es für ein Gericht schwer zu beurteilen ist, ob echte Reue vorliegt oder nicht. Anwälte vertraten ihre Mandanten. Das Reparations- und Rehabilitationskomitee war mit Wiedergutmachung von Unrecht, nicht direkt mit dem Bekenntnis von Schuld und der Anerkennung der Leidensgeschichte der Opfer beschäftigt. Ihre Arbeit folgte häufig der Überstellung der Angelegenheit an das Reparationskomitee durch das Menschenrechtskomitee.

Als nächstes sind grundlegende Elemente der Beichte zu benennen. Sie sind nach römisch-katholischem, aber auch vielfach ökumenisch rezipiertem Verständnis:[26] (1) die Reue (*contritio cordis*), (2) das Bekenntnis der Schuld durch den Beichtenden (*confessio*), (3) der Zuspruch der Vergebung durch den Priester (*absolutio*), (4) Bußwerke (*satisfactio operum*).

In allen drei Kommissionen wird man vergleichbare Elemente der Beichte finden. Bekenntnisse von Schuld fanden in allen drei Kommissionen statt. Dabei zeigte sich gelegentlich auch Reue. Vergebung wurde von Opfern zugesprochen, insbesondere in den Anhörungen des Human Rights Violations Committee. Es handelte sich dabei natürlich um menschliche Vergebung, nicht um die durch

---

26 Zur aktuellen Bedeutung dieser vier Elemente vgl. G. Prüller-Jagenteufel/Chr. Schließer/R.K. Wüstenberg (Hg.), Beichte neu entdecken. Ein ökumenisches Kompendium für die Praxis (Kontexte 45), Göttingen 2016, 216–234.

einen Priester zugesprochene göttliche Vergebung. Zwar kann man Straffreiheit nicht mit göttlicher Sündenvergebung identifizieren, dennoch hat auch die von dem Amnestiekomitee gewährte Straffreiheit aufgrund des vollständigen Bekenntnisses der Schuld gewisse Ähnlichkeiten mit der Absolution. Noch weiter entfernte Analogien kann man ziehen, wenn man die Reparationen als Bußwerke ansieht, die als Zeichen des guten Willens, vergangenes Unrecht im Namen eines Staates wieder gut zu machen, verstanden werden können.

Inhaltlich entspricht das Vorgehen im Human Rights und teilweise auch im Amnesty Committee bei manchen Akteuren in einigen Punkten der formativen Struktur der Beichte. Dies gilt vor allem für die Hearings von Tätern und für die Auffassungen, wie Versöhnung stattfinden soll. Es geht um ein vollständiges Bekenntnis der Schuld. Wenn jemand Reue zeigt und um Vergebung bittet, wird dies von den Kommissionsmitgliedern positiv verstärkt.[27] Als Zeuge des TRC Hearings in Kimberley formuliert Michael Lapsley seine Vorstellung von Versöhnung in großer Nähe zur formativen Struktur der Beichte: „Forgiveness is about confession, it is about remorse, it is about reparation, it is a package".[28] Man wird sich freilich fragen müssen, ob die Nähe zur Beichte von solchen Aussagen mehr an das Geschehen in den TRC Hearings herangetragen wurde, als dass diese Nähe dem wirklichen und dem intendierten Geschehen entsprach. Die TRC basierte zwar auf dem christlichen Verständnis von Schuld, Bekenntnis und Vergebung, sie hatte aber nicht das Mandat öffentliche Beichten durchzuführen und Vergebung zuzusprechen. Man wird Wüstenberg zustimmen können, der davon spricht, dass selbst das Amnestiekomitee der TRC den Raum für die Frage nach dem inneren Menschen freigelassen hat. In Bezug auf die Verhandlung des Amnestiegesuchs von Geoffrey Benzien, dem ehemaligen Polizeichef von Kapstadt und Erfinder einer brutalen Foltermethode, schreibt er: „Benzien tritt auf, um formal zu berichten, was geschehen war, um so den Kriterien für die Amnestie zu genügen (juristisch relevante Faktenwahrheit). Indem er aber schildert, was war und von seinen ehemaligen Opfern mit den bohrenden ‚Warum-Fragen' konfrontiert wird, stellt er moralisch sein Tun in Frage (moralische Dimension der Wahrheit). Er stellt nicht nur sein Tun in Frage, sondern seine Person, sein Ich wird hinterfragt, der ‚innere Mensch' tritt hervor (theologische Dimension). Die Wahrheitskommission hält den Raum für ein Geschehen offen, das ganz offenbar den juristischen Vorgang der Amnestieprüfung übersteigt und aufs Moralische, ja Theologische ver-

27 Vgl. z.B. die Anhörung in der Stadthalle von Paarl mit dem Dialog zwischen Mr. Maxam und P. Gobodo als Commissioner, in: Wüstenberg, Dimension (s. Anm. 7), 153–155.

28 Transkript of the evidence given by Fr. Michael Lapsley to TRC at the hearings at Kimberley, 10.6.1996, Manuskriptseite 9.

weist. Denn die Frage nach dem ‚inneren Menschen' weist nun deutlich auf das hin, was theologisch Reue heißt."[29]

Der größte Unterschied zum Vorgehen der TRC ist, dass die Beichte sich ganz auf die Täter konzentriert und im Wesentlichen ein Geschehen zwischen Gott und dem Sünder ist. Deshalb kann Beichte auch im Beichtstuhl, nichtöffentlich und in der Anonymität des Täters durchgeführt werden. Die TRC verfolgte demgegenüber die Ziele der Versöhnung und der nationalen Einheit. Das Ritual des TRC bei Hearings von Opfern unterscheidet sich dementsprechend deutlich von der Beichte. Trotz der Wirkung der Beichte als formativer Struktur für die Versöhnungsvorstellung und für Täterhearings, lassen sich eine Reihe weiterer Differenzen zur Beichte benennen.

(1) Der erste Unterschied besteht darin, dass die TRC aufgrund eines eigenen Gesetzes, des *Promotion of National Unity and Reconciliation Acts*, verabschiedet am 19.7.1995 vom Parlament der Republik Südafrika, eingerichtet wurde, während die Beichte jahrhundertelange christliche Praxis ist.

(2) Der Titel des Gesetzes zeigt, dass zu dem Zusammenhang von Versöhnung, Buße und Beichte das weitergehende Ziel der nationalen Einheit hinzugetreten ist. Aus dem *ubuntu*-Prinzip, aus christlichen aber auch aus politischen „nationalen" Argumenten ergab sich in Südafrika eine solche zusätzliche Rahmung.

(3) Während der Zugang zur Beichte in christlicher Sicht unbegrenzt möglich sein soll, war die Dauer des TRC durch das Gesetz auf maximal 2 Jahre begrenzt. Nur der Amnestieausschuss kann im Prinzip unbegrenzt arbeiten.

(4) Während die christliche Beichte sich auf alle Sünden bezieht, gab der *National Unity and Reconciliation Act* einen Untersuchungszeitraum vom 1.3.1960 bis zum 10.5.1994 vor. Nur in diesem Zeitraum begangene politisch motivierte Vergehen gegen Menschenrechte sollten verhandelt werden.

(5) Die Hauptziele der TRC sind politische und rechtliche Ziele: „establishing as complete a picture of the causes, nature and extend of the gross violations of human rights", „facilitating the granting of amnesty", „establishing and making known the fate or whereabouts of victims", „compiling a report [...] which contains recommendations".[30]

(6) Entsprechend dieser Ziele gingen den Hearings der TRC öffentliche Aufrufe unterstützt von sog. „briefern" voraus, um möglichst zahlreiche Einreichungen zu gewinnen. Zur Beichte wird nicht in dieser Weise öffentlich aufgerufen.

29 Wüstenberg in: Prüller-Jagenteufel/Schließer/Wüstenberg, Beichte (s. Anm. 26), 70.

30 Zitat aus der Zusammenfassung der Abschnitte (a) bis (d) des Promotion of National Unity and Reconciliation Act, Kapitel 2, Section 3(1), die Wüstenberg in: Prüller-Jagenteufel/Schließer/

(7) Außerdem fanden die Hearings öffentlich statt, wurden vom Fernsehen übertragen und in der Presse lebhaft diskutiert, was bei der Beichte nicht der Fall ist.

(8) Anders als bei einer Beichte traten Opfer und Täter sich gegenüber. Es fand eine Begegnung statt. Während Beichte sich oft im Zweiergespräch zwischen Priester und Sünder abspielt, waren die Hearings öffentliche Foren für mögliche Versöhnung.

(9) Das Arrangement der Hearings stellten Kommissionsmitglieder und Berichterstatter, ohne eine Hierarchie zu etablieren, dadurch heraus, dass sie gleich hoch erhöhte Sitzpositionen einnahmen.

(10) Der TRC-Prozess wurde wissenschaftlich begleitet und leistete in seinem Abschlussbericht wissenschaftliche Arbeit. Diese Begleitung leistete eine von Villa-Vicencio (Direktor) und Wilhelm Verwoerd (Vertreter) geleitete Forschungsabteilung, deren Arbeit seit 2000 das Institut for Justice and Reconciliaton in Kapstadt weiterführt.

Dieses Ergebnis deckt sich auch mit Wüstenbergs Untersuchung, der festhält: „Rückblickend auf die Stationen des zwischenmenschlichen Versöhnungswegs auf politischen Foren, widerlegen unsere Überlegungen die in der südafrikanischen Diskussion geäußerte Ansicht, der TRC-Prozess sei im Rahmen des römisch-katholischen Bußinstituts zu verstehen. Allenfalls auf dem Weg gewaltsamer Äquivokationen wird man das Schema *contritio, confessio, absolutio, satisfactio* abgebildet finden. Dann müsste nämlich das Erscheinen vor der TRC der *contritio* entsprechen, das Aussprechen der Wahrheit der *confessio oris* in Form des vollständigen Bekenntnisses („full disclosure") und die Amnestie der *absolutio*. Selbst wo ein katholisches Verständnis der Bußbegriffe vorausgesetzt wird, bedeuten sie juristisch und theologisch je Verschiedenes."[31]

4 Zusammenfassung und Ausblick

Bedenkt man die aufgelisteten Unterschiede, dann ist die Truth and Reconciliation Commission keine Beichte im politischen Raum, wohl aber ein von dem christlichen Zusammenhang von Versöhnung, Buße und Beichte inspiriertes Ritual mit vor allem politischen, rechtlichen und symbolisierend-kommunikativen

---

Wüstenberg, Beichte (s. Anm. 26), 144f. gibt. Vollständiger Text in Doxtader/Salazar, Truth (s. Anm. 3), 7.

31 Wüstenberg in: Prüller-Jagenteufel/Schließer/Wüstenberg, Beichte (s. Anm. 26), 80.

Zielen. Insbesondere die christliche Voraussetzung, dass der Mensch sich ändern kann, dass auch der Sünder und Täter schwerster Verbrechen ein neuer, anderer Mensch werden kann, steht als Bedingung ihrer Möglichkeit hinter der TRC. Als symbolisierendes Handeln[32] zeigt die TRC, dass eine neue Gesellschaft und ein neues Südafrika begonnen haben. Kommunikativ gewährt sie Anerkennung für die Opfer der Apartheid, deren Geschichten angehört werden und deren Menschenrechte unabhängig von Rasse, Reichtum, Bildung und Geschlecht öffentlich bestätigt wurden. Sie unterstützt das Recht der Opfer und der Allgemeinheit, die Wahrheit zu erfahren, und eröffnet die Möglichkeit von Vergebung und Wiedereingliederung der Täter in die Gemeinschaft. Die TRC kann als ein hybrides Ritual aus religiösen und politisch-rechtlichen Elementen verstanden werden. Durch die beteiligten Personen, aber auch durch den Vollzug, die Orte und die zugrundeliegenden Texte war die TRC intensiv christlich-religiös imprägniert. Rechtlich ist die TRC eine Form von Transitional Justice (TJ), die im Kontext eines verhandelten Systemwechsels („negotiated settlement") stattfand, welcher selbst wiederum unter dem Vorzeichen der Amnestie stand.[33]

Die TRC stellte einen Raum für Vergebung und zwischenmenschliche Versöhnung zur Verfügung. Mit Wüstenberg kann man dieses Handeln durch Bonhoeffers Denkfigur der *analogia relationis* mit Gottes Versöhnung der Welt in Jesus Christus parallelisieren.[34] Versöhnung ist dabei umfassender wirksam als die Beichte und die ihr direkt entsprechenden Rituale.

Überhaupt richtet man die Aufmerksamkeit in die falsche Richtung, wenn man den theologischen Sinn der TRC im Horizont des Beichtrituals erfassen will. Für die kirchliche Praxis dürfte der bedeutsame Beitrag der TRC darin bestehen,

---

32 Die TRC als Symbol im afrikanischen Sinne einer auf das Ganze verweisenden Teilwirklichkeit zu bezeichnen ist seit Wüstenberg in der Forschung etabliert, vgl. Wüstenberg, Dimension (s. Anm. 7), 173–188. Auch Villa-Vicencio teilt diese Sicht: „The TRC was a symbolic intervention in the journey towards reconciliation. A highly visible intervention. That's what symbolism is. It is there, it is alive; you can see it, you can feel it." Interview mit Wüstenberg am 25.2.1999 zit. in: Wüstenberg, Dimension (s. Anm. 7), 176.

33 Amnestie war der einzig praktikable Umgang mit nahezu allen politischen Straftaten der Apartheidszeit und des Kampfes gegen die Apartheid. Strafverfolgung erschien zunächst zu gefahrvoll im Hinblick auf einen möglichen Staatsstreich durch Militärs, später vor allem als zu kostspielig, weil der südafrikanische Staat die Kosten für die Verteidigung seiner früheren Beamten hätte tragen müssen. Zu einer langen Haftstrafe verurteilt wurde nur Eugene de Kock. Ein weiterer Grund für die Amnestie und die Einsetzung der TRC war, dass rund 135.000 Akten der Sicherheitspolizei vor 1994 vernichtet worden waren. Die TRC sollte sicherstellen, dass es keine blanket-Amnestie geben sollte.

34 Vgl. Wüstenberg in: Prüller-Jagenteufel/Schließer/Wüstenberg, Beichte (s. Anm. 26), 80f.

dass ein Ritual für die Opfer geschaffen wurde. Während die Kirche die Beichte für die Täter und Sünder anzubieten hat, fehlt ihr bislang ein Ritual, das die Opfer mit ihrem Leiden und ihren Lebensgeschichten, ihrem Kampf mit dem Schmerz, vielleicht auch mit Rachegefühlen und deren Überwindung in den Mittelpunkt des Gemeindelebens stellt. Opfer haben erlebt, dass ihre Menschlichkeit durch die Täter nicht geachtet wurde, sie benötigen die Anerkennung und Unterstützung einer Gemeinschaft. Die christliche Kirche kann eine solche Gemeinschaft sein, wenn sie das Ritual, das die TRC für Opfer geschaffen hat, als Anregung für eigenes Handeln aufnimmt und sich nicht mit dem allgemeinen Zuspruch des Trostes oder mit nicht öffentlichen Formen der Seelsorge an Opfern zufriedengibt.

Die TRC war auch eine juristische Innovation. Sie war in einer besonderen Weise auf eine transformative, die Gemeinschaft und die Individuen heilende Form von Gerechtigkeit ausgerichtet. Im Englischen steht dafür der von Howard Zehr geprägte Begriff der „restorative justice".[35] „Restorative" meint dabei, dass Beziehungen wiederaufgebaut werden. Im Gegensatz zu üblicher Strafgerichtsbarkeit stehen nicht die Herrschaft des Gesetzes und die Strafe individueller Täter im Vordergrund, sondern die sonst so häufig übersehenen Bedürfnisse der Opfer, der Gemeinschaft und schließlich auch der Täter. Die Wahrheit über ein Verbrechen zu erfahren, ist häufig ein starkes Bedürfnis von Opfern, ebenso die öffentliche Anerkennung, dass sie Opfer sind und dass ihnen das Unrecht nicht hätte angetan werden dürfen. Opfer haben häufig auch ein Bedürfnis nach materieller Wiedergutmachung. Die Gemeinschaft hat ein Bedürfnis nach größtmöglicher Sicherheit, dass das Verbrechen nicht wieder geschieht. Dies ist häufig durch Wiedereingliederung der Täter in die Gemeinschaft erfolgreicher gewährleistet als durch Gefängnisstrafen. Die Täter haben, sobald sich das Verbrechen nicht mehr leugnen lässt, oft das Bedürfnis, wieder in die Gemeinschaft der geachteten Menschen aufgenommen zu werden. Allen diesen Bedürfnissen entsprach die südafrikanische Wahrheits- und Versöhnungskommission. Nicht ganz befriedigend umgesetzt ist neben den Wiedergutmachungsleitungen für Opfer und der Auswahl der Opfer vor allem die gegenseitige Übernahme von Verpflichtungen, die im Ansatz der „restorative justice" nach Zehr eine zentrale Rolle spielt.[36] Den Verbrechen müsste ein Netz von Verpflichtungen entsprechen, das das direkte Umfeld von Täter und Opfer in besondere Verantwortung einbindet. Auch für die politischen und religiösen Gemeinden sowie für den Staat beinhaltet „restorative justice" konkrete

35 Vgl. H. Zehr, The Little Book of Restorative Justice, Intercourse/PA 2002.

36 Zehr spricht von drei Säulen der Restorative Justice: (1) Harms and Needs, (2) Obligations und (3) Engagement. Vgl. Zehr, Restorative (s. Anm. 35), 22–25.

Pflichten und Überprüfungen ihrer Einhaltung. Dies geschah in Südafrika allenfalls in Teilen und in Ansätzen.[37]

Schließlich und vor allem war die TRC eine politische Institution. Sie war ein wichtiges Forum, das einen unverzichtbaren Beitrag geleistet hat zur gesellschaftlichen Versöhnung zwischen den ehemaligen Gegnern. Sie half Gewaltbereitschaft zu überwinden und trotz aller Unvollkommenheiten und bestehender Ungerechtigkeiten ein neues, weniger gespaltenes und stärker geeintes Südafrika, eine Rainbow-Nation auf der Basis von Menschenrechten, aufzubauen. In diesem Prozess war die TRC eine von der christlichen Versöhnungsbotschaft motivierte Unterbrechung des normalen politischen und juristischen Betriebs zugunsten von Politik und Recht. Als solche war sie ein Instrument großer Politik. Sie war groß, weil sie das Gegenteil der heute in zahlreichen Ländern Erfolge feiernden Politik war, jener Politik, der weder Wahrheit, noch Versöhnung, noch Verständnis für andere oder gesellschaftliche Einheit am Herzen liegen.

Zusammenfassung

Der Artikel behandelt die Frage, ob und wenn ja inwiefern die südafrikanische Wahrheits- und Versöhnungskommission (TRC: 1996–1998/2002) eine christliche Beichte im politischen Raum war. Es werden zahlreiche christliche Einflüsse aufgezeigt. Es wird weiter dafür argumentiert, dass die Anhörungen der TRC als Rituale verstanden werden können. Diese waren freilich hybride Rituale mit religiösen, juristischen und politischen Elementen. Es liegen bei genauerer Betrachtung größere Differenzen als Gemeinsamkeiten mit der Beichte vor. Der wichtigste Beitrag der TRC für die christliche Kirche ist die Anregung, ein Ritual für Opfer zu schaffen und sich nicht mit der täterzentrierten Beichte zu begnügen.

The article discusses the question whether the South African Truth and Reconciliation Commission (TRC: 1996–1998/2002) was a Christian ritual close to the sac-

37 Zehr, Restorative (s. Anm. 35), 8, unterscheidet restorative justice von Versöhnung und Vergebung. Definiert man aber Versöhnung als Verbesserung der Beziehungen, dann wird restorative justice ohne eine minimale Form von Versöhnung nicht möglich sein. Zehr gesteht auch ein, dass „some degree of forgiveness or even reconciliation does occur much more frequently than in the adversial setting of the criminal justice system (Zehr, Restorative [s. Anm. 35], 8). Mit einem gewissen Recht betont er, „there should be no pressure to choose to forgive or to seek reconciliation“ (Zehr, Restorative [s. Anm. 35], 8). Bei der südafrikanischen TRC wurde dieser Grundsatz nicht immer angewandt.

rament of confession. It shows that many Christian influences shaped the TRC. Furthermore, its hearings can be understood as rituals. Those rituals however are hybrid rituals which have melt religious, legal and political elements together. In the concrete reality, they had more differences than common points with the sacrament of confession. Their main value for the Christian church is the idea to create a ritual for victims to complement the unilateral orientation at perpetrators as it is given by confession.

Dietrich Korsch

Die Erneuerung des Lebens

Vom Sinn der Buße

In unserem alltäglichen Sprachgebrauch hat sich der religiöse Gebrauch des Wortes Buße verflüchtigt, sei es in die Bezeichnung einer rechtlich verstandenen Strafleistung („Geldbuße"), sei es in eine amoralische Rachedrohung („Das sollst du büßen."). Nur scheinbar steht dazu in Widerspruch, dass Falk Wagner in einem systematisch dichten Lexikonartikel die These vertreten hat, über das Thema der Buße lasse sich der Sinn christlichen Lebens überhaupt beschreiben.[1] Denn gerade der Wegfall einer traditionell geübten Bußpraxis vermag den Blick dafür zu öffnen, was es mit der Buße im Christentum auf sich hat. Dass es in den folgenden Überlegungen um ein Verständnis von Buße im evangelischen Christentum geht, schließt nicht aus, sich den Ursprüngen der Buße zu widmen und ihrer Geschichte zu gedenken. Erst in diesem Gefälle wird die mögliche heutige Relevanz der Buße einsichtig.

1 Die jesuanische Herausforderung und ihre österliche Transformation

Den systematischen Ausgangspunkt der historischen Betrachtung gibt das Summarium, das Markus der Verkündigung Jesu vorangestellt und als ihren Inbegriff ausgezeichnet hat: „Die Zeit ist erfüllt, und das Reich Gottes ist herbeigekommen. Tut Buße und glaubt an das Evangelium!" (Mk 1,15: πεπλήρωται ὁ καιρὸς καὶ ἤγγικεν ἡ βασιλεία τοῦ θεοῦ· μετανοεῖτε καὶ πιστεύετε ἐν τῷ εὐαγγελίῳ) Das ist eine komplexe Aussage, die einer genauen Auslegung bedarf. Wenn von der erfüllten Zeit die Rede ist, dann meint das, dass der Vollendungssinn menschlichen Handelns, sein ihm untrennbar verbundener Zukunftsbezug, schon eingetreten ist. Damit ist die Absicht des Handelns, nämlich eine zukünftige Verwirklichung eines noch nicht Wirklichen, aufgehoben. Der Grund für diese Umwendung des

1 F. Wagner, Art. Buße VI Dogmatisch, in: TRE 7 (1981), 473–487: 474 „In der Buße fallen Konstitution und Realisierung des Christseins zusammen".

Handlungssinns besteht darin, dass Gottes Herrschaft, in der er allein über alles bestimmt, angebrochen ist. Dieser Sachverhalt spricht dafür, das Perfekt ἤγγικεν als reale Gegenwart, nicht als noch ausstehende Zukunft zu verstehen. In diesem Zusammenhang gewinnt dann der Imperativ μετανοεῖτε seine Bedeutung. Denn es geht im μετανοεῖν um einen Sinnes-Wandel, nämlich darum, sich von dem Aussein auf Zukunft und ihrer Vermittlung durch eigenes Handeln umzustellen auf die erfüllte Gegenwart. Dieses Um-Denken ist aber, der anderen Bedeutung von μετά entsprechend, auch ein Nach-Denken, also ein Sich-Einstellen auf den wahren Sinn. Nur im Um-Denken erschließt sich der wahrhaft gegebene Sachverhalt, dass nämlich Gott – immer schon – alles bestimmt; ein Sachverhalt, der nun – neu – erkannt wird. Diese Sinnesumwendung setzt aber voraus, dass die Gegenwart der Gottesherrschaft anerkannt wird. Die Haltung dieses Anerkennens ist der Glaube. Worauf richtet er sich? Nicht auf irgendwelche Gegebenheiten anschaulicher Art; die wären ja auch gar nicht in der Lage, eine Umstellung der eigenen Handlungsmaximen hervorzubringen. Entscheidend und allein zureichend ist vielmehr das Wort Jesu, das die Gegenwart der Gottesherrschaft ausspricht – und damit de facto vor die Frage stellt, dieser Ansage zu vertrauen oder nicht.

Es fällt nicht schwer, die Kurzformel, die Markus an den Anfang seiner Erzählung von Jesus stellt, als verdichteten Inbegriff all dessen zu verstehen, was folgt. Sowohl Jesu Verkündigung, insbesondere die Gleichnisse, als auch sein heilendes Handeln, wie es sich etwa in den Dämonenaustreibungen darstellt, sind Durchführungen der Gottesherrschaft an den unscheinbaren Momenten der damaligen Lebenswelt. Mehr gedanklichen Aufwand erfordert es, dieses anfängliche Summarium zugleich als Element der frühen christlichen Verkündigung zu verstehen. Denn ganz offensichtlich bezeichnet ja Markus mit derselben Formulierung sowohl die Perspektive auf Jesu Leben als auch die Verkündigung Jesu als Auferstandenen. Der Schlüssel zum Verständnis dieser unausdrücklichen Verschiebung liegt im Begriff des Evangeliums. Denn das, was Jesus in seinem Leben in die Welt gebracht hat – das Evangelium, wie es in Mk 1,1 formuliert wird –, ist nichts Anderes als das, was durch seinen Tod hindurch in der Gegenwart des Auferstandenen nun unbedingt gilt. Stand das Evangelium, so wie es Jesus verkündigte und lebte, noch unter dem Vorzeichen seines eigenen Geschicks, so umfasst das Evangelium nach seinem Tod alles, was überhaupt denkbar ist. Das Evangelium ist überhaupt nicht mehr vom Erdboden zu tilgen. Darum gilt die Zusage des Evangeliums, die die Aufforderung zur Um-Stellung des eigenen Handlungssinnes, also den Vorgang der μετάνοια, in sich trägt, nun unbegrenzt. Gerade durch die Einstellung auf Jesus, die dessen ganze Geschichte einschließt, wird die Wirklichkeit des Evangeliums erfahren. Darum verweist ja auch der alte Markusschluss Mk 16,8 auf die Relektüre des Evangeliums von seinem Anfang an.

Kann das Markus-Summarium als systematische Quintessenz für den Begriff der μετάνοια gelten, so ist damit die Frage nach der Vor- und Nachgeschichte dieser Formel und damit des Begriffs noch nicht beantwortet. Was die Herkunft angeht, so ist der Ursprung bei Johannes dem Täufer unübersehbar. Markus selbst hat die „Buße zur Vergebung der Sünden" Johannes in den Mund gelegt (Mk 1, 4), und Matthäus hat gar eine identische Formulierung für die Botschaft des Johannes und die Verkündigung Jesu gewählt (Mt 3,2; 4,17). Dass sich die Zeitverständnisse zwischen Johannes und Jesus verändert haben, dürfte wohl den entscheidenden Unterschied zwischen dem apokalyptischen Propheten und seinem Schüler ausmachen. Was die Nachgeschichte betrifft,[2] so findet sich μετάνοια insbesondere im lukanischen Doppelwerk, dort fast als Synonym fürs Christsein und Christwerden gebraucht (vgl. Apg 2,38). Damit wird dem Sachverhalt Rechnung getragen, dass die Figur des Um-Denkens, in dem der ursprüngliche Sinn erkannt wird, eine strukturelle Konstante der christlichen Verkündigung darstellt, auch wenn der Begriff selbst eher in reflexiver Haltung verwendet wird.

Allerdings taucht damit auch unübersehbar ein Problem auf, das bereits in der Formulierung bei Markus liegt und das fortan für erhebliche Schwierigkeiten im Verständnis der Buße sorgen wird. Denn so gewiss mit der Ansage des καιρός das Aussein des Handelns auf eine noch nicht vollendete Zukunft negiert wird, so wenig bleibt im Leben das Handeln erspart. Damit stellt sich die Aufgabe, eine Bestimmung des Handelns vorzunehmen, die sich – ungeachtet der ja nicht ausbleibenden Resultate von geschehenem Tun – nicht von diesen abhängig macht. Konnte man zu Jesu Lebzeiten und im Nachgang der Verkündigung des Täufers durchaus noch mit einer Verwandlung des als gegenwärtig ausgesprochenen Reiches Gottes in eine anschauliche apokalyptische Vollkommenheit rechnen, so beginnt nach Jesu Tod und im Bewusstsein seiner Auferstehung die Herausforderung, die Gegenwart des Heils und den Verlauf der Zeit zusammenzudenken, also Verkündigung und Leben zu synchronisieren. Solange das apokalyptische Weltbild noch im Schwange ist, vermag es den Konflikt durch den Kompromiss zu verdecken, dass die nun einmal eingeschlagene Richtung christlichen Lebens sich alsbald auch sinnlich wahrnehmbar als die richtige Lebensorientierung erweisen wird.

Macht man sich diese Problemlage klar, dann versteht man auch, inwiefern bereits im frühen Christentum die Frage nach der Möglichkeit einer „zweiten

2 Vgl. dazu in diesem Heft den Beitrag vom Nils Neumann.

Buße“ aufkam, wenn das Christwerden – und damit die definitive Lebenseinstellung – doch mit der „ersten Buße“ verbunden war. Kann man diese prinzipielle Ausrichtung, nachdem sie einmal und der Absicht nach endgültig vorgenommen war, noch ein zweites Mal (und dann natürlich auch: immer wieder) ins Werk setzen? Im Hebräerbrief wird diese Sachlage kritisch erörtert, und die Tendenz läuft darauf zu, eine solche Möglichkeit nicht zuzulassen (Hebr 6,6). Diese Lösungsoption hat sich freilich nicht durchgesetzt. Die entscheidende sachliche Frage, die damit auftaucht, lautet: Wie ist das Verhältnis zu bestimmen zwischen der Buße als der durch Um-Wendung des Sinnes erfolgenden Zustimmung zur Gegenwart des Reiches Gottes – und dem Lauf des zeitlichen Lebens, das sich im Zeithorizont noch ausstehender Zukunft bewegt? Handelt es sich bei dem – die Buße einschließenden – Glauben an das Evangelium um eine nur zeitliche Entscheidung, die im Verlauf der weiteren Zeit auch wieder verlorengehen kann? Vermag ein handelndes Verhalten, das sich eben doch um die Resultate des eigenen Tuns kümmert und an ihrem Erfolg interessiert ist, die Entscheidung des Glaubens zu negieren? Wenn aber nicht mit einer realen Konkurrenz von Glauben und Leben gerechnet werden soll – wie ist dann das Verhältnis zwischen beiden zu bestimmen?

Die Geschichte hat, auch in einer nicht mehr so stark von der Apokalyptik geprägten Zeit, dafür zunächst einen doppelten Kompromiss gefunden. Einmal stand, und zwar besonders in Zeiten der Verfolgung, die Frage des Abfalls im Vordergrund. Was sollte mit einem Menschen geschehen, der seinem Glauben abgeschworen hatte? Konnte er neu in die Gemeinschaft der Glaubenden aufgenommen werden? Diese Frage wurde grundsätzlich bejaht, und damit wurde der kategorialen Sonderstellung des Glaubens Rechnung getragen. Sodann, und das betraf das regelmäßige Leben ohne die Ausnahmesituation der Verfolgung, wurde das Problem von Handlungen, die der Orientierung des Glaubens nicht entsprachen, auf die öffentlich sichtbaren Fälle falschen Verhaltens beschränkt. Für Menschen, denen, allen erkennbar, der Glaube nicht zur durchgreifenden Steuerung ihrer Handlungen diente, kam eine öffentliche Zurechtweisung in Betracht, die dann natürlich auch anzunehmen war und durch die eine Besserung erreicht werden sollte. Für beide Fälle verdichtete sich der Neuanfang – des Glaubens oder eines bestimmungsgemäßen Lebens – in den Bußritus, der den Übergang aus dem alten Status der Verfallenheit in den neuen und richtigen Status des mit Gott Versöhnten darstellte.

Aber wie das mit Kompromissen so ist: auf Dauer tragen sie nicht. Das ging auch dem kirchlichen Bußwesen so. Denn die Differenz zwischen der Grundeinstellung im Glauben und den Ausdrucks- und Realisierungsformen des Handelns erstreckte sich ja nicht nur auf den Gegensatz von innerer Haltung und äußerem

Versagen, sondern lag tiefer, nämlich im Widerspruch zwischen zwei Maximen der Orientierung im Leben, nämlich der reinen Selbstlosigkeit des Glaubens auf der einen und dem unvermeidlichen Eigeninteresse des Handelns auf der anderen Seite. So konnte es nicht ausbleiben, dass die Kompromissbildung, mit der die Buße als kirchlicher Ritus auf öffentliche Vergehen beschränkt wurde, einer Vertiefung zum bewussten Widerspruch im Gewissen zu weichen hatte. Darin erwies sich die auf die humane Subjektivität eingestellte christliche Verkündigung als durchgreifend maßgeblich.

2 Buße im Leben und das Leben in der Buße

Der Glaube an das Evangelium, also die Zusage der alles erfüllenden Gottesgegenwart in der Welt im Ausgang von Jesus Christus, schließt die Umwendung des Sinnes, Buße, μετάνοια, ein, in welcher darauf verzichtet wird, das eigene Leben als Resultat eigenen Handelns darstellen zu wollen. Gleichzeitig geht das Leben in der Welt jedoch weiter und macht insofern ein Handeln unausweichlich. Wie lassen sich beide Aspekte, der konstitutive der Gründung der eigenen Person und der kontinuierliche der eigenen Lebensführung, miteinander verbinden? Und wie ist mit dem Widerspruch umzugehen, der sich potentiell und aktuell zwischen diesen beiden Aspekten auftut? Vor allem dann, wenn mit einer Dauerhaftigkeit des Widerspruchs gerechnet werden muss, solange wir leben? Für dieses Problem gibt es zwei verschiedene Lösungsmöglichkeiten, die auf verschiedene Weise den kategorialen Unterschied von unbedingtem Glaube und bedingter Lebensführung wahrnehmen.

Die erste Möglichkeit besteht darin, realistisch mit der Dauer des Lebens zu rechnen, bis es in seinem Tod an sein Ende gelangt und damit dann auch – ob gleich, ob später – vor Gottes Richterstuhl tritt. Aus dieser Perspektive kommt es darauf an, dass sich der Mensch im Lebenslauf immer wieder des göttlichen Wortes und seiner vergebenden und bewegenden Kraft vergewissert. Die Lebenslinie ist die kontinuierliche Konstante; die Begegnungen mit Gottes Gnade flechten sich in diesen Weg ein, reinigen und befähigen die Menschen dazu, sich in ernsthaftem Bemühen um eine Koordination von Glaube und Lebensführung zu bemühen. Die äußeren Zeichen der kraftförmig vorgestellten Zufuhr von Gnade sind die Sakramente. Sie werden, dem umfassenden Modell des ganzen Lebens entsprechend, auf der Lebenslinie verteilt: von der Taufe des Säuglings über die Firmung des Jugendlichen und die Ehe der Erwachsenen bis zur Krankensalbung der Sterbenden. Zwischen diesen biographischen und nur einmal stattfindenden sakramentalen Handlungen, die die Gläubigen auf ihrer Lebenslinie positionieren,[3] sind es Buße und Eucharistie, die den Weg des Lebens unterstützen. Idealtypisch wäre es erwünscht, der Teilnahme an der Eucharistie die Selbsterkundung durch die Beichte als Teil des Bußsakraments voranzustellen; der Sache nach sind aber beide Sakramente von ihrem Gehalt her identisch, nämlich als Vermittlung der göttlichen Kraft auf dem Weg des Lebens – einmal mit dem Akzent auf der individuellen Lebensführung, das andere Mal mit der Betonung des Gemeinschaftsaspekts der von Christus belebten Kirche. Die Priesterweihe nimmt in der Siebenzahl der Sakramente eine eigene Stellung wahr, dient sie doch als Voraussetzung der Wirksamkeit des sakramentalen Geschehens, sofern der Priester das tut, was Christus seiner Kirche aufgetragen hat – und sofern die Kirche bestimmungsgemäß ihren eigenen Selbstvollzug in der Darbringung der Opfergaben der Eucharistie realisiert und sich damit ihrer eigenen Christusförmigkeit versichert.

Die Buße steht dabei in diesem Gedankenzusammenhang an der Stelle, an der sich der eigene Lebenslauf insbesondere als im Glauben gehalten und auf seine Vollkommenheit ausgerichtet erfährt. Es handelt sich um das Sakrament, das gerade in seiner Wiederholbarkeit die andauernde Abhängigkeit des individuellen Lebens von Gottes segnender Gnade anschaulich macht. Darauf ist ja auch die Handlung im Sakrament eingestellt: Es ist das mündliche Bekenntnis der eigenen Schuld, welches als Voraussetzung der zugesprochenen Vergebung erforderlich ist.

Nun gibt es aber in diesem Modell auch ein ungelöstes, ja unlösbares Problem. Denn so sehr man sich eine – solange wir leben – fortgesetzte Einstellung des gläubigen Lebens auf die weltlichen Handlungen vorstellen mag: es ist kein Zustand denkbar, an dem die Durchdringung des Lebens durch die Gnade so vollkommen ist, dass es weder Fortschritt noch Rückschritt mehr gibt. Immer bleibt, schon aufgrund des kategorialen Unterschieds, die göttliche Gnade dem menschlichen Leben überlegen. Niemals also kommt es zu einer ganzen und reinen Darstellung der göttlichen Bestimmtheit unter empirischen Lebensbedingungen. Darum lässt sich aber auch auf das endgültige göttliche Urteil kein Blick werfen. Sollte Gott im Jüngsten Gericht nicht abermals gnädig sein, also das menschliche Bemühen im kirchlichen Kontext unangesehen seiner Defizite würdigen und anerkennen, gäbe es, trotz der göttlichen Gnadenzuwendung, kein endgültiges Heil. Darum kann es, solange die Menschen sich noch auf dem Lebensweg befinden, keine subjektive Gewissheit des Heils geben.

3 Nur die Krankensalbung kann wiederholt werden, wenn sich zwischenzeitlich eine Genesung einstellt, dann aber wieder das Ableben droht.

Diese Einsicht freilich unterminiert das gesamte Modell. Denn betrachtet man den Sachverhalt streng, dann kann man nicht mehr plausibel machen, warum die vielen Gnadenzuwendungen unterwegs so nötig waren, wenn sie doch nie – weder für sich, noch alle zusammen – die Wirkung erzielen, vor Gott grundsätzlich und endgültig angenehm zu machen. Im Gegenteil: Eine göttliche Gnadenmacht, die den Menschen immer nur anfangsweise, nie vollkommen gerecht macht, hat – bestimmungswidrig! – ihre kategoriale Überlegenheit verloren und wird zu einem von mehreren Bestimmungsmomenten des Lebens, die in ein quantitatives Verhältnis zueinander zu setzen sind.

Die Aporie der Ungewissheit, die mit diesem Modell der Integration konstitutiver Momente in den kontinuierlichen Lebensvollzug einhergeht, lässt nun danach fragen, ob man sich die Umkehrung vorstellen kann: dass nämlich die kontinuierlichen Momente von dem konstitutiven Geschehen her integriert werden. Dann gilt nicht: Buße als Ausnahmemoment im Lebenslauf, sondern: das ganze Leben eine Buße.

Das ist bekanntlich Luthers erste von seinen 95 Ablassthesen: das ganze Leben eine Buße.[4] Es liegt auf der Hand, dass man diese Aussage nicht in einem empirischen Sinn verstehen kann. Denn nicht alle Zeitpunkte im Leben lassen sich büßend, also in religiösem Ritus, zubringen; mindestens zwischendurch ist anderes nötig, z.B. essen und schlafen. Was kann daher gemeint sein, wenn man die angezeigte Umkehrung vornimmt? Um diese Frage zu beantworten, empfiehlt es sich, vom religiösen Ritus, also dem Sakrament der Buße, auszugehen. Dabei werden die Regungen des eigenen Lebens und der Zuspruch der göttlichen Vergebung miteinander verwoben.[5]

Auf menschlicher Seite kommt das Bewusstsein auf, das erforderliche Gute nicht getan zu haben; dieser Sachverhalt meldet sich im Gewissen als Bedauern; er enthält schon das Wissen darum, dass das unterlassene Gute, erst recht das anderen angetane Böse nicht wieder zu kompensieren ist. Darum spricht sich dieses Bewusstsein des Bedauerns, die Reue (*contritio*), auch im Bekenntnis vor dem Priester aus: „Ich bin derjenige, der dies und das getan hat." Mit diesem Bekenntnis (*confessio*) wird die noch unbestimmte Empfindung sprachlich zugerechnet; der Täter macht sich selbst dingfest und erklärt sich für verantwortlich. Die so übernommene Verantwortung spiegelt sich nachfolgend auch in der Verpflichtung, das unterlassene Gute oder das vollbrachte Böse wenn schon nicht zu kompensieren, so

---

4 M. Luther, Die 95 Thesen. Lateinisch/Deutsch, hg. von Johannes Schilling (Reclam Universalbibliothek 19329), Stuttgart 2016, 8.

5 Vgl. den Beitrag von Martin Ohst in diesem Heft.

doch in sich selbst eine Haltung aufzubauen, die den Rückfall ins Böse erschwert. Das motiviert zu einer Genugtuung (*satisfactio*), die einerseits, soweit möglich, einen Ausgleich anstrebt, die andererseits und vor allem aber die individuelle Disposition zum Handeln verbessert. Diese drei Regungen (*contritio, confessio, satisfactio*) sind es, die auf menschlicher Seite den Vorgang der Buße ausmachen.

Interessant ist nun aber, wie sich dazu das Vergebungswort des Priesters verhält, der den Bekennenden im Namen Gottes von seiner Sünde freispricht. In seinem Sermon von dem Sakrament der Buße hat Martin Luther 1519 dieses Verhältnis genau und in dreifacher Hinsicht bestimmt.[6] Er hat erstens auf den kategorialen Unterschied verwiesen, der zwischen den Regungen und Äußerungen des sich bekennenden Menschen und dem Vergebungswort besteht. So gewiss es der Priester als Mensch ist, der das Wort der Absolution ausspricht, so gewiss ist doch der Gehalt von göttlichem Gewicht. Darum steht, was dort ausgesprochen wird, unumstößlich fest; darum darf ihm unbedingt vertraut werden. Diese Ausnahmegestalt menschlichen Redens, wie sie im rituellen Wort der Absolution im Bußsakrament vorliegt, unterliegt nicht den relativierenden Bedingungen unserer normalen Kommunikation. Das hat nun, zweitens, zur Folge, dass man diesen Unterschied auch weiterhin gelten lassen muss. Es muss also darauf verzichtet werden, die Absolution gleichsam als Mittel für eine Besserung der eigenen religiös-sittlichen Lebensführung aufzufassen. Die Eigenart des göttlichen Wortes steht insofern für sich selbst und lässt sich nicht, auch nicht in bester Absicht, verzwecken. Vielmehr ist die Antwort auf das Wort Gottes in der Vergebung nichts anderes als der Glaube, der dieses Wort gelten lässt – es damit aber auch auf der Seite des Empfängers nicht mehr den Relativierungen unterwirft, die sonst stets möglich sind. Darüber kommt das dritte Merkmal in den Blick, um das es Luther geht. Denn indem als Antwort auf das Wort der Glaube entsteht, stellt er selbst schon die eine Haltung dar, die mit den verschiedenen Regungen des Empfindens, Denkens und Handelns koexistiert. Im Glauben geschehen alle Dinge, die wir tun können. Das Gottesverhältnis wird auf diese Weise streng und gründlich von allen Varianten des Weltverhältnisses unterschieden, ohne den Ort des Lebens in der Welt irgend zu beeinträchtigen.

Der Glaube als unmittelbares Gottesverhältnis ist das Ziel der Buße. Wenn man danach fragt, warum Luther später die Zahl der Sakramente auf Abendmahl und Taufe begrenzt hat, wo doch das Bußsakrament geradezu ein Wegweiser in das rechte Verständnis des Sakraments war, so lässt sich darauf antworten: Eben – in der Buße hat sich die dem Wort Gottes entsprechende Struktur, nach unmittel-

6 M. Luther, Deutsch-Deutsche Studienausgabe, Bd. 1, Leipzig 2011, 75–99.

barem Glauben zu rufen, kenntlich gemacht. Und nun weiß man, dass die Predigt des Wortes Gottes und die Darreichung der Sakramente Taufe und Abendmahl alle dasselbe Ziel haben, nämlich die Weckung des Glaubens. Dann braucht es aber die Buße als eigenes Sakrament nicht mehr, zumal ihm ja die beiden für Luther relevanten Merkmale, nämlich spezifische Einsetzungsworte und die darin vorgenommene Vermittlung über Elemente (Wasser; Brot und Wein) fehlen. Dass die Buße also in der evangelischen Kirche nicht mehr als Sakrament bezeichnet wird, deutet gerade nicht auf eine Geringschätzung ihres Gehaltes hin, sondern ist Ausdruck der Tatsache, dass sich ihr Gehalt sozusagen als Grundstruktur der Verkündigung verallgemeinert hat.

Wir sind, Luther folgend, damit bis jetzt zu der Einsicht in die kategoriale Sonderstellung des Glaubens gegenüber dem Handeln gelangt. So gewiss der Glaube auf humanen Kommunikationsbedingungen, also Sprechen und Hören von Worten, aufbaut, so wenig ist sein Bezugspunkt, das unbedingt verlässliche Wort Gottes, von den Relativierungen unseres Sprechens und Handelns betroffen. Das ist die Bedingung dafür, dass der Glaube, der Gott alles anvertraut und der von ihm alles erwartet, tatsächlich mit den wechselnden Lebensumständen unseres Tuns und Ergehens koexistiert. Mit einer späteren philosophischen Terminologie kann man sagen: Der Glaube nimmt, obwohl in der Lebensgeschichte geworden, einen transzendentalen Rang für alles empirische Erleben und Handeln ein; er prägt sowohl die Bedingungen der Wahrnehmung als auch die Umstände des Handelns in der Welt, soweit sie mit unserm Dasein in der Welt verbunden sind. Weil sich der Glaube aber ganz von Gott herschreibt, verdankt sich seine transzendentale Stellung nicht den durch Abstandnahme gewonnenen Bezügen zur Welt, weder in theoretischer Hinsicht auf wahre Erkenntnis noch im praktischen Betracht guten Handelns.

Genau an dieser Stelle freilich taucht das Problem auf, das zu weiterer Behandlung nötigt. Man darf festhalten, dass es Luther gelungen ist, die besondere, Subjektivität begründende Stellung des Glaubens gegenüber den Weltverhältnissen herauszuarbeiten. Auch der Anspruch wird deutlich, von dort aus das Handeln in der Welt zu erfassen. Doch dieser Anspruch wurde in der Theologie der Reformation noch nicht vollends eingelöst. Die Gründe dafür liegen in der Eigenart menschlichen Handelns beschlossen, das noch einer genaueren Analyse bedarf. Erst dann wird auch die Buße als Erneuerung des Lebens vollends verständlich.

Es lässt sich nicht übersehen, dass es der reformatorischen Theologie an einer gelungenen Zuordnung von Evangelium und Gesetz noch mangelte. Zwar hatte bereits Luther im Begriff des Gesetzes – eine wesentliche Erkenntnis! – zwei Aspekte unterschieden: die Seite des Gehorsams, die sich in einer personalen Relation auf

Gott als den Geber des Gesetzes richtet, und die Seite der Ausführung der Gebote, die deren Inhalt folgt. Luther war sich sicher, dass es erst und allein der Gott selbst dargebrachte Gehorsam in Gestalt der Anerkennung Gottes als Vater ist, der die Erfüllung der Gebote in ihrem Inhalt ermöglicht. Darum hat er die Erfüllung des Ersten Gebotes auch als Erfüllung aller Gebote interpretiert. Darin kann man ihm ohne Vorbehalt zustimmen. Freilich ergibt sich eben daraus das Problem, das er offen ließ.

Denn wenn nur der personale Gehorsam den Weg zur Erfüllung des Gesetzes darstellt, dann muss der Mensch bereits vor dem Gesetz als von Gott angesprochen gedacht werden. Es kann dann nicht das Gesetz selbst als „Wort Gottes" gelten, wie man im voraufklärerischen Bibelverständnis meinen konnte. Wenn man aber schon das Gesetz als Anrede durch Gott versteht, dann verdankt sich die Kontinuität im menschlichen Handeln wesentlich dem Verhältnis zum Gesetz; der Glaube kommt gleichsam nur als dessen – kategorial unterschiedene – Unterbrechung ins Spiel. Damit aber gewinnt die Kontinuität, die wir doch nach unserer Aufgabenstellung als Konsequenz der Konstitution zu verstehen versuchen, ein eigenes Bestimmungsmoment, das dem humanen Selbstverständnis aufgrund des Forderungscharakters, der mit ihm verbunden ist, sogar näher liegt als der Glaube. Anders gesagt: Die transzendentale Besonderung des Glaubens lebt sekundär noch von der Selbständigkeit des Gesetzes, das als kontinuitätsstiftend vorausgesetzt wird, um dann als in konstitutiver Hinsicht unzureichend dargetan zu werden.

3 Selbstsein und neues Leben

Woher kommt die Regelmäßigkeit im Handeln, mit der sich menschliche Subjekte ihrer Identität versichern? Auf diese Frage gibt es zwei Antworten. Die erste bezieht sich auf die Selbsterhaltung des Menschen als Organismus. In diesem natürlichen Kontext sind Lebewesen als selbstbezogene Existenzen in der Lage, sich durch Aneignung und Verwertung von Energie am Leben zu halten. Ohne eine Regelmäßigkeit solchen Handelns würde sich eine Stabilität des Lebens nicht erzielen lassen. Die andere Antwort stellt in Rechnung, dass menschliche Lebewesen sich zu ihrem Handeln reflexiv verhalten, es also durch Bewusstsein steuern können, auf jeden Fall: den Zusammenhang von Handlungen untereinander und in ihren Effekten abzuschätzen und damit zu verantworten in der Lage sind. Der Gedanke der Fortsetzung des Lebens gewinnt so eine verantwortliche Gestalt. Damit taucht aber das Selbst als Beziehungszentrum nicht nur in Gestalt eines selbstbezogenen Organismus, sondern auch eines selbstbewussten Daseins auf. Die Frage ist nun, wie sich diese beiden Aspekte zueinander verhalten. Die erste, unzureichende Möglichkeit besteht darin, dass es sich bei der Selbstverantwortung gleichsam um eine Reduplikation der natürlichen Selbsterhaltung handelt. Sie ist darum unbefriedigend, weil sie die Reflexionskompetenz des Bewusstseins unterschätzt. Denn aus selbstverantwortlicher Perspektive geurteilt, wäre auch das unmittelbar selbsterhaltende Verhalten ein als solches gewähltes oder akzeptiertes. Die Reflexionskompetenz enthält zumindest die Fähigkeit zum „Nein" in sich, dafür muss aber vorausgesetzt sein, sich zu einem projektierten Handeln überhaupt ins Verhältnis zu setzen – und darum ihm auch gegebenenfalls zustimmen zu können. Es bleibt daher nur die andere Möglichkeit offen, dass das Selbst, welches als Organismus existiert, sich als solches selbst gesetzt hat. Dieses Sich-Setzen hat man sich so vorzustellen, dass ein bewusstes Wesen seine natürlich-organismische Existenz in die eigene Verantwortung übernimmt; das Maß dieser Verantwortung liegt in ihm selbst; als solches hat es sich in seiner natürlichen Umwelt zu bewähren und zu erhalten. Darum kann es im Extremfall auch auf die eigene Selbsterhaltung verzichten, also den Tod statt des Lebens wählen. Diesseits dieses Ausnahmehandelns, das in der Tat das Ende des Handelns darstellt, drückt sich die Verantwortung darin aus, dass über Regeln des Handelns nachgedacht und kommuniziert wird, die das Leben in einer gemeinsamen Welt steuern sollen, und wie das am besten zu tun sei.

So sehr dieser Gedanke vom Sich-Setzen des Selbst unverzichtbar ist, so sehr tun sich mit ihm neue Schwierigkeiten auf. Wie kann man sich das denken? Sich-Setzen, das ist, näher betrachtet, ein Vorgang mit drei Merkmalen. Erstens ist darin ein Agens tätig, welches setzt; zweitens wird ein Akt des Setzens vollzogen; drittens wird etwas gesetzt. Dabei besteht die Pointe darin, dass das Agens einerseits etwas von sich Verschiedenes setzt, dass es sich aber andererseits erst durch diesen Akt selbst hat. Sich-Setzen vollzieht sich somit als Setzen einer Differenz, die zugleich aufgehoben wird. Der Zwischenraum, der in diesem Vorgang des Sich-Setzens aufleuchtet, weist darauf hin, dass es sich keineswegs um eine platte Identität handelt, sondern um eine Bewegung.

Beschreibt man nun diese Bewegung genauer, dann muss man sagen, dass das „gesetzte" Selbst sich vom „setzenden" Selbst unterscheiden muss. Dieser Unterschied muss in der Differenz der Bestimmung liegen; das heißt hier: das „gesetzte" Selbst gehört als Gesetztes einer anderen Ordnung an als das „setzende". Der Unterschied der Ordnungen besteht nun darin, dass das „gesetzte" Selbst sich immer schon auch in der Ordnung der Natur befindet, also vorwillentlich und vorbewusst in einen Zusammenhang eingeschrieben ist, der es mit anderem verbindet. Sich-Setzen steht daher von Anfang an implizit im Bezug zu organismischem

Dasein. Das hat zur Folge, dass das Sich-Setzen gar nicht ohne ein Sich-Verhalten auch im Horizont der Natur gedacht werden kann. Beim Handeln geht es also nicht nur und nicht erst um ein Machen und Herstellen, auch nicht nur um ein Sich-Erhalten, sondern um die Realisierung des eigenen Selbstseins. Darum läuft in allem Handeln stets ein Selbstbezug mit; erst von ihm aus wird der Konflikt der Handlungsoptionen als Konflikt um gegenseitig anerkanntes Selbstsein sichtbar. Eigentlich und zuinnerst ist es um das Verhältnis der Sich-Setzenden zu tun, wenn das Handeln thematisch wird. Anders gesagt: Die gemeinsame Welt ist nicht nur in gegenständlicher Hinsicht handelnd zu ordnen; das Moment des gegenseitig anerkannten Selbstseins gehört elementar mit dazu. Fragen der natürlichen sind immer auch Fragen der moralischen Existenz.

So weit analysiert, taucht die nächste Frage auf, nämlich die nach dem Vermögen, aufgrund dessen tatsächlich die genannte Differenz-Einheit des Sich-Setzens möglich wird. Auch hier gibt es zwei Antworten unterschiedlicher Reichweite. Die erste lautet: Das Sich-Setzen ist ein Selbst-Entwurf, der sich erst durch seinen Erfolg bewährt. Die Realisierung des im Vorausgesetzten hängt vom Handeln ab, das seinen Maximen folgt. Dabei ist stets in Rechnung zu stellen, dass sowohl die natürliche als auch die kommunikative Seite des Handelns im Blick bleiben muss. Das Handlungsmodell, das dieser Option folgt, verpflichtet zu ununterbrochener Tätigkeit – die aber nicht sicherstellen kann, dass dem Unternehmen Erfolg beschieden ist. Die andere Antwort besagt, dass für das Zustandekommen der Differenz-Einheit des Sich-Setzens eine dieser Tätigkeit vorausliegende Annahme zu machen ist, die man als die Stiftung der Passgenauigkeit von setzendem und gesetztem Selbst bezeichnen könnte. Es liegt ja auf der Hand, dass sich der eigentümliche Selbstvollzug des Sich-Setzens auf keinen Oberbegriff stützen kann, kein Muster verwendet, dem er folgt. Es handelt sich allemal um ein riskantes Unternehmen und genau das wird ja in der erstgenannten Antwort aufgenommen. Es kann darum auch auf dieser zweiten Antwortlinie nur darum gehen, das Risiko zu ahnen, das mit dem Sich-Setzen eingegangen wird.

Ja, man kann es noch deutlicher akzentuieren: Für die Analyse des Sich-Setzens sind die beiden Möglichkeiten, durch unendliches Handeln (vielleicht) zu sich selbst zu kommen bzw. von einer vor dem Handeln anzunehmenden Passgenauigkeit auszugehen, zwei äquivalente Antwortangebote, die man nicht grundsätzlich alternativ entscheiden kann. Nur so viel ließe sich sagen, dass die zuerst erwogene Möglichkeit, nämlich durch Handeln zum Selbst zu gelangen, am Ende von der bereits früher als unzureichend markierten Antwort, Selbstbewusstsein sei nichts Anderes als Selbsterhaltung, ununterscheidbar wird. Was allerdings auf der anderen Seite bedeutet, dass es für die Unterstellung der Passgenauigkeit auch keine definitive Bewahrheitung gibt. Es ist diese unabschließbare Offenheit im Vorgang des Selbst-Setzens, die sich als schmerzliche Differenz im Selbstsein bemerklich macht. Es gibt humanes Selbstsein nur in der Spannung zwischen einer (abstrakten) Selbst-Voraussetzung und einer (ebenso abstrakten) Unendlichkeit des Handelns. Alle Differenzmarkierungen, seien sie moralisch als Schuld oder Versagen, seien sie natürlich als Misslingen und Verfehlen zu artikulieren, zehren von dem Sachverhalt, dass das Sich-Setzen so unerlässlich wie unvollendbar ist. Selbstsein ist stets mit der offenen Frage nach sich verbunden.

Es ist diese Analyse des Selbstseins, die an die Stelle des Gesetzesbegriffs der reformatorischen Theologie rückt. Sie nimmt die Zweipoligkeit auf, die sich bereits bei Luther ausgesprochen fand, zwischen dem Herkunftssinn des Gesetzes von seinem Geber und dem Inhalt des Gesetzes als Handlungsregulierung, bringt aber beide Aspekte zusammen in der Figur des nach sich selbst fragenden, sich selbst suchenden Selbstseins. Auf dieses Selbstsein ist nun das Evangelium zu beziehen.

Es versteht sich von selbst, dass das Evangelium, wenn man es als für das Selbstsein relevant betrachtet, nicht den Verweis auf eine äußerliche – und sei es transzendente – Gegebenheit enthalten kann. Es ist vielmehr Ansage der Wirklichkeit Gottes, der alles in allem wirkt, darum wird diese Wirklichkeit Reich Gottes genannt. Sie verwirklicht sich in doppelter Hinsicht. Einmal verklammert sie die beiden Pole, von denen im Selbst-Setzen Gebrauch gemacht wurde, das setzende Selbst, wie wir es nannten, ebenso wie das gesetzte. Ja, man muss sogar annehmen, dass die im eigenen Setzen wirksame Kraft keine andere ist als die, die von Gott ausgeht. Hinzu kommt ein Zweites. Wenn das gesetzte Selbst zugleich der Ordnung der Natur angehört, dann ist über dieses Feld des Handelns zugleich die natürliche Wirklichkeit insgesamt mit Gott verbunden. Dass wir als Menschen in dieser Wirklichkeit leben, macht dann den Grund dafür aus, dass wir Gott als Schöpfer betrachten.

Das Selbstsein ist in seinem Selbstvollzug ein Risiko, hieß es. Das bleibt auch so. Denn das Gottesverhältnis, wie es im Evangelium angesagt und angeboten wird, lässt sich nicht in die Verfügung des eigenen Lebens übernehmen. Es bleibt sein unerschöpflicher Ursprung – und es integriert auch die unerschöpfte Zukunft. Das Verhältnis zu Gott kann immer nur das der Anbetung sein: ein Wort, das auf das Angesprochensein im vollzugsförmigen eigenen Dasein antwortet und das insofern die ursprüngliche Äußerung des Glaubens ist. Dabei hat die Anbetung die Gestalt der Bitte und des Dankes. Bitte, weil das Verhältnis zu Gott nie fertig gegeben ist, sondern sich, so wie der eigene Selbstvollzug, immer im Werden befindet; Dank, weil das Resultat dieser Gott und Mensch verknüpfenden Beziehung auch spürbar ist im Leben.

Der Übergang von dem ambivalent offenen Selbstsein zum Leben aus Gott – das ist nun der Gehalt, der sich in der Buße, der μετάνοια, realisiert. Es handelt sich erstens um ein Um-Denken. Das Denken, das uns geradeheraus zur Verfügung steht, bewegt sich in der Spannung zwischen einem Sich-Aufgeben im fortgesetzten Handeln einerseits, einem Fragen nach der eigenen Herkunft andererseits – und der Unlösbarkeit dieses Gegensatzes; das ist das alte Leben. Es gewinnt diese Bezeichnung im Angesicht des neuen Lebens, das von Gott her den eigenen Ursprung und das letzte Ziel miteinander verbindet. Dieses neue Leben ist zugleich das wahre Leben, dem in der μετάνοια nach-gedacht wird. Es findet sich nämlich in die Lage versetzt, von Gott her kontinuierlich zu leben.

Damit sind wir in die Lage, die anfangs aufgetauchte Frage nach der Verbindung von Konstitution und Kontinuität neu zu beantworten. Wir hatten es als eine große Errungenschaft der Reformation erkannt, dem Glauben eine im Verhältnis zum empirischen Leben transzendentale Stellung einzuräumen. Was noch zu explizieren war: der Zusammenhang dieser beiden Seiten. Die Lösung liegt grundsätzlich in der Einsicht beschlossen, dass die Transzendentalität des Glaubens sich nicht nur auf das Verhältnis zur empirischen Welt, also zu unserem gegenständlichen Denken, unserem moralischen Handeln und unserem ästhetischen Empfinden, bezieht, sondern bereits auf das Selbst, aus dem all diese Verhältnisse entspringen und von dem her sie zu thematisieren sind. Wenn Gott so verstanden wird, dass er selbst die uns unverfügbaren, aber immer gebrauchten Seiten von aktivem Sich-Setzen und gesetztem Selbst miteinander verbindet, dann ist er auch – und zwar von da her – mit der Welt unseres bewirkenden und darstellenden Handelns verbunden. Wem diese Erkenntnis aufgeht, der fühlt sich befreit, weil er nun in ein Verhältnis eingetreten ist, in dem Selbstsein und Handeln nicht mehr widereinander stehen. Vielmehr liegen zwei Elemente miteinander verbunden vor. Einmal der Vollzug der eigenen Identität; sie wird als bleibend riskanter Selbstvollzug verstanden, den aber im Glauben die Zusage von Gottes Reich begleitet. Sodann das Streben nach dem Gelingen des Lebens; es wird vom Erfolg des Handelns unterschieden, weil nicht mehr der angestrebte unendliche Fortschritt, sondern die jeweilige Erfüllung endlichen Tuns Indiz des Ganzen ist. Damit wird aber der verlaufsförmige Begriff des Gesetzes, das immer auch auf künftige Verbesserung aus ist, auf einen Begriff der Darstellung des Guten, das bereits erfahren wurde, umgestellt.

4 Resümee

Das Verhältnis von Konstitution und Kontinuität, das die Buße auszeichnet, lässt sich demnach abschließend so fassen: Ausgangspunkt ist die humane Lebenssituation eines sich zu sich verhaltenden Selbst, das über keinen festen inneren Grund verfügt und das sich darum im äußeren Handelns stets auf der Suche nach einem Abschluss befindet. Diese Lebensform ist von einem unauflösbaren inneren Widerspruch gekennzeichnet, der im Licht des Evangeliums „altes Leben" genannt wird. Das „neue Leben" dagegen realisiert sich, wo dem Evangelium geglaubt, also Gott als Ursprung des eigenen Lebens verstanden wird, das sich selbst setzt. Sofern dieses sich setzende Selbst aus eigenen inneren Gründen in das weltliche Handeln verstrickt ist, wird auch die Orientierung im Handeln, ebenso wie die Natur als Handlungsrahmen, als von Gott herkommend verstanden. Das ist eine Befreiung aus dem Widerspruch des „alten Lebens". Sofern die Konstitution aus dem göttlichen Wort, also die Anerkenntnis des Reiches Gottes, als Hintergrund von allem wirkt, stiftet sie auch die Kontinuität, die sich über die Regelhaftigkeit des Handelns immer wieder neu aufbaut. Ja, diese Kontinuität wirkt sogar dann als belastbar und verlässlich, wenn die Aufbaumomente der Konstitution nicht im Bewusstsein präsent sind, und das aus zwei Gründen. Einmal, weil die von Gott gestiftete Kontinuität über das Selbst nicht vom subjektiven Vermögen abhängig ist, sich über dieses Geschehen Vorstellungen zu bilden. Gottes Wort zu hören und ihm zu glauben, ist die absolut hinreichende Bedingung für eine Kontinuität im Leben. Sodann und noch weitergedacht, bildet auch der regelhafte Umgang mit den Beständen unserer empirischen Welt Tradition und Verlässlichkeit aus, selbst wenn die Zielrichtung des handelnden Verhaltens aus dem Blick gerät. Zwar werden sich in diesen Fällen nachteilige Konsequenzen des Handelns bemerklich machen, doch verliert das Handeln nicht seine Regelmäßigkeit, die die Voraussetzung seines Erfolges ist. Darum bleibt es möglich, Handlungen miteinander zu verknüpfen, die sich unterschiedlichen Selbstverständnissen verdanken – aber gerade dabei werden auch die verschieden akzentuieren Selbstverständnisse thematisch.

Soll man nun (wieder) einen speziellen Ritus der Buße einführen? Kaum. Denn damit würde man ja gerade eine der Einsichten der Reformation rückgängig machen, dass nämlich Wort und Sakrament insgesamt von der Struktur sind, die das Geschehen der Buße, der μετάνοια, des Um- und Nach-Denkens, zur Sprache brachte. Vielmehr käme es darauf an, eben diese Einsicht erneut für die Verkündigung insgesamt fruchtbar zu machen: dass es immer um die an das eigene Selbstsein geknüpfte, von ihm aus die Welt wahrnehmende und bearbeitende Umwendung des eigenen Lebens geht. Christlicher Glaube zielt dann nicht auf eine theoretische Weltanschauung frommer Provenienz, erst recht nicht auf ein Wertesystem, ist auch keine religiöse Voraussetzung der Moral, sondern eine zuinnerst ansetzende Lebensbewegung. Sie wäre, wenn man an kirchliche Praxis denkt, wohl in zweifacher Weise darzustellen. Einmal so, dass der Grund des eigenen Daseins als transzendentaler Ausgangspunkt der Wahrnehmung empirischer Lebenswelt in den Blick kommt. Dafür ist von Gott auszugehen und seiner Wirkung auf uns. Das ist die Aufgabe der öffentlichen Verkündigung. Sodann wäre die Vielfalt des Lebens in die Perspektive der Einheit zu rücken, die sich mit dem Namen Gottes verbindet. Damit kommt die prägende Wirkung des Glaubens im Leben zur Sprache. Dem widmet sich die individuelle Seelsorge. Beide Aspekte zusammen nehmen die Bestandteile auf, die das Bußsakrament seit alters kennzeichneten: die göttliche Absolution inmitten des empirischen menschlichen Lebens.

Zusammenfassung

Buße ist ein zentrales Stück frommen christlichen Lebens und christlicher Theologie. Sie gründet im Bußruf Jesu als Rückseite seiner Verkündigung des Evangeliums. Sie fand eine wesentliche Klärung im Werk Martin Luthers, der das kirchliche Bußsakrament vertiefte und überwand. In der Moderne muss sie auf die Suche der humanen Subjektivität nach einem Neubeginn des Lebens vor Gott eingestellt werden. Diesen Weg nachzuzeichnen, ist die Absicht des Beitrags.

Repentance is one of the main topics of the religious life and doctrine of Christians. It is based on the call for repentance in the preaching of Jesus and was taken up by the theology of Reformation, especially in the theological work of Martin Luther. It has to be developed further by including the striving of modern subjectivity for a renewed life before god. That is what the article tries to show.

Peter Zimmerling

Beichte und Buße in der gottesdienstlichen Praxis

Möglichkeiten der Erneuerung

Seit einigen Jahren lässt sich eine Renaissance der Beschäftigung mit Beichte und Buße, allgemeiner gesagt: der Thematisierung von Schuld und Vergebung, von Eingeständnis der Schuld und dem Wunsch nach Entlastung, in Kirche, Theologie und Gesellschaft beobachten.[1] In den folgenden Überlegungen wird in einem ersten Punkt nach den Hintergründen dafür gefragt und der Versuch einer Situationsbeschreibung unternommen. Ein zweiter Punkt leuchtet die Chancen und Voraussetzungen einer Rückkehr von Beichte und Buße in die gottesdienstliche Praxis aus. Im abschließenden dritten Punkt werden konkrete Beispiele der Beichte im Gottesdienst vorgestellt und diskutiert.

1 Eine ambivalente Situation: zwischen „Abschied von der Schuld" und „Entschuldigungsseuche"

1.1 Der Umgang mit Schuld in Kirche und Gesellschaft

Der Umgang mit Schuld stellt sich heute ambivalent dar. *Einerseits* lässt sich – mit guten Gründen – ein „Abschied von der Schuld" in der Gesellschaft, ja selbst in der Kirche, diagnostizieren.[2] Ein Indiz dafür ist die Beobachtung, dass den meisten Menschen kaum noch verständlich ist, was Schuld und Sünde im biblischen Sinn bedeuten. In der Alltagssprache hat sich eine Abschwächung der Rede von Sünde und Schuld zu einer religiös neutralen Bedeutung oder gar zur rein ironischen Verwendung ereignet. So findet das Wort „sündigen" nur noch gegenüber

---

1 Die folgenden Überlegungen habe ich teilweise in ausführlicherer Form vorgetragen in meinen Büchern: Studienbuch Beichte (UTB 3230), Göttingen 2009; Beichte. Gottes vergessenes Angebot, Leipzig ^{2}2015.

2 Vgl. R. Riess (Hg.), Abschied von der Schuld? Zur Anthropologie und Theologie von Schuldbekenntnis, Opfer und Versöhnung (ThAkz 1), Stuttgart 1996; vgl. dazu auch E. Hahn, „Ich glaube ... die Vergebung der Sünden". Studien zur Wahrnehmung der Vollmacht zur Sündenvergebung durch die Kirche Jesu Christi (FSÖTh 92), Göttingen 1999, 181–195.

Übertretung von Verkehrsregeln oder bei gesundheitsschädlichem Essverhalten Verwendung. Sünde und Schuld wurden mehr und mehr zu einem rein privaten Phänomen, zu einer Angelegenheit der subjektiven Innerlichkeit ohne Bezug auf Gott.[3] Für viele Menschen ist Gott aus dem Alltag verschwunden. Er begegnet ihnen bestenfalls noch an den Rändern des Lebens: in Grenzsituationen des Leides oder der Freude. So fühlen sie sich ihm – als ihrem Schöpfer – auch nicht mehr für ihr alltägliches Tun und Lassen verantwortlich. An die Stelle Gottes sind andere Instanzen getreten: verinnerlichte Forderungen an sich selbst, denen man unter allen Umständen genügen will, die Erwartungen an ein gelingendes Leben[4] und die Ansprüche der Gesellschaft oder der eigenen Familie.

Auch die neue Sehnsucht nach Spiritualität ist nicht mit der Erkenntnis von Sünde und Schuld verbunden.[5] Es geht ihr weithin um eine – angesichts der Risikogesellschaft verständliche – Selbstvergewisserung des Individuums und die Steigerung der Lebensqualität durch spirituelle Erfahrungen. Ein transzendentes göttliches Gegenüber, vor dem man sich für sein Handeln verantwortlich fühlt, spielt in den spirituellen Neuaufbrüchen keine Rolle.

Schließlich stellt auch die Nazi-Vergangenheit Deutschlands ein Hindernis auf dem Weg zu einem christlichen Verständnis von Schuld und Vergebung dar. Angesichts der Shoa erscheint die persönliche Schuld des heutigen Menschen bedeutungslos, wenn nicht banal. Es gab in Deutschland nicht nur eine „Unfähigkeit zu trauern“;[6] es gab auch eine Unfähigkeit, Schuld zu erkennen und zu bekennen.

Andererseits zeichnet sich nach Jahrzehnten der Verdrängung der Schuld aus dem öffentlichen Bewusstsein – man denke nur an die Waschmittelreklamen der 1960er Jahre, in denen Hausfrauen aufgrund des Gebrauchs des richtigen Waschmittels ein gutes Gewissen verheißen wurde – seit einiger Zeit eine Veränderung der gesellschaftlichen Gemütslage ab. Im Gefolge des Scheiterns der modernen Utopien von einer neuen Gesellschaft und einem neuen Menschen erfolgte eine Rückkehr der Rede von Schuld in den öffentlichen Raum. Es ist geradezu modern geworden, in der Öffentlichkeit Schuld zu bekennen: und zwar individuelle und kollektive

---

3 W. Gräb, Der menschliche Makel. Von der sprachlosen Wiederkehr der Sünde, PTh 97/7 (2008), 238–253.

4 Vgl. dazu G. Schneider-Flume, Leben ist kostbar. Wider die Tyrannei des gelingenden Lebens, Göttingen 2002.

5 Vgl. dazu im Einzelnen P. Zimmerling, Evangelische Spiritualität. Wurzeln und Zugänge, Göttingen ^{2}2010, 126–138.

6 A. Mitscherlich, Die Unfähigkeit zu trauern. Grundlagen kollektiven Verhaltens, München 1967 (seitdem viele Auflagen).

gleichermaßen.[7] In vielen Filmen geht es explizit darum, wie Menschen mit ihrer Schuld fertig werden können.[8] Dass Menschen ein Bewusstsein von Schuld und Versagen haben, zeigt schon länger die moderne Literatur.[9] Inzwischen nehmen sich darüber hinaus Journalisten und Soziologen des Themas Schuld und Vergebung in verstärktem Maße an.[10] Prominente Beispiele für Schuldbekenntnisse im politischen Raum sind die von Bill Clinton vor dem amerikanischen Senat im Zusammenhang mit der Lewinsky-Affäre und vom japanischen Ministerpräsidenten Obuchi in dessen Rede 1998 in Korea im Hinblick auf den Überfall Japans. Selbst die Queen hat bei ihrem vorletzten Staatsbesuch in Deutschland im Jahr 2004 dem öffentlichen Druck nicht widerstehen können und sich, zwar nicht verbal, für das britische Flächenbombardement auf deutsche Städte während des Zweiten Weltkriegs entschuldigt. Stattdessen lud sie aber zu einem Benefizkonzert in die Berliner Philharmonie ein, dessen Spenden dem Wiederaufbau der Dresdener Frauenkirche zugutekamen.

In diesen Zusammenhang gehören auch die nach dem Ende des Apartheitsregimes in Südafrika eingesetzten Versöhnungskommissionen. In einem christlich geprägten Land wie der Südafrikanischen Republik führten diese Kommissionen zur Versöhnung von politischen Gegnern; eine Versöhnung, die als Zeichen von Transzendenz im gesellschaftlichen Raum gedeutet werden kann.[11]

„Daily Talkshows" sind ein prominentes Beispiel dafür, wie sich das Bedürfnis nach Eingeständnis und Entlastung von Schuld im säkularen Raum der Medien

---

7 Vgl. dazu im Einzelnen C. Dahlgrün, „Sorry, du, dumm gelaufen!". Beobachtungen zur Kultur des Beichtrituals, PTh 91 (2002), 308–312.

8 Dahlgrün, Sorry (s. Anm. 7), 310.

9 Dazu gehört z.B. Albert Camus, La Chute, worin Schuld in Form von nicht wahrgenommener Gleichgültigkeit gegenüber fremder Not thematisiert wird, Hermann Broch, Die Schlafwandler, worin es um Orientierungslosigkeit und Unfähigkeit zu kritischem Verhalten geht, Rolf Hochhuth, Der Stellvertreter, das den Selbstfreispruch und die Leugnung von Mitschuld thematisiert, Max Frisch, Andorra, worin es um Nicht-wahrhaben-Wollen vorhandener Schuld und um Sündenbockdenken geht, Siegfried Lenz, Zeit der Schuldlosen, das das Schuldigwerdenmüssen in einem totalitären Staatsgefüge zum Inhalt hat (J. Gründel, Art. Sünde V. Theologisch-ethisch, in: LThK[3] 9 [2000], 1129f.).

10 Vgl. J. Fleischhauer u.a., Aufstieg einer Sünderin, in: Spiegel 9/2010, 66–74 (Titelbild mit Unterschrift: „Mensch Käßmann, Vom Umgang mit der Schuld"); M. Matussek, Auf Teufel komm raus (Die sieben Todsünden der Bibel), in: Spiegel 7/2010, 61–71; G. Schulze, Die Sünde. Das schöne Leben und seine Feinde, Frankfurt a.M. 2008; P. Gross, Jenseits der Erlösung. Die Wiederkehr der Religion und die Zukunft des Christentums, Bielefeld [2]2008.

11 R.K. Wüstenberg, Bonhoeffer and Beyond. Promoting a Dialogue Between Religion and Politics, International Bonhoeffer Interpretations, Bd. 2, Frankfurt a.M. 2008, 79–87.

Gehör verschafft.[12] In den vergangenen Jahren ist immer wieder die These aufgestellt worden, dass Talkshows als Beichtstuhlersatz fungieren. Was ist von dieser These zu halten? Aus Seelsorge und Therapie ist bekannt, dass durch das Aussprechen verdrängter Schuld eine seelische Reinigung stattfinden kann.[13] Talkshows lassen kathartische Züge erkennen.[14] Diese Züge scheinen jedoch nicht bei allen Beteiligten positiv zur Wirkung zu kommen. Vielleicht sollte man von niederschwelligen seelsorgerlichen Dimensionen in Talkshows sprechen, die je nach Form der Beteiligung unterschiedliche Intensität gewinnen. Jüngere empirische Untersuchungen über die Motivation von Talk-Gästen und Zuschauern haben dazu brauchbares Material erschlossen.[15] Indem Daily Talkshows das Bedürfnis nach Aussprache und Entlastung von Schuld medial geschickt vermarkten, eröffnen sie Menschen die Möglichkeit, in einer anonymen Öffentlichkeit ihre Probleme und Nöte zur Sprache zu bringen. Das gilt nicht nur für die Talkgäste, sondern auch für die ungleich größere Zahl der Zuschauerinnen und Zuschauern von Talkshows, die sich mit ihren alltäglichen Lebensproblemen in den Talkshow-Themen wiederfinden. Diese scheinen von den Lebensgeschichten der Talkgäste und den Beiträgen der Talkmaster Orientierung für ihr eigenes Leben zu erwarten.

Man sollte diese Sendungen weder vorschnell als „Seelen-Striptease" verurteilen noch als bloße Unterhaltung abtun. Sie sind stattdessen ein Hinweis darauf, wie groß in einer postmodernen Gesellschaft das Bedürfnis nach Aussprache und Entlastung, nach Zuspruch von Identität und nach Orientierung ist.[16] Das Kommunikationsbedürfnis in einer vom Individualismus geprägten Gesellschaft ist riesig, ebenso das Verlangen nach medial vermittelter Selbstvergewisserung,

---

12 Eine konstruktiv-kritische Darstellung der seelsorgerlichen Bedeutung von Daily Talkshows für Gäste bietet M. Feldrapp, Daily Talks als Lebenshilfe für die Gäste? Ein medienkritischer Diskurs unter Berücksichtigung der Gastperspektive (Studien zur christlichen Publizistik 9), Erlangen 2004.

13 G. Krusche, Das seelsorgerliche Einzelgespräch, in: I. Becker u.a. (Hg.), Handbuch der Seelsorge, Berlin ^{4}1990, 120f.

14 C. Krautscheid, Zur Beichte ins Fernsehen, PÄD Forum 25 (1997), 482–84; G. Naujokat, Outen oder Beichten?, Idea Spektrum 19 (1999), 18f.

15 G. Bente/B. Fromm, Affektfernsehen. Motive, Angebotsweisen und Wirkungen, Opladen 1997; A.C. Hoffmann, Öffentlichkeit als Therapie? Zur Motivation von Daytime-Talk-Gästen, München 1998; B. Fromm, Privatgespräche vor Millionen. Fernsehauftritte aus psychologischer und soziologischer Perspektive, Konstanz 1999; A. Weiß, Wer sieht sich das nur an? Den Zuschauern von Daily-Talkshows auf der Spur. Eine Rezipientenbefragung, München 1999.

16 Damit sollen in keiner Weise die psychischen Folgeschäden geleugnet werden, die sich bei den Talkshowgästen durch auf suggestivem Wege bewirkte Preisgabe von intimen Geständnissen einstellen können (C. Goldner, Meiser, Fliege & Co. Ersatztherapeuten ohne Ethik, Psychologie heute 23/6 [1996], 20–27).

schließlich auch die Erwartung an die Fernsehgemeinde, durch sie Vergebung und Entlastung, Erneuerung und Lebenshilfe zu erfahren.

Die genannten Beispiele zeigen: Das Thema Schuld und Entlastung bzw. Vergebung, das ursprünglich primär im Raum der Religion beheimatet war, wird an säkularen Orten aufgegriffen und thematisiert. Es ist in den öffentlichen Raum zurückgekehrt.

Aber auch in Theologie und Kirche scheint sich eine Renaissance der Beichte zu ereignen. Sie ist an manchen Orten zum heimlichen Modethema avanciert. Praktiziert wird speziell die Einzelbeichte heute vor allem auf Kirchentagen und in Kommunitäten. In Taizé etwa bilden sich nach dem Abendgebet in der großen Kirche lange Schlangen mit jugendlichen Besuchern, die sich bei einem der dazu bereitstehenden Brüder der Gemeinschaft aussprechen bzw. die Beichte ablegen wollen. Bücher zum Thema Beichte finden auch in der weltlichen Presse Resonanz. Immer wieder werden Diskussionssendungen über den Umgang mit Schuld und Versagen im Radio ausgestrahlt. Der christliche Beitrag zur Frage nach der Entlastung von Schuld ist offensichtlich gefragt.

Insgesamt lassen sich in Gesellschaft und Kirche eine Sehnsucht nach Aussprache und Entlastung, manche sprechen kritisch von einer regelrechten „Entschuldigungsseuche“,[17] und Ansätze zu einer vorsichtigen Neuentdeckung der Beichte beobachten.[18]

1.2 Hindernisse, die Beichte wiederzugewinnen

Allerdings steht einer nachhaltigen Renaissance der Beichte in Theologie und Kirche und damit auch in der gottesdienstlichen Praxis eine Reihe von Hindernissen entgegen. Jahrhundertelang haben Theologie und Kirche die Rede von Sünde und Schuld dazu missbraucht, Menschen in Angst und Abhängigkeit zu halten. Davon wurde das kollektive Gedächtnis der christlichen Gesellschaften tief geprägt. Dass die christliche Rede von Sünde, Schuld und Vergebung den Menschen erst menschlich werden lässt, ihn zu entlasten vermag und ihm gleichzeitig seine Verantwortlichkeit zurückgibt und so zur Stärkung seines Selbstwertgefühls beiträgt, wird nicht von heute auf morgen im öffentlichen Bewusstsein Eingang finden. Um hier ein neues Bewusstsein zu fördern, sind aufseiten von Theologie und Kirche Fantasie und Beharrlichkeit gefragt.

---

17 Dahlgrün, Sorry (s. Anm. 7), 308.

18 Darauf deutet z.B. hin die vielfach nachgefragte kirchliche Handreichung von K.-P. Herztsch, Wie mein Leben wieder hell werden kann. Eine Einladung zur Beichte in der evangelisch-lutherischen Kirche, Kirchenleitung der VELKD (Hg.), Hannover 2002.

An die Stelle der Beichte ist beim modernen säkularen Protestanten der Besuch des Therapeuten bzw. diakonischen Beraters getreten. Von ihm wird eher als vom Theologen erwartet, dass er aufgrund seiner Ausbildung vorurteilsfrei zuhören kann und die komplizierten Reaktionsmechanismen der menschlichen Seele zu enträtseln vermag.[19] Stärker noch als die Einschätzung der Kompetenz des Therapeuten steht die Popularisierung der tiefenpsychologischen Theorien von Sigmund Freud und Carl Gustav Jung dem Weg zur Wiedergewinnung der Beichte entgegen. Im Bewusstsein vieler Menschen ist eine Transformation von Schuld und Versagen in Schuldgefühle erfolgt. Ansatzpunkt dieser Entwicklung bildete Freuds Überzeugung, dass Schuld keinen ontischen Charakter besitzt. „Schuldgefühle entstehen aus Angst vor Strafe durch Eltern oder andere Instanzen, aus Furcht vor Liebesentzug oder aufgrund eines ‚moralischen Masochismus'."[20] Ziel therapeutischen Bemühens war es für Freud deshalb, entsprechende unterbewusste Zusammenhänge bewusst zu machen und dadurch zu heilen. Es soll hier nichts gegen die Therapie fehlgeleiteter bzw. übertriebener Schuldgefühle gesagt werden. Problematisch wird therapeutische Arbeit allerdings dort, wo sie nicht den Unterschied zwischen neurotischen und berechtigten Schuldgefühlen berücksichtigt.

Seit einigen Jahren wird das Grundgefühl vieler Zeitgenossen davon geprägt, in einer „Risikogesellschaft" zu leben.[21] Vor allem ein stärker werdender Individualismus und Pluralismus bei gleichzeitig abnehmender Bindekraft traditioneller sozialer Sicherungssysteme (wie Familie, Nachbarschaft, Kirche) führen bei einer großen Zahl von Menschen zu einem labilen seelischen Gleichgewicht. Sich dem eigenen schuldhaften Verhalten zu stellen, ist für viele Zeitgenossen kaum noch auszuhalten und wird als Bedrohung der Identität aufgefasst.

Kennzeichnend für die gegenwärtige Situation ist ein zunehmender, gesellschaftlich bedingter moralischer Pluralismus.[22] Dieser hat die traditionelle christliche Ethik in den vergangenen Jahrzehnten mehr und mehr infrage gestellt und ausgehöhlt. Zwar gibt es weiterhin gemeinsame Grundüberzeugungen wie die

---

19 So G.W. Forell, Die Augsburgische Konfession. Zur Sache: Kirchliche Aspekte heute, Heft 2, Berlin/Hamburg 1970, 70, zit. nach W. Jentsch (Hg.), Evangelischer Erwachsenenkatechismus, Gütersloh ^{2}1975, 1194f.

20 Hahn, Ich glaube (s. Anm. 2), 191.

21 U. Beck, Risikogesellschaft. Auf dem Weg in eine andere Moderne, Frankfurt a.M. ^{15}2000.

22 Damit soll nicht behauptet werden, dass sich dieses Problem nicht schon in früheren Zeiten gestellt hätte. Man denke nur an den erbitterten Streit zwischen Pietismus und Orthodoxie darüber, ob die sog. Adiaphora (Mitteldinge) wie Tanzen, Kartenspiel, Alkoholgenuss und Rauchen als Sünde zu behandeln seien oder nicht.

unantastbare Würde der Person oder die Liebe als Handlungskriterium, die von allen theologischen Richtungen und kirchlichen Gruppen geteilt werden. Uneinigkeit entsteht jedoch in dem Moment, wo konkret gesagt werden soll, was es heißt, Menschen in allen ihren Lebensdimensionen als Person zu achten, oder welche Konsequenzen aus dem Kriterium der Liebe für die jeweilige Einzelentscheidung zu ziehen sind. „Durch diese Gleichzeitigkeit von Konsens und Differenz hat sich eine fragwürdige Schwebelage eingestellt, eine Art argumentationsreiche Desorientierung, weil irgendwie alle Argumente im Spiel bleiben.“[23] Dadurch lässt sich nur noch schwer sagen, ob ein bestimmtes Verhalten schuldig werden lässt oder nicht. Ist die Scheidung und das Eingehen einer neuen Ehe auch dann Ehebruch, wenn die früheren Ehepartner sich nicht mehr liebten? Macht sich ein Ehepaar auch dann schuldig, wenn es sich zu einer Abtreibung aus Gründen der Überforderung angesichts eines weiteren Kindes entschließt? Wird ein Arbeitgeber auch dann schuldig, wenn er Schmiergelder an einen Auftraggeber zahlt, um dadurch Arbeitsplätze zu sichern? Solche ethischen Verunsicherungen haben Konsequenzen für die Beichte: Sie führen leicht zu ihrer Infragestellung. Dabei scheint es nur von außen betrachtet so, dass durch das zentralistische päpstliche Lehramt im Katholizismus die ethischen Dissonanzen weniger groß sind. In Wirklichkeit muss auch hier der einzelne Gläubige längst eigenverantwortlich entscheiden, was er tut oder lässt – weitgehend unabhängig von päpstlichen und bischöflichen Verlautbarungen.

Dass schließlich auch die distanzierte Haltung vieler Pfarrer und Pfarrerinnen und anderer kirchlicher Mitarbeiter gegenüber der Beichte deren Erneuerung hemmt, liegt auf der Hand.[24]

---

23 H.G. Ulrich, Taufen Sie die Ethik!, in: D. Klenk (Hg.), Lieber Bruder in Rom! Ein evangelischer Brief an den Papst, München 2011, 53.

24 Vgl. dazu A. Peters, Die Sünde und die Sünden zwischen Glaube, Bekenntnis und Erfahrung, in: F. Beißer/A. Peters, Sünde und Sündenvergebung – der Schlüssel zu Luthers Theologie (FuH 26), Hamburg o.J. (1983), 36 (s. Anm. 8).

2 Chancen und Voraussetzungen für eine Renaissance der Beichte in der gottesdienstlichen Praxis

2.1 Die Notwendigkeit, den Rechtfertigungsglauben praktisch zu erfahren

Die Beichte wird nicht ohne Anstrengung im gottesdienstlichen Handeln wiedergewonnen werden. Dazu ist eine Reihe von Maßnahmen notwendig. In theologischer Hinsicht ist es unerlässlich, sich klarzumachen, dass zwischen der Beichte einerseits und der Rechtfertigungslehre andererseits ein unhintergehbares Interdependenzverhältnis besteht: Beichte und Rechtfertigungslehre bedingen einander. Keine reformatorisch verstandene Beichte ohne Rechtfertigungslehre, auf Dauer aber auch keine reformatorische Rechtfertigungslehre ohne die Praxis der Beichte! Die Beichte bildet den Lackmustest für die evangelische Rede von Schuld und Vergebung. Wenn es stimmt, dass der Kern des evangelischen Glaubens in der Rechtfertigung des Gottlosen in Jesus Christus allein aus Gnaden besteht, dann sind liturgische Formen nötig, die diesen Kern des Glaubens konkret erfahrbar machen. Ansonsten verkommt die Rechtfertigungslehre zu einer protestantischen Ideologie ohne theologischen Inhalt. Sie wird dann leicht als bloße Lehre von der Freiheit und Selbstbestimmtheit des Individuums missverstanden. Eine besonders gute Möglichkeit, die Rechtfertigungslehre im Glaubens- und Lebensvollzug zu erfahren, stellt die Beichte in ihren unterschiedlichen gottesdienstlichen Formen dar.

2.2 Chance, der „Übertribunalisierung" der Lebenswirklichkeit zu entkommen

Nach Meinung des Philosophen Odo Marquard befindet sich der neuzeitliche Mensch in einer prekären Lage. Er muss mit seiner Schuld und Schuldverflochtenheit selber fertig werden und findet sich als Konsequenz in einer „Übertribunalisierung" seiner Lebenswirklichkeit vor.[25] Der Mensch gerät „als wegen der Übel der Welt absolut Angeklagter – vor einem Dauertribunal, dessen Ankläger und Richter der Mensch selber ist – unter absoluten Rechtfertigungsdruck, unter absoluten Legitimationsdruck, unter absoluten Legitimationszwang."[26] Weil er die Entlastung durch die göttliche Vergebung nicht mehr kennt, ist der Mensch

25 O. Marquard, Abschied vom Prinzipiellen. Philosophische Studien, Stuttgart 1981, 49.

26 Marquard, Abschied (s. Anm. 25), 49.

selbst verantwortlich für alles, was im persönlichen und gesellschaftlichen Leben misslingt. Nur wenige scheinen jedoch eine direkte Konfrontation mit individueller bzw. kollektiver Schuld und Schuldverflochtenheit aushalten zu können, ohne Entschuldungsmechanismen zu entwickeln. In der Konsequenz kommt eine Reihe von Strategien zum Einsatz, um unabhängig von Gott mit Sünde und Schuld fertig zu werden. Letztlich greift keine der Strategien, weil der Mensch nun einmal der allein von Gott zu rechtfertigende Sünder ist, wie Martin Luther es ausgedrückt hat.

2.3 Schulderkenntnis und Schuldbekenntnis als Zeichen der Würde des Menschen

Wenn die reformatorische Anthropologie Recht hat, stellen Schulderkenntnis und Schuldbekenntnis Zeichen der Würde des Menschen dar. Die Beichte ist nicht Ausdruck einer entmündigenden, sondern einer heilsam rettenden Erfahrung. Angesichts zunehmender Veraltungsgeschwindigkeiten und Ausdifferenzierung ist heute jeder Mensch gezwungen, eine Patchwork-Identität zu entwickeln, die dem rasanten gesellschaftlichen Wandel Rechnung trägt und aus verschiedenen möglichen Lebensmustern zusammengesetzt wird. Mit der Multioptionsvielfalt[27] geht die Angst einher, etwas zu verpassen, die sich in der Scheu vor Selbstfestlegungen auswirkt. Die Konsequenz ist eine häufig zu beobachtende Überanstrengung des Subjekts, das sich ständig selbst definieren muss. Angesichts dieser Situation geht es darum, Menschen nicht nur „Mut zum Selbst" zu machen,[28] sondern auch zur Selbstvergewisserung durch „Selbstbegrenzung" und „Selbstverendlichung" zu verhelfen.[29] Dass daraus keine „Glorifizierung fragmentarischer Existenz und fragmentarischer Arbeitserfolge" wird – so der Vorwurf Manfred Josuttis[30] –, verbürgt der reformatorisch verstandene Rechtfertigungsglauben. Dieser bildet die inhaltlich-theologische Ermöglichung von „Selbstbegrenzung" und „Selbstverendlichung". Die Beichte ermöglicht die Einkehr in eine Selbstbegrenzung, die mir letztlich zugutekommt. Ich muss nicht mehr sein „als ein heilsam vor Gott

27 P. Gross, Die Multioptionsgesellschaft, Frankfurt a.M. ^{4}1996.

28 Vgl. dazu C.R. Rogers, Entwicklungen der Persönlichkeit. Psychotherapie aus der Sicht eines Therapeuten, Stuttgart 1973, 167ff.

29 So R. Schieder, Seelsorge in der Postmoderne, WzM 46/1 (1994), 26–43: 40ff. in Aufnahme von Überlegungen H. Luthers, Religion und Alltag. Bausteine zu einer Praktischen Theologie des Subjekts, Stuttgart 1992.

30 M. Josuttis, Die Einführung in das Leben. Pastoraltheologie zwischen Phänomenologie und Spiritualität, Gütersloh 1996, 120.

und von Gott begrenzter Mensch".[31] Das Eingeständnis des Sünderseins wahrt den Unterschied zwischen Schöpfer und Geschöpf. Schuldbekenntnis und Vergebungszusage stellen ein Zeichen menschlicher Würde dar, da Schuldigwerden zum Humanum gehört. Ich nehme mein Leben ernst, indem ich meine Schuld eingestehe. Ihre Leugnung, Bagatellisierung oder Verdrängung würde demgegenüber eine Missachtung meines Menschseins bedeuten.

Die Beichte gibt dem Menschen anders als manche therapeutischen Ansätze seine Verantwortlichkeit zurück und trägt damit zur Stärkung seines Selbstwertgefühls bei. In der Selbsterkenntnis liegt auch für viele Therapien ein wichtiges Moment der Personwerdung. Das Bekenntnis zu eigenem schuldhaften Handeln führt psychologisch gesprochen zur Integration verdrängter Persönlichkeitsanteile, stellt mithin einen Akt der Reife dar. Der Schweizer Arzt und Psychotherapeut Paul Tournier glaubte sogar, dass Beichte und Buße auf dem Weg zu seelischer Gesundheit die wichtigsten Schritte seien.[32]

2.4 Wiedergewinnung einer biblisch-reformatorisch orientierten Predigt von Schuld und Vergebung

Am schwierigsten stellt sich die Wiedergewinnung einer biblisch-reformatorisch orientierten Predigt von Schuld und Vergebung dar. Gott ist – auch aufgrund der Predigt in der evangelischen Kirche – im gesellschaftlichen Bewusstsein zu einem „lieben Gott" geworden. Seit der Aufklärung und noch einmal verstärkt nach dem Zweiten Weltkrieg wurden zunehmend die lebensbejahenden Seiten des Neuen Testaments auf Kosten seiner Forderung nach Distanz von der Welt (1 Joh 2,15) und nach Verzicht betont. Viele Menschen sind heute der Überzeugung, die schon der französische Philosoph Voltaire vertrat (der es noch spöttisch meinte), dass es Gottes Metier sei, dem Menschen zu vergeben. Dass Gott vergibt, bleibt jedoch sein freies Geschenk an den einzelnen Menschen. Nach biblischem – und reformatorischem – Verständnis gehören Beichte bzw. Buße und Vergebung untrennbar zusammen.[33] Keine Vergebung durch Gott ohne Umkehr auf Seiten des Menschen! Der „liebe Gott" ist ein Wunschbild, das mit der Wirklichkeit nichts zu tun hat.

---

31 C. Möller, Wie geht es mit der Seelsorge weiter? Erwägungen zur gegenwärtigen und zukünftigen Weg der Seelsorge, ThLZ 113 (1988), 409–422: 416f.

32 P. Tournier, Vom Sinn unserer Krankheit, Freiburg i.Br. 1979, 201f.206.

33 Vgl. dazu die erste reformatorische These von Luther: „Unser Herr und Meister Jesus Christus wollte mit seinem Wort: ‚Tut Buße' usw. [Mt 4, 17], dass das ganze Leben der Gläubigen Buße sei" (H.A. Oberman, Die Kirche im Zeitalter der Reformation [KTGQ 3], Neukirchen-Vluyn 1981, 18).

Die Versuchung, sich einen Gott nach den eigenen Wunschvorstellungen zurecht zu basteln, ist gerade in einer Konsumgesellschaft groß. In ihr bleibt für Gott kein anderer Raum, als dem Menschen zu Diensten zu sein. Er muss sich den menschlichen Vorstellungen und Plänen einfügen, wenn er noch Bedeutung haben soll. Das Leiden und Sterben Jesu lässt jedoch erkennen: In Wahrheit ist es genau umgekehrt. Der biblische Gott hat mit den menschlichen Wunschvorstellungen von Gott wenig zu tun. Indem Gott uns mit unserem Namen ruft – die Taufe steht dafür – tritt er uns in den Weg und fängt an, uns zu stören und zu verändern. Wen Gott ruft, den beruft er in die Nachfolge Jesu Christi. Fortan geht es darum, auf Gottes Wort zu hören und zu lernen, Gottes Willen zu tun. Dann heißt es nicht mehr: „Was will Gott mir geben?", sondern: „Was kann ich ihm geben, was kann ich für ihn tun?" Luther hat dies klassisch in seiner Auslegung der Zehn Gebote im Kleinen Katechismus zum Ausdruck gebracht. Die Erklärung jedes Gebotes beginnt mit dem Satz: „Du sollst Gott fürchten und lieben". Es hilft nichts: Die Bibel muss wieder als Maßstab von Gottes Willen für den Menschen zur Geltung gebracht werden. Sonst wird das Evangelium eine mehr oder weniger beliebige Angelegenheit und Gott selbst disponibel. Wer er ist und was er dem Menschen schenkt bzw. was er von ihm will, bestimmen dann die wechselnden Überzeugungen und Forderungen der Gesellschaft.

Es geht in der Predigt darum, dass das Sündenverständnis sowohl aus moralistischer Verflachung als auch aus Erfahrungsferne befreit wird. Einerseits greift das biblische Schuldverständnis tiefer als die landläufige Brandmarkung von menschlichem Fehlverhalten etwa in ökologischer, ökonomischer oder sittlicher Hinsicht: Die biblischen Texte stellen den Menschen in die Verantwortung vor dem lebendigen Gott. Andererseits werden Sünde und Schuld nur dann für den einzelnen Menschen wieder konkrete Erfahrung und lebendige Anschauung, wenn auch alltägliche Verfehlungen – wie z.B. Lüge, Geiz und sexuelles Fehlverhalten – als Sünde erkannt und bekannt werden. Die Sünde umfasst die ganze Breite der Entfremdung des Menschen von Gott, vom Mitmenschen, von seiner Mitwelt und von sich selbst, wobei alle vier Aspekte der Entfremdung sich gegenseitig bedingen. Ein derartiges Sündenverständnis würde gleichzeitig wesentliche Anliegen der Psychotherapie berücksichtigen. Zur Illustration ein Beispiel: Jemand wird immer wieder am 8. Gebot schuldig, weil er seinen Mitmenschen nicht die Wahrheit sagt. Der Grund ist, dass er vor ihnen besser dastehen will als er ist. Wird ihm diese Sünde vergeben, kann er einen Schritt weitergehen und erkennen, dass dieses Verhalten z.B. mit seinem schwachen Selbstwertgefühl zu tun hat. Egal woher dieses im Einzelnen rühren mag (hier müsste in schweren Fällen die Therapie ansetzen), hat er als Christ die Chance, als von Gott gewollter, geliebter und gebrauchter

Mensch an Selbstwert zu gewinnen. Im Gefolge davon wird ihm die Kraft zuteil, sich den Mitmenschen auch mit seinen Schwächen zuzumuten und ihnen wahrhaftiger zu begegnen. So vermag die Erfahrung der Vergebung einer konkreten Sünde dazu beitragen, dass er auf dem Weg zu einer Erneuerung der Beziehung zu Gott, zum Nächsten, zur Mitwelt und zu sich selbst einen Schritt vorankommt.

2.5 Unterschiedliche Dimensionen der Beichte

Auf dem Weg zur Wiederentdeckung der Beichte ist es nötig, sie aus einer einseitig juridischen Interpretation zu befreien. Das Beichtgeschehen beinhaltet unterschiedliche Aspekte: Dazu gehören – neben juridischen – gleichermaßen gemeinschaftsfördernde, therapeutische, exorzistische und sakramentale Dimensionen. Da Sünde und Schuld immer auch soziale Auswirkungen haben, besitzt deren Bereinigung ein gemeinschaftsförderndes Potential. Die Beichte ist ein wesentliches Mittel auf dem Weg zur aktiven Mitgliedschaft in der Kirche, dem Leib Jesu Christi: Die Beichte führt zu echter christlicher Geschwisterschaft, zu Vertrauen und Offenheit voreinander. Ich darf Sünder sein, kann ohne Maske vor den anderen leben.[34] Die therapeutische Wirkung der Beichte besteht darin, dass sie zu einer Stärkung der Persönlichkeit führt. Als Weg zu größerer Wahrhaftigkeit bietet sie die Möglichkeit, sich mit den eigenen Realitäten auszusöhnen. In der Beichte kann ich die untragbar gewordenen eigenen Lasten auf Gott werfen, um Entlastung zu erfahren. Johannes Tauler hat diesen Vorgang unnachahmlich zum Ausdruck gebracht: „Das Pferd macht den Mist in dem Stall, und obgleich der Mist Unsauberkeit und üblen Geruch an sich hat, so zieht doch dasselbe Pferd denselben Mist mit großer Mühe auf das Feld; und daraus wächst der edle schöne Weizen und der edle süße Wein, der niemals so wüchse, wäre der Mist nicht da. Nun, dein Mist, das sind deine eigenen Mängel, die du nicht beseitigen, nicht überwinden, noch ablegen kannst, die trage mit Mühe und Fleiß auf den Acker des liebreichen Willens Gottes in rechter Gelassenheit deiner selbst. Streue deinen Mist auf dieses edle Feld, daraus sprießt ohne allen Zweifel in demütiger Gelassenheit edle wonnigliche Frucht auf."[35] Exorzistisch wirkt die Beichte dadurch, dass in ihr die Herrschaft der Sünde über mein Leben gebrochen wird.[36] Indem ich im Bekenntnis der Schuld das Geheimnis mit meiner Sünde breche, verliert sie ihre Macht. Die sakramentale Dimension der Beichte schließlich besteht darin, dass im Absolutionswort des

34 So schon D. Bonhoeffer, Gemeinsames Leben. Das Gebetbuch der Bibel, in: G.L. Müller/A. Schönherr (Hg.), DBW, Bd. 5, München 1987, 93.

35 J. Tauler, Predigt 6, in: G. Hofmann (Hg.), Predigten, Bd. 1, Einsiedeln 1979, 43ff.

36 E. Thurneysen, Die Lehre von der Seelsorge, München 1948, 280 (§ 15 Seelsorge als Exorzismus).

Beichthörers Gottes eigenes Wort, sein Evangelium, an mich ergeht.[37] Als Wort Gottes hat es performative Wirkung, bewirkt, was es sagt. Dadurch, dass in der Beichte ein Perspektivwechsel vollzogen wird, wird sie zum Hoffnungselixier. Als Einbruchsstelle der Ewigkeit ermöglicht sie eine Vorwegerfahrung der Ewigkeit.

2.6 Beichte als gemeindepädagogische Aufgabe

Die Wiedergewinnung der Beichte stellt last but not least eine gemeindepädagogische Aufgabe dar. Bereits im Kindesalter können Angebote einer kindgemäßen Hinführung zu Bekenntnis und Vergebungszusage gemacht werden. Kommen solche Angebote bei Kindern an, sind sie die beste Voraussetzung dafür, dass diese auch im Erwachsenenalter einen Zugang zur Beichte finden. Entscheidend ist dabei, dass im Kindesalter die Begleitung auf dem Weg zur Beichte primär durch die nächststehenden Menschen, gewöhnlich also die Eltern, erfolgt.[38] Es fällt auf, dass das Thema „Schuld bei Kindern und Jugendlichen" in Theologie und Kirche bisher fast nirgends thematisiert wird. Das gilt für die theologische Literatur genauso wie für Kindergottesdienst- und Unterrichtspläne (für Christenlehre und Religionsunterricht gleichermaßen).[39]

Entsprechenden Unterrichtseinheiten in der Christenlehre und in der Konfirmandenarbeit käme eine wichtige Rolle auf dem Weg zur Wiedergewinnung der Beichte zu. Sie sollten die Möglichkeit einschließen, Beichte im Vollzug kennenzulernen.

Da in den meisten Kirchengemeinden die Beichte in ihren verschiedenen Formen unbekannt ist, muss sie auch unter den erwachsenen Kirchenmitgliedern zunächst erst wieder ins Bewusstsein gerufen werden. Dafür bieten sich Gemeindeabende und Predigten zum Thema, entsprechende Artikel im Gemeindebrief, vor allem aber unterschiedliche gottesdienstliche Angebote der Beichte an.

---

37 Bonhoeffer, Gemeinsames Leben, (s. Anm. 33), 94.

38 Vgl. dazu im Einzelnen H.P. Mahlke, Schuld und Vergebung bei Kindern, in: W. Klän/C. Barnbrock (Hg.), Heilvolle Wende. Buße und Beichte in der evangelisch-lutherischen Kirche (OUH.E), Göttingen 2009, 99–113.

39 Diesen Befund bestätigen und suchen gleichzeitig nach Ansatzmöglichkeiten: P. Bubmann/T. Gojny, „Ich, ich und meine Sünden". Bildungstheorie und Religionspädagogik im Angesicht der Sünde, in: J. Block/H. Eschmann (Hg.), Peccatum magnificare. Zur Wiederentdeckung des evangelischen Sündenverständnisses für die Handlungsfelder der Praktischen Theologie (Festschrift für Christian Möller) (APTLH 60), Göttingen 2010, 194–213; I. Schoberth, Lernen, ein Sünder zu sein. Sünde als Thema der Konfirmandenarbeit, ebd., 229–244.

3 Alte und neue Beichtformen in der gottesdienstlichen Praxis

Im Folgenden gehe ich davon aus, dass das reformatorische Gottes- und Menschenbild heute noch aktuell ist, auch wenn viele Menschen innerhalb und außerhalb der Kirche sich – wie bereits dargestellt – von ihm bewusst oder unbewusst entfernt haben. Ich möchte das ausgehend von Luther kurz begründen: Der Reformator scheute sich nicht, den Menschen in seiner ganzen Abgründigkeit anzuschauen. Für ihn scheint das Diktum Thomas Eliots: „Der Mensch verträgt nur wenig Wirklichkeit" nicht oder nur eingeschränkt zu gelten. Luther deutet die Wirklichkeit des Menschen als „zwischen Gott und Satan". Er wagt es, die Gefangenschaft des Menschen unter der Herrschaft von Sünde, Tod und Teufel ungeschminkt wahrzunehmen. Seine Anthropologie reicht deshalb bis in die dämonischen Abgründe des Menschseins, wie sie in den KZs des Dritten Reiches und den Gulags Stalins zuletzt sichtbar geworden sind. Sie versetzt in die Lage, das permanente Versagen und Schuldigwerden jedes Menschen, auch jedes Christen, nicht verdrängen zu müssen. Mit der Deutung der christlichen Existenz als simul iustus et peccator hat Luther die entscheidende Formel gefunden, um sowohl das bleibende Sündersein als auch die Erneuerung des Menschen zum Ausdruck zu bringen.

Was für Luthers Menschenbild gilt, trifft auch auf sein Gottesbild zu. Ursache seiner schweren geistlichen Kämpfe vor seinem sog. reformatorischen Durchbruch, die auch danach nicht aufhörten, war nicht etwa die Angst vor Höllenstrafen, sondern die Angst vor Gott selbst. Gott ist nämlich in seinen Ratschlüssen nicht zu verstehen. Zwar handelt er in allem Geschehen, aber er ist darin nicht zu durchschauen. Die Aufgabe des Menschen besteht vielmehr darin, im Glauben vom unverständlich, bisweilen feindlich erscheinenden Gott immer neu zum in Krippe, Kreuz, Auferstehung Jesu Christi offenbaren Gott zu fliehen. Dabei ist das Kreuz Jesu Christi Ausgangs- und Zielpunkt der Theologie Luthers – wie schon für den Apostel Paulus. Das Kreuz ist nämlich die Signatur der Gegenwart. Allein vom Kreuz Jesus Christi her ist es möglich, die Wirklichkeit anzunehmen, wie sie ist, sie überzeugend zu deuten und zu zeigen, dass sie bereits überwunden ist. Die Auferstehung ist demgegenüber eine eschatologische Wirklichkeit, die sich nur zeichenhaft im Schicksal Jesu Christi vorwegereignet hat.

Auf dem Hintergrund eines solchen Gottes- und Menschenbildes wird die Verkündigung des Evangeliums, der Botschaft von der Vergebung der Sünden allein aus Gnaden, für jeden Menschen überlebensnotwendig. Es kann deshalb gar nicht genug Möglichkeiten geben, durch die dem Menschen die Vergebung seiner Sünden erfahrbar wird.

3.1 Die Wichtigkeit unterschiedlicher Beichtformen

Seit jeher werden in der Christenheit verschiedene Formen der Beichte praktiziert. Entsprechend hat der Begriff Beichte unterschiedliche Bedeutungsfacetten. Viele Christen üben die sog. Herzensbeichte im stillen Gebet, indem sie Gott um Vergebung ihrer Sünden bitten. Die Vaterunser-Bitte „vergib uns unsere Schuld" stellt hierfür die prototypische Formulierung dar. Daneben existiert die geschwisterliche Beichte, die Versöhnung von Christen untereinander. Sie geht auf Aussagen Jesu in der Bergpredigt zurück, wonach vor dem Dienst für Gott die Versöhnung mit dem Bruder erfolgen soll (Mt 5,23f.). Im Raum der evangelischen Kirchen wird vor allem die gemeinsame Beichte der im Gottesdienst Versammelten in verschiedenen Formen geübt.[40] Schließlich gibt es die Einzelbeichte, Privatbeichte oder persönliche Beichte, früher oft „Ohrenbeichte" genannt.

Zur Wiedergewinnung der Beichte ist es unerlässlich, unterschiedliche alte und neue Formen im Raum der christlichen Gemeinde zu fördern und darüber hinaus in das öffentliche Gespräch zu bringen. Die Beicht-Agende der VELKD von 1993[41] weist zu Recht darauf hin, dass die einzelnen Formen der Beichte einander ergänzen. Sie stehen in einem Interdependenzverhältnis. Eine der Funktionen der gottesdienstlichen Rede von Schuld und Vergebung besteht darin, den Verweischarakter der unterschiedlichen Formen der Beichte aufeinander wiederzuentdecken und den Gottesdienstteilnehmern nahezubringen. Die Gemeinsame Beichte im Gottesdienst – sei es in Form des Confiteors oder der sog. Offenen Schuld oder eines separaten Beichtgottesdienstes – kann das Angebot der Einzelbeichte nicht ersetzen. „Deshalb will auch die Gemeinsame Beichte die Einzelbeichte in Erinnerung halten. Davon soll in den Predigten über die Beichte gesprochen werden".[42] Allerdings ist auch die Einzelbeichte nicht vor Schematismus und Gewöhnung gefeit. Darum sollten in den Gemeinden nicht nur unterschiedliche Beichtformen angeboten, sondern von den Beichtenden auch zwischen den unterschiedlichen Beichtformen gewechselt werden.

Die Privatbeichte vermag durch das mit ihr verbundene Beichtgeheimnis die Intimität des Einzelnen besonders gut zu schützen. Das ist gerade im Hinblick auf die in den vergangenen Jahren etablierten öffentlichen, medial vermittelten Angebote hervorzuheben, in denen Menschen Entlastung von ihrer Schuld suchen.

---

40 Vgl. dazu im Einzelnen T. Böttrich, Schuld bekennen – Versöhnung feiern. Die Beichte im lutherischen Gottesdienst (APTLH 46), Göttingen 2008.

41 Kirchleitung der VELKD (Hg.), Agende für evangelisch-lutherische Kirchen und Gemeinden, Bd. 3/3 Die Beichte, neu bearbeitete Ausgabe, Hannover 1993.

42 VELKD, Agende (s. Anm. 41), 13.

Letztlich erwarten die Gäste in Talkshows und Talkradios angesichts von Fehlverhalten vom Publikum Entlastung nach dem Motto „Du bist – trotzdem – o.k.“, die ihnen allerdings nicht immer gewährt wird. Untersuchungen belegen, dass Talkshowgäste keine wirkliche Entlastung von Schuld erfahren.[43] Angesichts dieser Situation sollte besonders die Einzelbeichte als Kontrastangebot in das öffentliche Gespräch eingebracht werden.

3.2 Gemeinsame Beichte im Hauptgottesdienst: Confiteor und sog. Offene Schuld

Seit dem Ende des Zweiten Weltkriegs versuchten die lutherischen Kirchen die Beichte für die Gemeinden wiederzugewinnen.[44] Die schon erwähnte Beicht-Agende der VELKD will eine Brücke von der gesellschaftlichen Situation heute zur traditionellen Beichte schlagen. Dabei steht in ihr der Gedanke im Zentrum, dass die Beichte, als Akt menschlicher Reife und Verantwortungsübernahme interpretiert, eine immer noch gültige Antwort auf das Problem des menschlichen Schuldigwerdens darstellt. Die Agende knüpft mit ihrer Deutung der Beichte als reditus ad baptismum, als Rückkehr zur Taufe, an reformatorische Auffassungen an und hebt Freiheit und Freude als Konsequenzen der Beichte hervor. Darüber hinaus bemüht sie sich um einen zweiten Brückenschlag: von der Gemeinsamen Beichte im Gottesdienst zur Einzelbeichte, die im Protestantismus kaum noch praktiziert wird. Beide Formen werden als gleichwertig verstanden. Die Agende hält fest: Sie haben die Aufgabe, sich zu ergänzen, wobei jedoch die gemeinsame Beichte die Einzelbeichte nicht ersetzen kann. Die Allgemeine Beichte hat vielmehr die Aufgabe, die Einzelbeichte in Erinnerung zu halten. Der Blick in die protestantische Kirchengeschichte zeigt allerdings, dass die Praxis der Allgemeinen Beichte nicht zur Erneuerung der Einzelbeichte führte, sondern umgekehrt diese sukzessive ersetzt hat.[45]

Auch wenn der Gottesdienst insgesamt als Versöhnungsgeschehen verstanden werden kann, sollte doch die Schuld des Menschen im Confiteor am Anfang des Gottesdienstes oder in der Offenen Schuld nach der Predigt bzw. vor dem Abendmahl expressis verbis zur Sprache kommen. Das Confiteor am Gottesdienstbeginn war ursprünglich das Rüstgebet der für den Gottesdienst verantwortlichen Perso-

---

43 Goldner, Ersatztherapeuten (s. Anm. 16).

44 L. Klein, Evangelisch-Lutherische Beichte. Lehre und Praxis, Paderborn 1961.

45 Vgl. dazu H. Lins, Buße und Beichte – Sakrament der Versöhnung, in: H.-C. Schmidt-Lauber/K.-H. Bieritz (Hg.), Handbuch der Liturgik. Liturgiewissenschaft in Theologie und Praxis der Kirche, Leipzig ²1995, 354–370: 362f.; Zimmerling, Studienbuch Beichte (s. Anm. 1), 32–35.

nen.[46] Auf dem Weg zum Altar reinigten sie sich, um vor Gott treten zu können. In gewisser Weise lässt sich das heutige Confiteor als eine popularisierte Form des alten Rüstgebets verstehen. Seine Wirksamkeit wird allerdings durch zwei Probleme eingeschränkt: Einerseits empfinden viele Gottesdienstteilnehmerinnen und -teilnehmer die Konfrontation mit ihrer Schuld unmittelbar zu Beginn des Gottesdienstes als unangemessen. Sie fühlen sich „schlecht gemacht". Andererseits ist das Confiteor notwendigerweise ein mehr allgemein gehaltenes Gebet um Vergebung und Annahme durch Gott, ohne dass es zu einem deutlichen Zuspruch der Vergebung kommen würde. Mehr indirekt, auf psychologischem Wege, erfolgt dieser Zuspruch durch die Verknüpfung mit dem folgenden dreifachen Kyrie, dem Gnadenzuspruch und dem Gloria, die in den Kirchen der altpreußischen Union seit 1822 üblich wurden. Damals wurde das Kyrie allerdings unmittelbar nach dem Sündenbekenntnis gesungen. Bis heute versteht die Gemeinde den Kyrie-Ruf deshalb als Sündenbekenntnis und kennt nicht mehr dessen ursprünglich viel umfassendere Bedeutung.[47] Es handelt sich dabei nämlich um einen Gebetsruf, in dem nicht nur die Bitte um Vergebung zur Sprache gebracht wird, sondern in dem die menschliche Ohnmacht, Hilfsbedürftigkeit, Lebenslast und Schuld thematisiert werden. Insofern will das „Kyrie eleison" die gesamte Existenz der Gemeinde begleiten. Es ist der alles umfassende Bittruf der Kirche. Michael Meyer-Blanck hat allerdings von seinem semiotischen Ansatz her darauf hingewiesen, dass es keine ein für alle Mal feststehende Bedeutung von liturgischen Stücken gibt.[48] Tatsächlich stellt sich in diesem Zusammenhang die Frage, ob es nicht ein durchaus legitimer Vorgang sein kann, dass liturgische Stücke aufgrund einer veränderten Stellung in der Liturgie eine neue – von der Tradition abweichende – Bedeutung bekommen. Ein Urteil sollte aufgrund von inhaltlich-theologischen Kriterien und nicht lediglich aufgrund der Tradition gefällt werden.

Für den Gottesdienst der lutherischen Kirchen war bis zum Zweiten Weltkrieg nicht das Confiteor, sondern die sog. Offene (öffentliche) Schuld mit anschließendem Vergebungszuspruch charakteristisch.[49] Sie trat im Verlauf einer längeren Entwicklung mehr und mehr an die Stelle der Einzelbeichte. Im 17. Jahrhundert

46 H.-C. Schmidt-Lauber/M. Seitz (Hg.), Der Gottesdienst. Grundlagen und Predigthilfen zu den liturgischen Stücken, Stuttgart 1992, 57ff.

47 Vgl. hier und im folgenden W. Horn, Kyrie, in: Schmidt-Lauber/Seitz, Gottesdienst (s. Anm. 46), 76ff.

48 M. Meyer-Blanck, Heilsame Nähe. Sünde und Vergebung im Gottesdienst, in: Block/Eschmann, Peccatum magnificare (s. Anm. 39), 95–103: 103.

49 Zur geschichtlichen Entwicklung der gottesdienstlichen Beichte im Einzelnen vgl. Böttrich, Schuld bekennen (s. Anm. 40), 26–143.

war die Einzelbeichte in der lutherischen Orthodoxie zu einer Art obligatorischem Katechismusverhör vor dem Abendmahlsgang entartet, das zudem oft mit einer Geldzahlung verbunden war.[50] Luther selbst hat durch Aussagen im Großen Katechismus zu dieser Entwicklung beigetragen. Als er den Zwang zur Beichte abschaffte, war er der Überzeugung, dass die Menschen nun mit Freude die Beichte in Anspruch nehmen würden. Das Gegenteil geschah. Die Freiheit *zur* Beichte wurde von den evangelisch Gewordenen als Freiheit *von* der Beichte missverstanden. Luther war darüber so verärgert, dass er den Gemeindegliedern erneut das Joch des Papsttums auf den Hals wünschte.[51] Allerdings konnte er aufgrund der neuen reformatorischen Erkenntnisse die Beichte nicht wieder für alle obligatorisch machen. Als Ausweg bot sich das Katechismusverhör an. Dieses trat in der Folgezeit in den lutherischen Kirchen an die Stelle der Beichte als obligatorische Voraussetzung der Zulassung zum Abendmahlsempfang. Häufig war damit die Einzelbeichte verbunden. Vor allem aufgrund der Kritik des älteren Pietismus an ihrer mehr und mehr rein mechanischen Praxis wurde die Beichte an der Wende vom 17. zum 18. Jh. in vielen lutherischen Landeskirchen als Institution abgeschafft.[52] Es sollte dem Einzelnen überlassen bleiben, ob er die seelsorgerliche Aussprache mit dem Pfarrer suchte oder nicht. Die Aufklärung und der Einzug des Rationalismus in die Kirchen führten schließlich in der Folgezeit zur Ablehnung der Beichte überhaupt. Man vermochte in ihr nur noch die Ausübung von Zwang auf das autonome Gewissen des Menschen zu sehen.

Seitdem hat es immer wieder Versuche gegeben, die Einzelbeichte zu erneuern.[53] Auch wenn diese Ansätze nicht zu einer Verankerung der Einzelbeichte in der Kirche führten, hielten sie doch in kirchlichen Kreisen das Bewusstsein wach, dass die Beichte eine – zwar weithin außer Gebrauch gekommene – Form evangelischer Spiritualität darstellt. Dazu beigetragen, dass das Wissen über die Beichte im kollektiven Gedächtnis des lutherischen Protestantismus erhalten blieb, haben daneben auch die Beichtstühle, die in vielen evangelischen Kirchen über Jahrhunderte erhalten blieben.[54]

---

50 Vgl. dazu im Einzelnen Klein, Beichte (s. Anm. 44).

51 M. Luther, Der Große Katechismus. Eine kurze Vermahnung zur Beichte, in: Luther Deutsch. Die Werke Martin Luthers in neuer Auswahl für die Gegenwart, Bd. 3 Der neue Glaube, Göttingen [4]1983, 145f.

52 Vgl. dazu im Einzelnen z.B. H. Obst, Der Berliner Beichtstuhlstreit. Die Kritik des Pietismus an der Beichtpraxis der lutherischen Orthodoxie (AGP 11), Witten 1972.

53 Zimmerling, Studienbuch Beichte (s. Anm. 1), 32–35.

54 A. Wieckowski, Evangelische Beichtstühle in Sachsen, Beucha 2005; H. Heidelmann/H. Meißner,

Durch die Agendenreform nach dem Zweiten Weltkrieg wurde in den lutherischen Kirchen das Confiteor zu Beginn des Gottesdienstes im Stil der Offenen Schuld verbindlich. Die sächsische lutherische Kirche schlug allerdings – mit Erlaubnis der VELKD – einen Sonderweg ein: Sie durfte die Offene Schuld nach der Predigt behalten. Der in Sachsen übliche Text des Schuldbekenntnisses stammt aus dem 16. Jh.: „Allmächtiger Gott, barmherziger Vater! Ich armer, elender, sündiger Mensch bekenne dir alle meine Sünde und Missetat, die ich begangen mit Gedanken, Worten und Werken, womit ich dich erzürnt und deine Strafe zeitlich und ewiglich verdient habe" (EG Sachsen, 799). Anders als häufig zu lesen, ist nicht Luther der Autor. Die Einführung des Schuldbekenntnisses in der Dresdner Schlosskapelle 1581 geht vielmehr auf die Initiative des sächsischen Kurfürsten August zurück, dessen damaliger Oberhofprediger auf das Naumburger gottesdienstliche Schuldbekenntnis aus reformatorischer Zeit von 1537/38 zurückgriff.[55] Von dort hat es vor allem durch die Übernahme in die preußische Unionsagende von 1829 seinen Siegeszug in die Welt angetreten. Sonntäglich in jedem lutherischen Hauptgottesdienst in Sachsen von der Gemeinde gesprochen und mit der Zusage der Vergebung durch den Liturgen beantwortet, ist es m.E. ein wesentlicher Grund, wieso der Freistaat Sachsen als einziges Bundesland den Buß- und Bettag als staatlichen Feiertag beibehalten hat. Gestützt durch eine jahrhundertelange Tradition hat sich die Wichtigkeit von Buße und Vergebung im öffentlichen Bewusstsein erhalten.

In den letzten Jahren ist die Entwicklung weitergegangen: Es ist längst nicht nur die Einzelbeichte durch die Allgemeine Beichte ersetzt worden. Inzwischen finden viele evangelische Gottesdienste statt, in denen weder in Form des Confiteor noch der Offenen Schuld explizit die menschliche Schuld vor Gott ausgesprochen wird – und das, obwohl das im Jahr 2000 neu eingeführte Evangelische Gottesdienstbuch zumindest in Grundform I ausdrücklich die Möglichkeit dazu vorsieht. Selbst in weiten Teilen Sachsens scheint die Offene Schuld nach der Predigt inzwischen fortgefallen zu sein. „Sie wird regelmäßig allenfalls noch in erzgebirgischen oder vogtländischen Landgemeinden gesprochen."[56] Die Ursache dafür liegt wohl nicht in der altertümlichen Formulierung – wie von Theologen immer

---

Evangelische Beichtstühle in Franken (Schriften und Kataloge des Fränkischen Freilandmuseums 33), Bad Windsheim 2001.

55 Abgedruckt bei Böttrich, Schuld bekennen (s. Anm. 40), 308. Ich danke Tilman Pfuch für diese Hinweise. Sie finden sich mit Belegen in seiner Wissenschaftlichen Hausarbeit zum Thema „Luthers Beichtgebet? Zur Entstehung und Wirkungsgeschichte der Offenen Schuld in der Form EG 799", die er im WS 2015/16 an der Theologischen Fakultät der Universität Leipzig schrieb.

56 Böttrich, Schuld bekennen (s. Anm. 40), 141.

wieder behauptet wird. Denn durchaus zur Verfügung stehende neuere Formen des Beichtbekenntnisses (EG Sachsen, 800f.) oder ganz freie Formulierungen haben sich genauso wenig durchsetzen können.

Damit ist Gottesdienstteilnehmenden die Chance genommen, bewusst ihre Schuld vor Gott zu bringen und Vergebung zu erfahren. Selbst dort, wo Confiteor oder Offene Schuld als Formen des gemeinsamen Schuldbekenntnisses noch praktiziert werden, zeigen sich gravierende Defizite. Corinna Dahlgrün hat bereits vor einigen Jahren darauf hingewiesen, dass den Liturgen eine Sprache fehlt, in der Sünde konkret bekannt und Vergebung vollmächtig zugesprochen wird.[57] Auffällig sei einerseits, dass zwar die Schuld gegenüber dem Mitmenschen und auch gegenüber sich selbst ausführlich thematisiert werde, aber die Schuld vor Gott nicht zum Ausdruck komme. Andererseits moniert Dahlgrün zurecht, dass der performative Charakter des Zuspruchs der Vergebung nicht zum Tragen käme, weil seine Gegenwärtigkeit, sein Anredecharakter und sein Autoritätsanspruch nicht oder nur ungenügend zur Geltung gebracht werde. Im Endeffekt bleibt der Gottesdienstteilnehmer dadurch mit seiner Schuld bei sich selbst.

3.3 Die Beichte in gottesdienstlichen Feiern außerhalb des Hauptgottesdienstes

Eine Möglichkeit auf dem Weg, die Gemeinsame Beichte wiederzugewinnen, könnte ihre Feier außerhalb des Hauptgottesdienstes darstellen. Angesichts einer Erlebnisgesellschaft übt das Besondere auf viele Menschen einen gewissen Reiz aus. Individuell gestaltete Beichtgottesdienste könnten von dieser Faszination profitieren. Die lutherische Beicht-Agende schreibt: „Die Gemeinsame Beichte kann bei unterschiedlichen Gelegenheiten erfolgen: – als selbständiger Beichtgottesdienst, etwa in der Passionszeit, am Vorabend von Sonntagen und kirchlichen Festtagen, z.B. auch vor der Konfirmation, – als besondere Feier unmittelbar vor einem Gottesdienst, – in Verbindung mit einer besonderen Abendmahlsfeier, einem Tagzeitengebet oder der Wochenschlußandacht".[58] All diese Möglichkeiten werden genutzt – je nach Prägung der Gemeinde. In der Hannoverschen Landeskirche habe ich in einer von der Hermannsburger Mission geprägten Gemeinde einen Beichtgottesdienst am Vorabend vor der Konfirmation erlebt. Gestaltet wie ein herkömmlicher Vespergottesdienst mit kürzerer Predigt, der sich das gemeinsame Schuldbekenntnis anschloss, bestand für alle Teilnehmenden die Möglichkeit, im

57 Dahlgrün, Sorry (s. Anm. 7), 316–320.

58 Agende (s. Anm. 41), 13.

Anschluss nach vorne zu kommen, um sich vor dem Altar unter Handauflegung vom Pastor persönlich die Vergebung der Sünden zusprechen zu lassen. Leider erschien mir aufgrund der Vielzahl der Gottesdienstteilnehmer der im Wortlaut immer gleiche Zuspruch der Vergebung ziemlich mechanisch; auch sonst war die Stimmung gedrückt. Der Beichtgottesdienst kam mir wie „eine traurige Unterhaltung" vor.[59]

Ich kann mir aber vorstellen, dass separate Gottesdienste trotzdem eine Chance zur Wiedergewinnung der Beichte darstellen. Sie müssen nur so gestaltet werden, dass darin die Freude der Buße erfahrbar wird. Eine andere Möglichkeit besteht darin, die Kirchenjahreszeit mit ihrer je besonderen Atmosphäre zu nutzen. In der Passionszeit bietet es sich an, im Rahmen der Aktion „Sieben Wochen ohne" Andachten zu halten, die zur gemeinsamen Beichte hinführen. Der Buß- und Bettag stellt eine gute Möglichkeit dar, einen Bußgottesdienst zu feiern, in dem in der gemeinsamen Beichte „die Verstrickungen in überpersönliche Schuldzusammenhänge thematisiert und betont werden (Bedrohung des Friedens, Hunger und Überfluss, Umweltzerstörung usw.)".[60] Weiter ist es möglich, Bußgottesdienste (etwa als abendlicher Vespergottesdienst) mit vorangehender oder anschließender Möglichkeit zur Einzelbeichte einzurichten.[61] Schließlich ist zu überlegen, ob die gottesdienstliche Beichte nicht im Rahmen von Tauferinnerungsfeiern einen Ort haben könnte.[62] Dies bietet sich vor allem aus theologischen Gründen an. Hat doch Luther die Beichte theologisch als Rückkehr zur Taufe, als ein tägliches Hineinkriechen in die Taufe verstanden.

3.4 Die Beichte in der Thomasmesse

Die sog. Thomasmesse gehört zu den freien Gottesdienstformen, die sich seit Jahren dort, wo sie angeboten werden, einer gewissen Beliebtheit erfreuen.[63] Sie entstand seit 1988 in der lutherischen Kirche Finnlands und wird seit 1993 auch

59 So Immanuel Kant im Hinblick auf das Abendmahl: ders., Der Streit der Fakultäten, in: W. Weischedel, Werksausgabe 11. Schriften zur Anthropologie, Geschichtsphilosophie, Politik und Pädagogik, Band 1, Frankfurt a.M. 1977, 305.

60 Agende (s. Anm. 41), 14.

61 G. Ruhbach, Das ganze Leben eine Buße. Sünde und Sündenvergebung im Alltag und als gottesdienstliche Handlung, in: W. Böhme (Hg.), Sündigen wir noch? Über Schuld, Buße und Vergebung (HeTe 65), Karlsruhe 1985, 50.

62 Böttrich, Schuld bekennen (s. Anm. 40), 257.

63 T. Haberer, Die Thomasmesse. Ein Gottesdienst für Ungläubige, Zweifler und andere gute Christen, München 2000.

in Deutschland an unterschiedlichen Orten vor allem in den lutherischen Landeskirchen gefeiert.[64] Thomasmessen werden von einem größeren Team vorbereitet, das überwiegend aus Laien besteht. Die Gottesdienste enthalten sehr unterschiedliche Elemente: neben einem längeren Fürbitteteil auch das Abendmahl und die Möglichkeit zur Salbung. Während des Fürbitteteils – als offene Phase gestaltet – können die Gottesdienstteilnehmer und -teilnehmerinnen aufstehen, an verschiedenen Seitenaltären meditieren und eigene Fürbitteanliegen aufschreiben bzw. am Hauptaltar seelsorgerliche Gespräche führen und die Salbung mit Öl empfangen.[65] In dieser Phase hat auch die Beichte ihren Platz.

Als die Thomasmesse in Helsinki gegründet wurde, sollte damit nicht zuletzt die Möglichkeit zur Beichte geschaffen werden.[66] Von Anfang an wurde sie dezidiert als Zusage der bedingungslosen Zuwendung Gottes verstanden. Dem sollte eine annehmende, nicht verurteilende Gottesdienstatmosphäre entsprechen. Die Form, in der die Beichte während der Thomasmesse angeboten wird, sieht heute sehr unterschiedlich aus. Es gibt in Deutschland sogar eine relativ große Anzahl von Initiativen, in denen sie gar nicht vorkommt.[67] In Helsinki wurde sie im Eingangsteil als allgemeines Sündenbekenntnis praktiziert, bei dem zwei Mitarbeitende stellvertretend einige Lasten nennen, die sie selber zu tragen haben. Dann folgte eine kurze Gebetsstille, in deren Anschluss die Gemeinde ein traditionelles allgemeines Sündenbekenntnis sprach, woraufhin der Liturg „die bedingungslose Annahme Gottes verkündet[e]“.[68]

In der Mehrheit der deutschen Initiativen kommt ein Beichtteil vor. Er wird sehr unterschiedlich genannt, z.B. „Ankommen und Ablegen“ oder „Ablegen und Aufatmen“, wobei durchweg auf den Begriff „Sündenbekenntnis“ verzichtet wird. Bisweilen wird die Beichte mit einer Symbolhandlung verbunden: z.B. besteht die Möglichkeit, Steine vor dem Altar abzulegen. In der Bremer Thomasmesse entstand das sog. „Garderobengebet“. Zwei oder drei Mitarbeitende brachten im Eingangsteil Erfahrungen aus den vergangenen Wochen in Lob und Dank bzw. in Bitte und Klage vor Gott zur Sprache. Dem folgte in der offenen Phase, in Bremen

64 Vgl. dazu S. Thiesen/H. Gripentrog, Thomasmesse, in: Brennpunkt Gemeinde, Heft 3 (1995); J. Kauppinen, Die Thomasmesse. Fallstudien eines Gottesdienstes für die Großstadt, Publikation Nr. 43 des Statistischen Instituts der Lutherischen Kirche in Finnland, übersetzt von Andreas Ebert und Christiane Vorländer (Gemeindekolleg der VELKD, Neudietendorf).

65 Thiesen/Gripentrog, Thomasmesse (s. Anm. 64), 3.

66 Vgl. hier und im Folgenden Haberer, Die Thomasmesse (s. Anm. 63), 54–61.

67 In Deutschland war es nach Einschätzung von Haberer um das Jahr 2000 ungefähr ein Drittel der Initiativen (ders., Die Thomasmesse [s. Anm. 63], 58).

68 Haberer, Die Thomasmesse (s. Anm. 63), 58.

„Gebetszeit" genannt, ein Reinheitsritual. Die Gottesdienstteilnehmer wurden dazu zum Einzelgespräch eingeladen, um vor einem Mitarbeiter das, was sie belastete, auszusprechen. Im Anschluss wusch die Mitarbeitende dem Teilnehmer die Hände. Dahinter stand die Absicht, durch die Symbolhandlung des Händewaschens Menschen einen neuen Zugang zur Beichte zu eröffnen, was offensichtlich auch gelang: „Wie groß das Bedürfnis nach Eingeständnis von Schuld im engeren Sinn tatsächlich ist – anstatt Schuld wegzudiskutieren oder als Schuldgefühl kleinzureden –, hat die Veranstalter allerdings doch überrascht."[69]

3.5 Meditative Beichtformen in Jugendgottesdiensten

In den vergangenen Jahren sind eine große Anzahl unterschiedlicher meditativer Beichtformen entstanden.[70] Folgende Formen sind in der jüngsten Vergangenheit erprobt worden: einen Nagel als Sinnbild der eigenen Sünden unter einem Holzkreuz ablegen; Steine in einen See werfen, die zuvor mit einer besonders drückenden Sünde beschriftet wurden. Am bekanntesten geworden ist der mit persönliche Sünden beschriebene Beichtzettel, der danach verbrannt wird.

Meditative Beichtformen können gerade bei Jugendlichen und jungen Erwachsenen helfen, die Hemmschwelle gegenüber der Einzelbeichte abzubauen, und auf diese Weise Zubringerdienste für die Einzelbeichte leisten. Im Vergleich zur herkömmlichen Einzelbeichte stellen meditative Formen niederschwelligere Rituale dar. Eine weitere Stärke dieser Beichtformen besteht darin, dass sie erlauben, Beichte im konkreten Vollzug kennenzulernen.

Die meditativen Beichtformen eignen sich vor allem im Rahmen offener Gottesdienstformen wie Jugendgottesdienst und Thomasmesse. Sie können genauso auf Konfirmandenrüstzeiten erläutert und bei Rüstzeitengottesdiensten praktiziert werden. Auch wenn sie Beichten im Vollsinn darstellen (sie umfassen sowohl *confessio* als auch *absolutio*), ersetzten sie nicht die Einzelbeichte mit direktem persönlichen Zuspruch der Vergebung für konkret bekannte Sünden.

Die Vielzahl von Möglichkeiten, wie die Beichte in der gottesdienstlichen Praxis angeboten werden kann, lässt auf ihre Renaissance hoffen.

---

69 Haberer, Die Thomasmesse (s. Anm. 63), 61.

70 R. Braun, Impulse zur Erneuerung der Beichte durch meditative Formen, in: H.-D. Neef (Hg.), Theologie und Gemeinde. Beiträge zu Bibel, Gottesdienst, Predigt und Seelsorge, Stuttgart 2006, 155–166.

Zusammenfassung

Peter Zimmerling plädiert für eine Renaissance der Beichte in der gottesdienstlichen Praxis in vielfältigen Formen. Neben dem Abschied von der Schuld lässt sich seit einiger Zeit eine regelrechte „Entschuldigungsseuche“ diagnostizieren. Dass unterschiedliche Formen der Beichte auf Kirchentagen und in Kommunitäten wie Taizé nachgefragt werden, lässt hoffen, dass die Beichte für den Gottesdienst wiedergewonnen werden kann – trotz zahlreicher Hindernisse wie dem Missbrauch der Rede von Schuld und Sünde, ethischer Verunsicherungen und der distanzierten Haltung vieler Theologen. Weil sich Beichte und Rechtfertigungslehre bedingen, sind spirituelle Mittel nötig, den Kern evangelischen Glaubens konkret erfahrbar zu machen. Die Beichte hilft, zu den Grenzen des eigenen Menschseins zu stehen und so heilsam bei sich selbst einzukehren. Neben den juridischen Dimensionen der Beichte besitzt diese gemeinschaftsfördernde und therapeutische Aspekte. Abschließend geht der Autor auf diese Formen ein und macht deutlich, dass sich v.a. Einzelbeichte und gemeinsame Beichte im Hauptgottesdienst oder in eigenen Gottesdienstformaten ergänzen und aufeinander verweisen.

Peter Zimmerling advocates the renaissance of confession in the practice of liturgy. On one hand confession hardly has any importance in the church and private spirituality, on the other hand a strong desire to talk about guilt and deficiency can be noticed. It is promising for a renaissance of confession that people want to confess at church congresses or in communities. People need places to experience the heart of justification because confession and the doctrine of justification depend on each other in an existential way. Despite many challenges and difficulties there are also lots of opportunities for the recovery of confession like the deliverance from sin by god and not by one's own unsuccessful efforts. To get new self-confidence and to experience the limitation of one's own life could be relieving. Confession includes different dimensions beside a juridical – for example a therapeutical one. Private confession and public confession in liturgy or other formats of service are complementary and should be practiced in creative ways.

Autoren dieses Heftes

PROF. DR. HANNES BEZZEL
Theologische Fakultät der Friedrich-Schiller-Universität Jena, Fürstengraben 6, 07743 Jena

PROF. DR. MARTIN GRESCHAT
Magdalenenstr. 3, 48143 Münster

PROF. DR. DIETRICH KORSCH
Wilhelmshöher Allee 173, 34121 Kassel

PROF. DR. MARTIN LEINER
Theologische Fakultät der Friedrich-Schiller-Universität Jena, Fürstengraben 6, 07743 Jena

DR. EHRHART NEUBERT
Lange Reihe 1, 99755 Hohenstein-Limlingerode

PD DR. NILS NEUMANN
Kirchliche Hochschule Wuppertal/Bethel, Missionsstraße 9a/b, 42285 Wuppertal

PROF. DR. MARTIN OHST
Fakultät für Geistes- und Kulturwissenschaften, Evangelische Theologie, Bergische Universität, Gaußstr. 20, 42097 Wuppertal

PROF. DR. PETER ZIMMERLING
Theologische Fakultät der Universität Leipzig, Martin-Luther-Ring 3, 04109 Leipzig

Unser nächstes Heft widmet sich dem Thema „Seele“: KARL WILLIAM WEYDE (Oslo), Transformationen des Seelenbegriffs in der alttestamentlichen Exegese seit dem 20. Jahrhundert – KLAUS HOCK (Rostock), Religionsethnologie – Animismustheorie – GERHARD SAUTER (Bonn), Seele und protestantische Eschatologie. Auswanderung der Seele? – KNUT WENZEL (Frankfurt), Seele – Unsterblichkeit – Auferstehung aus römisch-katholischer Perspektive – WALTER SPARN (Erlangen/Nürnberg), Seele und alternative Eschatologie – UWE WOLFRADT (Halle), Seele zwischen Psychologie, Philosophie und Esoterik

Rezensiert wird in der BThZ nur auf Beschluss und Anforderung des Herausgeberkreises. Es wird deshalb gebeten, keine unverlangten Rezensionsexemplare zuzusenden, da diese nicht zurückgesandt werden können.